デジタル
サイネージ
入門

ジミー・シェフラー 著
NTTデジタルサイネージ
ビジネス研究会 訳

世界の先進事例に学ぶ
ビジネス成功の条件

東京電機大学出版局

Copyright © 2008, Elsevier Inc., All rights reserved.

This edition of Digital Signage by Jimmy Schaeffler is published by arrangement with ELSEVIER INC of 200 Wheeler Road, 6th floor, Burlington, MA 01803, USA through Tuttle-Mori Agency, Inc., Tokyo. ISBN: 978-0-240-81041-6

Japanese Translation published by Tokyo Denki University Press.

この本を私の家族に捧げる

絶えず私の才能を認め，
30年間にわたり一貫して支えつづけてくれた友であり妻の
ダイアンには特に感謝する

この本を完成させるために協力してくれたすべての人に感謝する

デジタルサイネージによってもたらされるすべての興奮を
あなたと共有することを心から願っている

要約

　デジタルサイネージは急ピッチで展開している。
　その原因として，いくつか考えられる。例えば，大小さまざまな薄型で高解像度なディスプレイに，近くや地球上の反対側に置かれたサーバやPCから情報を送られること。インターネットや無線，衛星を通じて，映像，音，静止画，アニメーションなどのファイルを送られること。それらは離れた場所であっても同時に再生され，明示的に絞られたユーザー層に向けて作られたうえ，個々のユーザーに向けて送られること，などなどが含まれる。2〜3年後には，北米だけでも数百万のデジタルサイネージのディスプレイが普及するだろう。
　デジタルサイネージは，世界中の多くの実業家に成功をもたらしている。これは現在だけではなく，近未来の広告関連の経営者たちにも当てはまる。これらの経営者たちは，画面に現れるコンテンツが非常に重要であるということに注意を払うべきである。また，これらの経営者たちは，デジタルサイネージのビジネスモデルが大いなる利益をもたらすことに，特に注目しなければならない。
　さらに，最も重要なこととして，本書が明確に述べるようにデジタルサイネージは，DVR，MP3プレーヤー，衛星ラジオ，その他のいわゆる「CM飛ばし」を可能にするソフトウェアやハードウェアによって機会を失った広告コミュニティやユーザーに，確かな反応を与えることだろう。また，実際の効果を測定することにより，デジタルサイネージは標準的な商用利用の枠を越えて多くのコミュニティで役に立つだろう。事実，健康，教育，プロダクション，および政府関連のいくつかの分野でデジタルサイネージが使用され，さまざまに試されている。
　さらに，本書は，特にデジタルサイネージビジネスの初心者を対象に，デジ

タルサイネージにおける基本的な「いつ」「どこで」「何を」および「なぜ」を詳しく説明している。デジタルサイネージ関連製品やサービスのグローバルなトレンドにも目を向ける。

　これまでのところデジタルサイネージは有効に働いているため，急ピッチで広がっている。しかし，本書が強調するように，デジタルサイネージ産業（そして，人々のこれからの受容性）の未来は，デジタルサイネージを慎重かつ正しい方向に進めていくことができるかどうかに依存する。本書はそれを実現できるように，スピード感を持って執筆した。

はじめに

　純粋に，しかも単純に言うと，デジタルサイネージは「解決策」である。
　ハードウェア，ソフトウェア，オペレーション，ビジネスモデル，およびその未来を支える基本について，私が研究すれば研究するほど，解決策としてのデジタルサイネージはさらに明確になる。
　ビジネスを推進するために，日々，消費者の心や視線に明確に残るような挑戦を続けている，世界中に無数に存在する広告主や小売業者，およびそのベンダーに対して，新たな機会や代替手段を提供するという意味で，技術的にもデジタルサイネージは解決策になるだろう。
　デジタルサイネージを語るに際しては，3.1 節冒頭の次の文章に集約される。「デジタルサイネージの成長現象を牽引するものは何か？ 別の聞き方をすれば，この注目すべき新たなアプリケーションを使う，あるいは使いたい人がいるのは，なぜだろうか？ その質問に簡単に答えるとすれば，メッセージを伝えるからであり，それがディスプレイを提供する人とそれを見る人，両方に重要だからである」。
　このプロジェクトの研究と分析を終え，本書は新しい（あるいは古くからの）デジタルサイネージにおけるさまざまなプレーヤーが，各々の解決策を見つけ出し，特に彼らが自らのビジネスに関連するメッセージを伝えるのを助けることを目的として書かれた。

本書について

　およそ 20 のケーススタディが本書の 11 の章にわたって展開されている。これらのケーススタディは，より付加価値の高い解答を提示することを目指している。特に，デジタルサイネージの初心者を意識して，実世界のさまざまな

経験に照らして，実践可能かつ理想的な方法を提供している。これらのケーススタディは，各章における課題を理解していくのに特に有意義である。一つのケーススタディは，第 1 章で取り上げた，医療や教育という非営利の世界における Mayo Clinic の例である。また，ビジネス上まったく逆の例として，営利目的企業の Clear Channel Outdoor を，第 11 章で挙げる。双方とも，素晴らしいビジネスが最高のデジタルサイネージを用いた好例である。ケーススタディに加え，写真，図，およびダイヤグラムは効果的であるので，デジタルサイネージを最も的確かつ簡単に説明するために，多くの図を用いた章もある。また，本書では世界中のデジタルサイネージの実際を示す多くの写真を採用している。

　第 1 章は，普通のビジネスマン，つまり，デジタルサイネージが何であるかに関してまったくあるいはほとんど知らない人のために，初歩的な説明をしている。デジタルサイネージは今後どれくらい大きくなるか，その主要コンポーネントは何か，その目的は何か，その裏にあるトレンドは何か，そして，利害関係者は誰か，コストはどうか，などの質問に対する答えを示す。Mayo Clinic のケーススタディに加えて，National Malls と AccuWeather の広告目的のデジタルサイネージに関するケーススタディを提供する。

　第 2 章は，デジタルサイネージの歴史，形式，技術，ソフトウェア，ハードウェア，インストール，メンテナンス，キープレーヤー，トレンド，さらにその課題やビジネスチャンスについて示す。カリフォルニアを本拠地として活躍している emebaVet が運営するデジタルサイネージである動物病院テレビネットワークを，小規模かつ独立の医療施設に配備されたデジタルサイネージの成功事例として取り上げる。

　第 3 章は，新しいメディアとしてのデジタルサイネージの牽引力について見ていく。10 の独自の要因が，北米およびグローバルにおけるデジタルサイネージの成長に，特別な影響を持っていると考えられる。また，Logical Solution が，米国中にある多くの Carmike Cinemas に展開したデジタルサイネージのケーススタディを示す。第 3 章では，読者がデジタルサイネージの流れを理解するのを助けるために，いくつかの図と写真を提供している。

　第 4 章は，いつ，どこで，デジタルサイネージを使用するかを考える。デジ

タルサイネージのオペレータである Airplay America によって展開されている Salon Channel Network のケーススタディを示す。この章では，デジタルサイネージネットワークの使い方，表示，制御，および信頼性に焦点を当てる。

第5章は，デジタルサイネージを牽引するのに極めて重要な，コンテンツについて述べる。デジタルサイネージのコンテンツを提案して，その戦略あるいは種類を提示する。また，理解を促進するために写真を多用している。この業界のパイオニアとして，長年にわたって多くのクライアントにデジタルサイネージを展開してきた SCALA をケーススタディで扱う。それ以外には，顧客，場所，タイプ，滞留時間，オーディオ，および未来のコンテンツなど，さまざまなトピックに触れる。

第6章は，すでにデジタルサイネージの展開に関わっている，あるいはこれから関わろうとしている企業について述べる。ケーススタディでは，Orkin pest control，ピッツバーグ小児病院，および巨大小売店である JCPenney を取り上げる。この章のかなりの部分は，小売業者，広告代理店，広告主にフォーカスしている。

第7章は，どのような種類のデジタルサイネージを選べばよいかを，ビジネスマン向けに説明している。特に，視聴者の記憶に残すということを目的とした信頼性の高さにフォーカスし，確実かつ着実なデジタルサイネージを選ぶための方法について述べる。ケーススタディとしては，北米の何百とあるガソリンスタンドにおけるデジタルサイネージ展開を取り上げる。

第8章は，特に重要な章の一つである。なぜなら，この章は，デジタルサイネージを支える中核のビジネスモデルを理解しようとしているビジネスマンのために書かれているからである。銀行やショッピングセンター／スーパーマーケット，および空港でのデジタルサイネージの展開をケーススタディとして示す。

第9章は，ヨーロッパとアジアの主要な地域を特に取り上げ，国際的なデジタルサイネージを検証する。デジタルサイネージの多くの事例が示されるが，政府や関連組織の関与がないため，北米の展開に比べてさまざまな意味でより革新的であり，独創的であると言える。Baby-TV や，Woolworth，Spar，および The Mall retail center の事例をケーススタディとして取り上げた。

第 10 章は，組織やネットワークの規模によらず，どこでどのようにデジタルサイネージネットワークを始めるかについて，特別な提言をする。米国南東部に位置する銀行でのデジタルサイネージのオペレーションが，この章でのケーススタディである。この章は，新しいデジタルサイネージのオペレーションを考えている，あるいはまさに決定しようとしている人たちには，非常に参考になるはずである。

第 11 章は，デジタルサイネージの将来について述べる。この章では，デジタルサイネージの展開と導入という領域において予測を試みている。Clear Channel Outdoor のケーススタディは，デジタルサイネージの世界に対する単なる学術的興味から，より現実的な興味へと読者を導くだろう。

巻末の付録として，デジタルサイネージに関連する用語集も付属する。

最終的に，デジタルサイネージは多くの人とビジネスによって用いられ，収益を上げ，多くの人を満足させ，良い結果をもたらすことになろう。多くの素晴らしいビジネスが，デジタルサイネージを使うことで実現するに違いない。

本書によって，多くの人がいつかデジタルサイネージに到達し，活用することを心より祈念する。

ジミー・シェフラー
カリフォルニア州カーメル・バイ・ザ・シーにて

訳者序文

　デジタルサイネージを取り巻く環境は，わが国においてもこの数年で大きく変貌を遂げた。従来は，駅や大規模商業施設などに設置される大型ディスプレイと専用システムによる映像配信ソリューションとしてのやや重厚長大なデジタルサイネージを中心に市場が形成されてきたが，昨今では，大型ディスプレイに加え，中小規模の店舗に設置される小型ディスプレイや，デジタルフォトフレーム，タブレット端末，さらにはスマートTVなどの一般家庭向けの汎用端末を対象としたものにまで範囲が拡大しつつある。

　デジタルサイネージは，既存のマスメディアとは異なり，場所・時間・見る人の属性に紐付いた，新たなターゲットメディアとして，これまでにはないコミュニケーションを実現する可能性を持っている。「プッシュ型」で情報提供を行うものであるため，公共性への配慮は必要であるものの，パソコンなどの操作に精通していなくても等しく情報を得ることができる，というユーザメリットがある。

　こうしたデジタルサイネージの有用性が再認識されたのは，まさに，2011年3月11日に起きた東日本大震災という未曾有の事態の最中であった。広域に被害が及んだことから，テレビなどによる，東京を中心としたいわゆる「スター型」の情報流通では，被災地間あるいは避難所間の「横－横」の情報流通をカバーすることができず，そもそも被災現場には，テレビやPCなどのデジタルデバイスも十分にはなかった。そこで，安否情報などの提供も，非効率ながら掲示板，口コミというアナログな情報伝達手段に頼らざるをえなかった。また，首都圏においても，地震直後に街にあふれた多くの帰宅困難者が正確な情報を迅速に得ることは容易ではなく，リアルタイムで緊急情報などを送る機能を備えたデジタルサイネージが，その数少ない情報源であった。今回の震災

を契機として，クラウド型のデジタルサイネージはその普及が加速し，生活に必要な地域に密着した情報を，「デジタルデバイド」なく伝える 21 世紀型の「コミュニティメディア」として，公共情報や緊急速報提供の要ともなる社会インフラの一つとして根づいていくことは，まず間違いないだろう．

　一方，さまざまなディスプレイ／デバイスと，携帯／スマートフォンとの連携技術，あるいはコンテンツ分野に関しては，わが国が技術的にも市場的にも世界をリードする可能性を秘めていることは衆目の一致するところだろう．そこで，最近では，デジタルサイネージがまったく新たな情報流通の基盤として国内で発展を遂げ，復興の一翼を担う可能性だけに留まらず，わが国の国際競争力を強化する新たな領域としても注目が集まって，グローバルなレベルでの普及を加速させていくために，政府・民間が協調した国際標準化への動きも具体化しはじめている．

　今後は，ウェブの技術を積極的に取り入れ，誰もが簡単に使いやすい次世代デジタルサイネージシステムが主流となって，さらなる発展を遂げていくと考えられるが，そうした時代を予見しつつ，これまでの各国，殊に欧米の先進事例から，デジタルサイネージの導入，運用など，ビジネス全般に関わる成功あるいは失敗の要因を学ぶことは，たいへん意義深いことであろう．本書は，まさにそうしたタイミングに好適なものと考え，NTT においてデジタルサイネージの技術開発とビジネス推進に関わる有志メンバーが共同で翻訳を行った．豊富な図や写真を用いた多くのケースを紹介しながら，デジタルサイネージ展開に必要な基本的な要素，ならびに今後のトレンドについて解説をしている．デジタルサイネージ業界関係者だけでなく，これからデジタルサイネージを活用したビジネスをしてみたいと考えるすべての方々にご一読をお勧めしたい．

2011 年 4 月　　　　　　　　　　　　　　　訳者を代表して　伊能美和子

目次

第1章　デジタルサイネージの全体像　1

- 1.1　デジタルサイネージとは？ 1
- 1.2　デジタルサイネージのスコープ 10
- 1.3　主たる好機と課題 15
- 1.4　デジタルサイネージの目的 17
- 1.5　画面かディスプレイか 20
- 1.6　ハードウェアインフラ 24
- 1.7　コンテンツ 25
- 1.8　配信 26
- 1.9　デジタルサイネージの普及 28
- 1.10　デジタルサイネージのステークホルダー 28
- 1.11　コスト 34
- 1.12　消費者の許容度 35
- 1.13　デジタルサイネージの未来 38

第2章　デジタルサイネージとは何か？　44

- 2.1　歴史 45
- 2.2　形態 49
- 2.3　技術 59
- 2.4　ソフトウェア 63
- 2.5　ハードウェア 64
- 2.6　導入 65
- 2.7　保守 66

2.8	主要プレーヤー	66
2.9	トレンド	69
2.10	課題	71
2.11	好機	74

第3章　デジタルサイネージを牽引するもの　76

3.1	成功を牽引する鍵となる10のポイント	76
3.2	使われる場所で使い方が変わる	90
3.3	利用者：誰がデジタルサイネージを成功に導くか？	103
3.4	好機	104
3.5	課題	105
3.6	将来性がデジタルサイネージを牽引する	108

第4章　いつ，どこで，デジタルサイネージは使われるか？　110

4.1	デジタルサイネージの利用形態	111
4.2	ディスプレイ	112
4.3	運用形態	120

第5章　コンテンツ　123

5.1	視聴者の理解	124
5.2	コンテンツの選定	137
5.3	コンテンツのタイプ	140
5.4	消費者の滞留時間	145
5.5	コンテンツの未来	146

第6章　誰がデジタルサイネージを使うべきか　149

6.1	デジタルサイネージ導入の基本条件	150
6.2	追加条件	151
6.3	業種ごとの概説	151

第 7 章　デジタルサイネージの構成を決める　172

   7.1　ターンキーソリューションの採用 173
   7.2　システムを段階的に作り上げる 179
   7.3　信頼性 180
   7.4　成功要因 181

第 8 章　ビジネスモデルと利益　183

   8.1　目標に対する利益率 185
   8.2　投資収益率 186
   8.3　ビジネスモデル 186
   8.4　テストケース 197

第 9 章　世界のデジタルサイネージ　200

   9.1　アジア 202
   9.2　ヨーロッパ 208
   9.3　その他 214

第 10 章　どこで，どのように，デジタルサイネージの検討を始めるか？　217

   10.1　どこから始めるか？ 219
   10.2　いつ開始するか？ 230

第 11 章　デジタルサイネージの未来　234

   11.1　デジタルサイネージのインパクト 241

付録　用語集　257
謝辞　271
索引　272
著者について　277

事例紹介：

 Mayo Clinic 4

 AccuWeather 39

 emebaVet 54

 Logical Solutions と Carmike Cinema 94

 サロンチャンネルネットワーク 113

 SCALA 128

 JCPenney 155

 Orkin 156

 ピッツバーグ小児病院 157

 ショッピングモールの広告ネットワーク 159

 Gas Station TV 174

 ヨーロッパのリテール銀行 189

 ヨーロッパの空港 193

 ヨーロッパのモール／スーパーマーケット 196

 リテール銀行 231

 Clear Channel Outdoor 236

囲み解説：

 デジタルサイネージという名前について 2

 小売業の業界団体 —— POPAI 48

 デジタルサイネージとリアルタイム性 60

 広告ソリューション 109

 デジタルサイネージの ROI 199

 デジタルサイネージのゴール設定 222

第1章

デジタルサイネージの全体像

> デジタルサイネージは，ターゲットとなる消費者に対して，情報，販売促進，エンターテインメントなどのマルチメディアコンテンツを提供する手段として非常に高効率であり，その効用は，経営者，ブランドマーケッターおよび広告代理店も認識している。静的なコンテンツしか提供できない日々はすでに過去のものである。
>
> トム・パーチンスキー[1]

　ポスターや看板のように，労働集約的で，手間がかかり，静的で，伝統的な広告手段は，世界のどこかからインターネットをはじめとするネットワークを通じて制御された薄型ディスプレイと動的なデジタルコンテンツに取って代わられるだろう。広告目的でないデジタルディスプレイは，非常に大きな潜在市場であり，デジタルサイネージ産業における収益の伸びは，2010年末までに26億ドルに達すると予測される[2]。

1.1　デジタルサイネージとは？

　ほとんどの人々にとって，デジタルサイネージを理解するために最初に必要なメッセージは，それはいったい何なのか？ということである。技術的にも，あるいはコミュニケーション手段として見ても，それは比較的新しく，未発達

---

[1] Tom Perchinsky：Adek Corporation CEO
[2] Carmel Group (www.carmelgroup.com, 2007年)。

で，十分な検証も行われていないことから，デジタルサイネージ産業の内外どちらにおいても，その特徴と可能性についてほとんど適切には説明できていないのが事実である。

デジタルサイネージの最もシンプルな定義は，「遠隔から制御されているデジタルディスプレイで，ほとんどの場合，販売，マーケティング，および広告と緊密な関係を持つ」というものである。

デジタルサイネージという名前について

新技術が展開し定義される際によくあることだが，「デジタルサイネージ」関連産業は，そのデジタルサイネージという名前を，新しいメディアと技術を包含したエッセンスとスコープを十分に吟味してそのゴールを正しく理解することなく，いささか性急に，便利なものとして受け入れた。

実際，デジタルサイネージが単なるメッセージ（あるいは広告）を配信するディスプレイ以上のものであることを理解することは重要である。一つの例が，旅行情報を発信する旅行センターにあるデジタルディスプレイである。

「デジタルサイネージ」という言葉は何年もかけて，このダイナミックな産業を構成するコアのソフトウェアとハードウェアについて説明するための標準用語となってきている。一方，デジタルサイネージやそれに類するものを説明するのに使われる言葉をいくつか列挙してみると，「広告ネットワーク」「囚われの視聴者ネットワーク」（captive audience networks; CAN），「特定の視聴者を対象にしたテレビ」「デジタル広告」「デジタルディスプレイ」「デジタルメディア広告」「デジタルメディアネットワーク」「デジタルメッセージ」「デジタルPOP」「デジタルサイネージ放送」「デジタルサイネージネットワーク」「デジタルサイン」「ダイナミックコミュニケーションネットワーク」「ダイナミックデジタルサイネージ」「ダイナミックディスプレイ・エンゲージメントメディア」「ダイナミックなアウトオブホーム」「ダイナミックサイネージ」「エレクトロニックサイネージ」「店内テレビ」「店内テレビネットワーク」「キオスクシステム」「ナローキャスティングネットワーク」「屋外広告」「屋外広告メディアネットワーク」「屋外ビデオ」「場

所依存メディア」「小売デジタルメディア」「小売メディア」「小売メディアネットワーク」「スクリーンメディア」などが挙げられる。

　本書で扱うものには，コマーシャルベースのデジタルサイネージ以外もあるのだが，結論として，これらの中でより良く定義され，最もよく使われるのは，やはり「デジタルサイネージ」という言葉である。

　本書は，デジタルディスプレイを用いたメディアについてグローバルな視点で述べている。そしてその大部分がコマーシャルベースのデジタルサイネージであるが，すべてがそうであるわけではない。そのため，本書のタイトルは「デジタルサイネージ入門：世界の先進事例に学ぶビジネス成功の条件」としており，内容もそれに対応したものとしている。つまり，本書は広告を目的として導入するデジタルサイネージだけでなく，それ以外の用途のものにもフォーカスしている。

　ウィキペディアでは，デジタルサイネージは以下のように定義されている。「コンテンツやメッセージが電子画面やデジタルサイン上に表示され，物理的にサインを交換することなく変化させることができ，特定の時間，特定の場所に，決められたメッセージを出すことができる屋外広告の一形態」[3]。

　しかし，ウィキペディアにはよくあることだが，その記述は，厳密性と，正確でアカデミックな表現を欠いている。例えば，デジタルサイネージの適切な定義には，おそらく家庭内での利用も含めるべきだろう。本書の第11章では，こういう将来の応用について述べる。加えて，デジタルサイネージによって表示されるコンテンツは，単なる広告的なメッセージに限定されない。広告利用でないデジタル表示には現在（もしくは将来），教育目的，環境改善，あるいは雰囲気作りを目的としたメッセージが含まれるだろう。

　広告目的でないデジタルサイネージの例を図1.1に示す。これはミネソタ州

---

[3] 訳注：日本語ウィキペディアによると「デジタルサイネージ（電子看板）とは，表示と通信にデジタル技術を活用して平面ディスプレイやプロジェクタなどによって映像や情報を表示する広告媒体である。デジタル通信で表示内容をいつでも受信可能で，内蔵記憶装置に多数の表示情報を保持することで必要ならば秒単位で表示内容を切り替えたり動画表示を行うなど，多様な映像広告を展開することができる」（http://ja.wikipedia.org/wiki/デジタルサイネージ）。

ロチェスターにある Mayo Clinic が設置したデジタルサイネージディスプレイで，情報提供と雰囲気作りの両方の目的で使用されている。

図 1.1　Mayo Clinic の癌センターのロビーにあるデジタルサイネージは，雰囲気作りや視聴者への情報提供に使われている。[Mayo Clinic, ⓒ 2007]

> ### Mayo Clinic
>
> 　ミネソタ州ロチェスターを拠点とする Mayo Clinic のシステムは，非営利組織による最もよく知られたデジタルサイネージ展開の一つである。それは過去 6 年間，Media Production の事業部長を務めるウォーレン・ハーモン氏によって運営されている。
>
> 　このシステムは，Mayo Clinic の患者とスタッフに向けてデザインされ，ロチェスターのキャンパスに広がる 50 の Mayo Clinic のビル群の中で，30 面のディスプレイを展開している。さらに，1〜6 枚のディスプレイからなる 6 つのカスタム設計されたプロジェクトがある。これらは，病院または管理サポート部の特定の組織が，より大きいシステムの中で独自のシステムを購入して運用することにより実現されている。
>
> 　Mayo Clinic がこのシステムを導入するに至った最も大きな動機は，スタッフと患者に向けた複数のメッセージをうまくコントロールし，かつタイムリーに送りたいということであった。また，スタッフが非常に

多く，キャンパス中に分散しているので，これまでのような静的な看板でメッセージを提供する方法は効率が悪く，無駄が多いという理由もあった．

ポスターは，患者にとって設置上の危険があるだけでなく，Mayo Clinic ブランドに関して，混乱と矛盾を引き起こし，管理・調整が難しく，提供される価値から見ると非常に高価なものである．ハーモンは「イーゼル上のポスターは効果がなく，人々は紙を無視していた．紙の標識で実現できないことにデジタルサイネージは応えられる」と述べている．

ハーモンは綿密なニーズ調査に基づき，Mayo Clinic にデジタルサイネージを導入したが，それ以外にも，さまざまなメッセージをさまざまな視聴者をターゲットとして配信するパイロットテストも定期的に実施している．

ある特定の場所にどんな画面がふさわしいか，例えば，横置きがいいか，縦置きがいいかなどが決められていく．

液晶ディスプレイ，あるいはプラズマを用いた大規模システムが Mayo Clinic に最も適していることも，ハーモンが決めた．

有機 EL (electroluminescence) も，その素晴らしい画質により，写真，テキスト，グラフィックス，図，絵（音は出さない）といったさまざまなコンテンツを，Mayo Clinic 内のエレベーター，廊下，バス停，そしてカフェテリアや会議室のような，あらゆる場所に置かれたディスプレイに配信するのに優れた技術であることから，将来の採用が検討されている．

Mayo Clinic におけるデジタルサイネージの特徴は，地方あるいは国レベルの緊急情報を提供することができる点にある．

非常時にはすべてのディスプレイが対処方法を人々に伝える．ハーモンは次のように言っている．「デジタルサイネージシステムは，緊急事態にはすべてのコンポーネントが対応するように設計されている」．SCALA と Alpha Video の CastNet システムは，Mayo Clinic のデジタルサイネージプログラムを支える制御ソフトウェアの核になる部分であ

る．もちろん，このような仕組みはごく稀にしか使われないが，将来に向けてさまざまなことが考えられている．システム管理は遠隔地からインターネットを通じて行われている．高度な管理とメッセージレベルを維持するため，Mayo Clinic は導入時より第三者による広告は出さないと決めている．

Mayo Clinic の主なゴールは，(1) 患者やスタッフとのコミュニケーション，(2) 経験の拡大と共有，(3) 重要でタイムリーなメッセージの伝達，である．

財政的な制約から，Mayo Clinic のデジタルサイネージは，数年前に 20 万ドルの予算で開始された．それは，1 つのサーバから同軸ケーブルを通して制御される 30 面のディスプレイからなるシステムであった．Mayo Clinic のデジタルサイネージが，いくつかの臨床エリアと事務エリアに広がると，1 年当たりの平均のコストは 15〜20 万ドルになった．このシステムは利益を目的として導入されたわけではなく，視聴者の効率と快適性を目指していたことから，投資効果，いわゆる ROI（return on investment; 投資収益率）といったものは当初から考慮されていない．

ハーモンと彼の同僚にとって，Mayo Clinic へのデジタルサイネージシステムの導入は挑戦的なものであった．例えば，壁面にディスプレイを設置することは最も良いソリューションであるものの，さらなる経費がかかることである．ほかには，例えば，安全性の問題に加えて，イーサネット，ケーブルあるいは同軸を通してサーバからディスプレイまで信号をどのように分配するか，といったことの決定も必要であった．どんなディスプレイをどこに設置するかというような基準の策定や，現実的なシステムの拡大やリプレイスの計画策定も，非常に難しい課題であった．

メンテナンスとサービス面では，ハーモンはこれまでの何年もの経験から，複数年でのサービスとメンテナンス契約の締結を妥協なしに要求すべきだと学んだ．この最低 3 年の契約には，新たな展開のためのトレーニングのコーディネートや，定期的なソフトウェアのアップデート，オンサイトでのサービスも含まれている．メッセージとコンテンツ

の制作は，Mayo Clinic にある「顧客部」という名前の独立した部署が行う．すべてのコンテンツは，スケジュールに従い，専用のサイネージソフトで制作される．

コンテンツ制作はブラウザベースになっており，Mayo Clinic のスタッフにとって使いやすく，効率的に行えるよう設計されている．

Mayo Clinic のデジタルサイネージシステムでは，キャンパス内のディスプレイが増えすぎて，その結果，視聴者がメッセージを容易に理解できなくなるようなこと，あるいは視聴者とは無関係のコンテンツが流れるようなことは，およそ考えられない．もしそうなった場合は，システムの一部あるいは全体が撤去されるだろう．ハーモンは，システムの設計を改良する余地を残すことと，コンテンツが常に Mayo ブランドの一貫性を保つことが重要であると述べる（なぜなら，Mayo Clinic 自体が流動的で，常に変化しつづけているものだからである）．

ハーモンは，以下のように結論づける．「デジタルサイネージは Mayo Clinic のメディアチャンネルにすぎず，全体的な企業のコミュニケーション戦略の一部である．企業における戦略として，デジタルサイネージの成長性は非常に大きく，特に総合的な従業員のコミュニケーションと満足度の向上に資するものである」．

最近のデジタルサイネージの動きについて，よく知られていて，うまく表現したものの一つとして，ライル・バン氏は，デジタルサイネージを（デジタルサイネージが何を意味するか，そして，それが何を表すかに関する正確な理解を得たがっている本書の読者のために）「中央で管理されて，ターゲットとなる視聴者に対して，広告，情報，エンターテインメント，あるいは販促情報を，テキスト，アニメあるいはビデオメッセージで，個別にアドレス指定して示すことができる，デジタルかつ電子的なディスプレイのネットワーク」と説明する．

本書において説明されているデジタルサイネージには，フライトや鉄道ダイヤに関する情報ディスプレイ，会議室，ロビー，および研修施設などに設置された企業コミュニケーションに関わるもの，セキュリティと関連した制御ディ

スプレイや，しばしば「スニーカーネットワーク」配送と呼ばれる DVD のような可搬媒体，あるいは待合室にあるような特定のユーザーに特定のチャンネルを見せるメディアなどが含まれる。

図 1.2 に示すような「典型的な商用デジタルサイネージ」の事例は，デジタルサイネージの大部分が商用目的のためであるため，「典型的なデジタルサイネージ」の事例でもある。

図 1.2 サンフランシスコにある Nike Town の典型的な商用デジタルサイネージ［Jimmy Schaeffler, ⓒ 2008］

1.1.1　それはテレビではない

　デジタルサイネージでないものを理解することは有意義だろう。デジタルサイネージは，通常に放送されているテレビとは違う。現代の典型的なデジタルサイネージは，オーディオ，ビデオあるいはデータファイルが複数組み合わされて，1 つのディスプレイに表示される。一方，地上波放送のコンテンツは，デジタルサイネージや他のメディアに表示されるコンテンツの部品の一つにもなりうる。このように，典型的なデジタルサイネージのディスプレイには，いくつかの映像や画像が組み合わされて同時に表示される。放送やマルチチャンネルテレビのコンテンツは，その一部になっている。

　実際，デジタルサイネージの映像は，地上波放送，ケーブル，または衛星放送などの多数の素材と，構内あるいは遠隔地のコンピュータやサーバから送ら

れた写真イメージ，データ，アニメーション，または他のビデオ画像などの信号とが組み合わされ，同時に提供される。

デジタルサイネージの驚きの一つは，メディアに提供できるコンテンツが実に自由で柔軟性に富むことである。テレビはリアルタイムコンテンツのみであるが，デジタルサイネージのディスプレイには，ライブではなく，メモリに蓄積されたコンテンツと，ライブ，すなわちリアルタイムコンテンツの両方を表示できる[4]。

さらに，放送用コンテンツは1つあるいは複数の局で制作されて放送されるが，デジタルサイネージに提供されるコンテンツは，多くの異なったファイルが同時に，しかもしばしば多くの異なった場所から来る。テレビ番組の場合は，見ている人たちは通常座っているが，デジタルサイネージでは視聴者は，より活動的・機動的である場合が多い。

そして，最終的に，テレビはアナログでもデジタルでも1つの決められたプロトコル，フォーム，およびストリームを使うが，デジタルサイネージは，さまざまな種類のプロトコル，フォーム，およびディスプレイを許容する。デジタルサイネージは，本質的にはIPTV（Internet protocol television）技術の周辺メディアとして育ってきたので，フレキシブルであり，バラエティに富んでいる[5]。

ここで，他の形式のサイネージと比較してみよう。トラックに搭載された非常に明るいディスプレイや，透明な紙や布がスクロールする仕組みの看板は，デジタルサイネージではない。このようなスクロールする方式は静的であり，適用性が低いので，現代の広告主やベンダーや視聴者は，デジタルサイネージほどの魅力を感じない。一方，デジタルサイネージは，1つの，あるいは複数のディスプレイに，同時に，スライド，ビデオ，アニメ，オーディオやスク

---

[4]. NAB/Focal Pressから出版されている，Lars-Ingemar Lundstorm著，*Digital Signage Broadcasting: Content Management and Distribution Techniques*（デジタルサイネージブロードキャスティング──コンテンツ管理と配信技術）と整合していることに注意してほしい。同書では，リアルタイムと非リアルタイム，そして疑似リアルタイムという言葉をデジタルディスプレイへのコンテンツの配信の方法として使っており，また，ライブとノンライブの関係も，場所や人，イベントごとに使い分けている。

[5]. 先の脚注で紹介した本はデジタルサイネージの詳細な技術紹介をしているので，参考にしてほしい。

ロールするデータをミックスして表示したり，即時にそうしたコンテンツを変更したりすることができるので，非常に魅力的なメディアであり，それと同時に，明るく，比較的安い薄型ディスプレイを，インターネットやIPTVなどを使って，近くからでも，あるいはものすごく遠くからでも制御できる[6]。

1.2　デジタルサイネージのスコープ

　未来を予測し研究する有識者の何人かは，デジタルサイネージは，想像できうるすべての文明的な場所にはすべて普及し，急速に成長すると予測する。屋内あるいは屋外，あるいは商業目的であるなしにかかわらず，家庭を含むすべての場所の建造物やディスプレイを飲み込んで発展するだろう。未来において，デジタルサイネージが生活の一部になっていないことを想像するほうが困難であろう。むしろ問題は，単にアプリケーションの形式や量ではなく，どれだけ多くの人がこの新しい産業に従事することになるか，ということだろう。

　新しいメディアの未来予測を示すためには，さまざまな景気観測がなされるのが常である。これには普及台数やユーザー数，年間売上，消費者が見る広告1,000回当たりの費用（cost per mille; CPM）などが含まれる。

　デジタルサイネージ産業のベースとなるのは，拡大を続ける大規模な国際広告産業である。広告調査と情報収集会社であるTNS Media Intelligenceによると，2005年の米国広告費は概算1440億ドルに達した。世界的規模では，国際会計事務所PricewaterhouseCoopersによると，国際広告支出は，2005年に3850億ドルになり，2010年までには5000億ドルに達すると予測されている。

　Nielsen Monitor-Plusによると，2006年の米国屋外広告産業の総取扱高は50億ドル超を記録した。Infotrendsの別の調査では，2006年のデジタルサイネージに費やす費用は概算10億ドル以上と見積もられている。図1.3は，屋外広告の一部であるデジタルサイネージがさまざまな場所で出されるあらゆる種類

---

[6] 明白なことではあるが，デジタルサイネージがインターネットではないということを強調することは重要である。例えば，ほとんどの公共の場所で用いられるインターネットは，個人的で，一人の人がディスプレイを見る環境であるが，デジタルサイネージは，そのときその場所を通り過ぎるすべての人にオープンな状態で使われる。

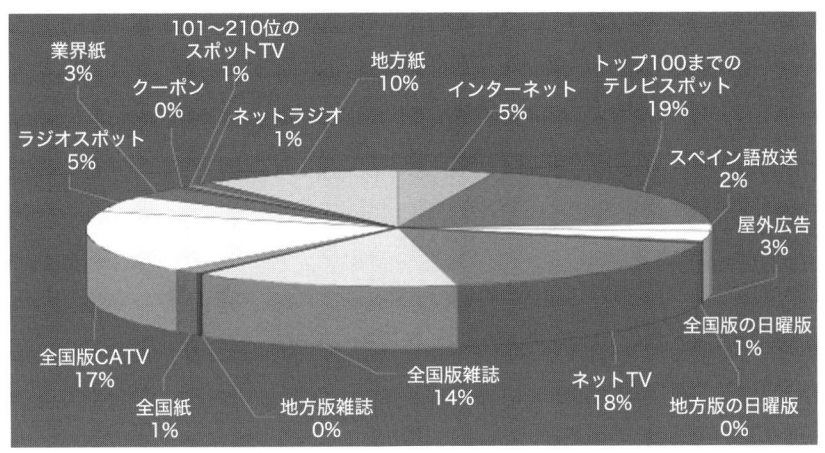

図 1.3 2006 年の広告市場調査によると，すべての屋外広告のうち 3% がデジタルサイネージに費やされた。それはまだ小さなものであるが，急速に伸びている。[Infotrends]

の広告の 3% になることを示している。

デジタルサイネージは，例えばケーブルテレビやネットワークテレビに費やされる広告に比べるとまだまだ小さいものの，図 1.3 はそれが十分に変化を期待できるものであることを示しており，本書のほとんどの部分はそれを支持している。

図 1.4 は，広告支出に関してさまざまなコンサルタントの資料を用いて示している。Veronis Suhler Stevenson，TNS Media Intelligence Report，Universal McCann，Outdoor Advertising Association of America（米国屋外広告協会）と，IAB/PWC である。この図は，総合的な米国広告市場を示している。と同時に，さまざまな広告タイプの割合も示している。デジタルサイネージは相対的にわずかなパーセンテージで，屋外デジタルメディアの合計は，図 1.5 に示すように合計 12 億ドルに留まっているが，将来は指数関数的に増加することが予想されている。

ニューヨーク市にある Arbitron は，以下の発表をしている。(1) 買物客は，小売店の売場でのデジタルサイネージによるビデオ放映に対して，非常に許容度が高い。(2) その売場でのビデオ放映は CM スキップを生じさせやすい。

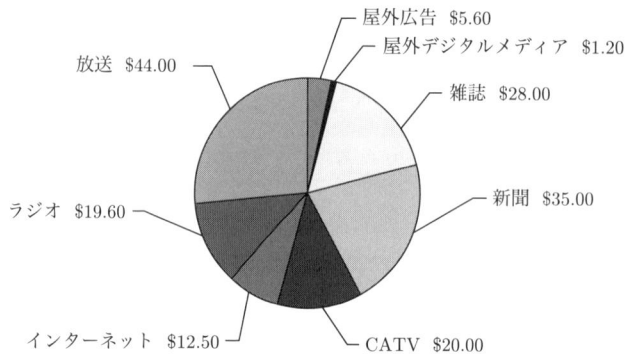

図 1.4　2006 年米国メディア別広告市場によると，広告費の合計は 1650 億ドル（Veronis Suhler Stevenson, TNS Media Intelligence Report, Universal McCann, Outdoor Advertising Association of America, IAB/PWC）

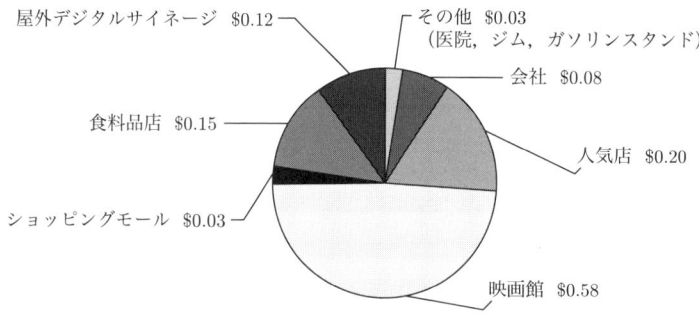

図 1.5　2006 年米国屋外広告支出の合計は 12 億ドル（Veronis Suhler Stevenson, TNS Media Intelligence Report, Universal McCann, Outdoor Advertising Association of America, IAB/PWC）

（3）そして，売場でのビデオ放映は，消費者に製品やサービスを買うかどうかの最終判断をさせるものとなる．図 1.6 は，これらの現象をさらに詳しく示す．

　さまざまな評価がさまざまな研究組織によって提示されているが，本書においてもこの章などで述べているとおり，ポイントは単純である．利益を生むよ

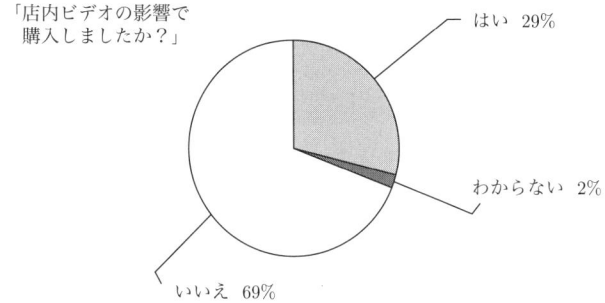

図 1.6　デジタルサイネージは，店に来るまで何を買うか決めていなかった人の購入を増やす．3 人に 1 人が店内ビデオを見て，そこで宣伝されていた購入予定外のものを買っている．[Arbitron]

うな強力な広告屋は，米国あるいはグローバルでのデジタルサイネージの未来を認識し，正しい方向に進めていくに違いない．

広告屋が，デジタルサイネージなどのニューメディアの可能性を考えても構わないと思っている理由の一部は，皮肉にも，DVR（digital video recorder），MP3，VOD（video on demand），およびインターネットのような新しいメディアの発展による．例えば，Conference Board と YNS による最近の研究では，インターネットを使っている米国家庭のおよそ 16% がネットワーク経由で放送を見ており，その割合は毎年倍増している．調査会社は，個人レベルでの便利さと CM スキップが，消費者がインターネットのビデオに群がっている 2 つの理由であると発表している．

デジタルサイネージの流行の裏にある家電（consumer electronics; CE）に関して，バージニア州アーリントンを本拠地にしている全米消費者家電協会（Consumer Electronic Manufacturers' Association of America; CEMA）は，iSuppli と Stanford Resources の調査結果から，2003 年の全世界の小売関連のサイネージ市場を 5 億 100 万ドルと見積もり，CAGR（年平均成長率）で 29% の成長を見込んで，2009 年には 23 億 5000 万ドルまで成長するとした．2003 年のディスプレイの売上は，プラズマが 3 億 1000 万ドル，LED（light emitting diode）が 1 億 5600 万ドル，リアプロジェクションが 1900 万ドル，液晶が 1600 万ドルであった．2009 年までには，プラズマディスプレイの売上が 11 億 4000

万ドルとなり，それに9億9600万ドルの液晶が続くことが期待されている。同年には，LEDとリアプロはそれぞれ2億2000万ドルと3000万ドルの販売を達成すると予想されている。図1.7と図1.8から，このデジタルサイネージ関連家電の成長の重要な断面が読み取れるだろう。

第3章で述べるが，何人かのアナリストは，2010年末までに全米のデジタルサイネージ産業は25億ドル近い売上になると予想している。この数値の根拠として，全国では45万の屋外広告があり，約500がデジタルになっており，これらは過去2年くらいの間に設置されたものである。ワシントンにある屋外広告業界のロビーグループである全米屋外広告協会（Outdoor Advertising Association of America）によると，2008年には数百以上ものデジタル屋外広告が設置予定である。

デジタルサイネージネットワークに関する別の評価として，例えばウォル

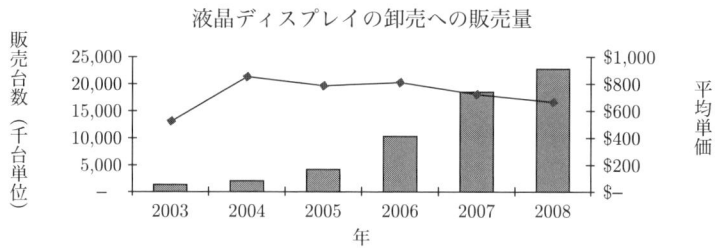

図1.7　2003～2008年の薄型液晶ディスプレイの実績と予想値［CEMA］

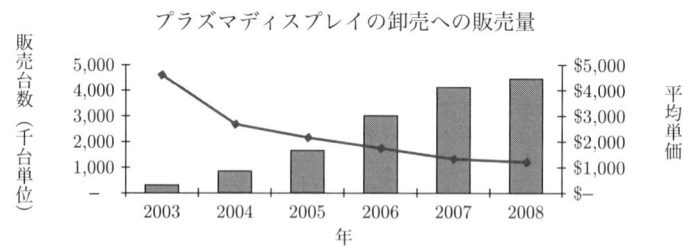

図1.8　2003～2008年のプラズマディスプレイのデジタルサイネージ関連家電の実績と予想値［CEMA］

マートにある 75,000 のディスプレイ，マクドナルドの 43,000 のディスプレイ，そして，CompuUSA の 103 店舗にある合計 8,240（1 店舗当たり最大 80）のディスプレイがある．

1.3 主たる好機と課題

第 3 章で詳しく述べるが，デジタルサイネージ産業には多くの好機といくつかの重要な課題がある．

主たる課題としては，教育，非現実的な期待，コスト，適切なビジネスモデルの発見，およびデジタルサイネージがメディアとして比較的新しいということがある．

主たる好機のいくつかは「課題」として挙げたものと同じである．すなわち，ビジネスや消費者を教育すること，コストを下げる方法を見つけること，適切なビジネスモデルを見つけること，そして今日（そして明日）のデジタルサイネージ世界を構成する新しくて未踏の領域を探索することにチャンスがあるのである．

1.3.1 今日のデジタルサイネージ

デジタルサイネージは，以下の主要な場所に見られる．いわゆる「囚われの」（あるいは待っている）視聴者が存在するようなところである．

- モール
    - キオスク
    - 情報ディスプレイ
- 小売店舗
    - スーパーマーケット，デパートあるいはドラッグストア
    - ガソリンスタンド，コンビニエンスストア
- 一般道路あるいは高速道路（屋外看板）
- 見本市
- 映画館，劇場
- ホテルのロビー

- 交通機関
    - バス，タクシー，飛行機
- 旅行案内所
    - 顧客端末
    - 空港，地下鉄や鉄道の駅
    - エレベーター（エレベーターの前の待合）
- スタジアム，アリーナ
- 公共建築と公共のエリア
    - 病院
    - 自動車免許発行所
    - 公共機関
    - 一般道路の交差点
- 教会
- 遊園地
- ギャンブル場，ゲームセンター
- レストラン
- 銀行
- 保健医療施設
    - サロン，フィットネスクラブ
    - 病院，歯科医院，動物病院
- 工場，製造設備
- デジタルディスプレイを販売するすべての場所で，デジタルサイネージを使用すべきだろう（そして，そこではデジタルサイネージを利用して在庫管理を行うべきである）。

将来のデジタルサイネージについては，この章で丁寧に説明する。第 11 章でも述べているが，多くの実証実験が行われており，ますます多くの場所で試験運用が進行している。これらの例としては以下のものがある。

- カーナビゲーションシステム（これは適切に使うことで消費者にとって大きな需要がある）

- 空港の時計（今はあまりデジタルサイネージとして使われていないが，すべてのゲートで必要なものである．これらは目立ちすぎず，適切で，しかも変化がある広告になるだろう）
- あとは想像に任せる（ただし，視聴者が楽しめるメッセージを適切に出すように設置してほしい）

1.4 デジタルサイネージの目的

デジタルサイネージは今日，主として4つの異なる，しかし時には重複する目的で，コンテンツを配信するものである．それは，コマーシャル，情報提供，経験付与，行動支援である．

1.4.1 コマーシャル

デジタルサイネージの最も重要な部分がコマーシャルとしての利用であることに，ほぼ疑いはないだろう．これは，お金が絡むという産業上の側面がそうさせているのである．さらに，デジタルサイネージのコマーシャル利用は，混沌にあると言っていいような広告業界の現状に対する一つの回答となる．広告主は，これにより新しい世紀に突入したことに気づかされた．この混沌は，広告を拒否したり無視したりする消費者の能力あるいは願望と結び付いている．またそれは，消費者の消費ニーズに合致した，適切で意味のある広告コンテンツの不足と関係している．

デジタルサイネージのいくつかの主要な方法は，将来のコマーシャル用途に役に立つ．第一に，製品やサービスを売り込む伝統的なやり方である．第二はブランディングやイメージ向上だろう．さらに別の目的として，行動支援的なデジタルサイネージがある．詳細はあとから述べるが，潜在顧客に対してアウトレットに行くように促したり，より長く滞在させたりして，より多くのお金を使わせることもできる．

1.4.2　情報提供

　フランスのパリや中国の上海でも，旅行会社など，デジタルサイネージのディスプレイを利用するところが近年増えてきている。空港が最先端の場所としてアップグレードしていく中で，大規模で輝度の高いデジタルディスプレイの設置が当たり前になっている。これまでディスプレイの大部分は，単にフライトスケジュールとデータのみを表示していたが，今後は，コマーシャル利用，行動支援，経験付与などの利用に拡大していくことになるだろう。

　他の例として，入国審査前の待ち行列が考えられる。これは入国者に対して母国語で，入国審査の理由や対象者，方法などを知らせるまたとない機会である。入国者や移住者に税関からの支援を与え，コミュニケーションを図ることで不安解消につながる効果がある。

　別の理想的な例は，病院などの待合室である。そこで患者は，デジタルディスプレイによって薬とサービスのさまざまな情報を得ることができる。第2章と第9章では，医療設備の待合室でデジタルサイネージシステムが効率的に使われているケーススタディを提供する。

1.4.3　経験の付与

　患者が検査を待っている診療室あるいは医院を想像してみてほしい。いらいらと不安が募り，時間はゆっくりとしか流れない。たいていの場合，心配事のほとんどは，どんな病気であるかや，それをどのように治療するかということに関する詳しい情報が欠けていることに起因する。

　ここでは，Baby-TV や emebaVet の新しいデジタルサイネージサービスを紹介する。もう1つの例は，図1.9に示すように，Mayo Clinic のデジタルディスプレイシステムである。これは医師，看護師，スタッフや，毎年数千人も来る患者に大いに役立っている。これらの事例は，経営者，コンテンツプロバイダー，オペレーターが，患者とその関係者を少しでも快適にし，彼らの状態を知らせて，つらい待ち時間を少しでも有意義にするための真摯な努力に支えられている。

　別の例は，ホテルや，スパや，レストランなどのホスピタリティセンターに設

図1.9 ミネソタ州ロチェスターのMayo Clinicにある典型的なデジタルポスターの例。従業員と患者を対象としている。[Mayo Clinic, © 2007]

置されたデジタルサイネージだろう。病院や獣医のオフィスの事例のように，デジタルサイネージのコンテンツは人の待っている時間感覚に影響する。コンテンツのメッセージは非常に重要で，食事のレシピや関連情報，公共サービスのアナウンスや，ヘルスセンターのサービス内容や製品，その他の情報，ホテルのコンシェルジェが提供する訪問客への魅力的な情報など，何でも提供する。これらが，多くのデジタルサイネージの今日的な使われ方の実際である。こうした事例は，デジタルサイネージが現在できること，あるいは将来できるようになることを示唆している。第11章ではこれらの可能性をより詳細に述べる。

1.4.4　行動支援

コンビニ，銀行，または郵便局などの場所では，顧客はサービスを並んで待っている。これらの状況では，顧客はいわば籠の鳥の状態である。デジタルサイネージのようなものがなければ，彼らは何もすることなく，ただひたすら待つか，白昼夢を見ながらぼーっとするか，PDA（personal digital assistant）や携帯電話をいじっているしかない。

設置場所や存在感の優れたデジタルサイネージに，適切で刺激的で第一級のコンテンツを組み合わせれば，単なる時間つぶしどころか，店内あるいは他の施設にある製品やサービスの情報を提供することも可能である。隔週で並ん

で待っている銀行の顧客には，自動給料支払小切手サービスを勧められるだろう。あるいは，郵便局の得意客なら，自分でロビーのマシンを使用して小包の重さを量り，次に，クレジットカードで送料を払い，自分で小包に切手を貼り，荷受場所に置いておくようにアドバイスできるかもしれない。そして，ガソリンスタンド兼コンビニエンスストアでは，ガソリンを入れている顧客に，天気や株式市場など興味ある情報を提供し，売り出し中の製品をコンビニで購入するように促すことができるだろう。

1.5　画面かディスプレイか

　デジタルサイネージの全体像を理解するためには，コンテンツが映され，その画面上のメッセージを消費者が受け取って反応するための，スクリーンあるいはディスプレイ装置に対する基本的な理解が必要である。これらのデバイスは，この新しい産業の今後の成功を占う要素の一部である。共通して言えることは，それらが皆コンパクトであることである。ディスプレイは従来のブラウン管よりも非常に薄くなっており，どんな場所でも使え，経済的で，便利で魅力的である。デジタルサイネージは極めて多彩な画面サイズに適用されるため，巨大なアリーナの画面から個人のPDAの1.5×1.7インチの最小サイズに至るまでサポートしている。さらに重要なことは，デジタルサイネージのディスプレイがHD（high-definition）品質に対応しているということである。デジタルサイネージのハードウェアの品質と許容性能を調べて理解するための時間を十分にとることや，適切に扱えるような人を雇うことを勧めたい[7]。

1.5.1　スクロール式メッセージボード

　スクロール式メッセージボードは，図1.10で示すベータブライトと呼ばれ，近代的な映画館で見られるタイプのものである。画面上のデータは右から左，あるいは逆方向，さらに上下に動き，典型的には黒色背景で赤色の単色を使っ

---

[7] これらのディスプレイに関する技術的仕様のより完全な解説書として，読者にLars-Ingemar Lundstorm 著，*Digital Signage Broadcasting: Content Management and Distribution Techniques*（デジタルサイネージブロードキャスティング——コンテンツ管理と配信技術）の第2章を推薦する。

図 1.10　カリフォルニア州モントレーの移動遊園地にあるスクロール式メッセージボード［Jimmy Schaeffler, ⓒ 2008］

て，ほぼ静止の状態のものから常に動くものまである。

1.5.2　プラズマディスプレイ

デジタルサイネージでは，幅 42 インチ（107cm）より大きい画面を持つテレビ画面にはプラズマの薄型テレビが用いられる。コントラスト能力が高いため，プラズマ画面は小売店には理想的である。

1.5.3　液晶

40 インチ（102cm）より小さい画面に関しては，液晶はプラズマに比べてコントラストが良くなく，ディスプレイを選択するときには考慮すべきだろう。逆に，高精細を得るのは，液晶のほうがプラズマに比べて容易である。さらに液晶には，コンピュータにしばしば採用される薄膜トランジスタ（thin film transistor; TFT）液晶と呼ばれる方式もあり，他のものではほとんど実現できない「タッチパネル」によるインタラクティブ性を提供できる。

1.5.4　LED ディスプレイ

LED（light emitting diode）は，ある有機化合物で電子と電子孔（電子の不足）が接合したとき光が放たれるという原理に基づいている。今日，LED は

主として携帯電話，MP3 プレーヤー，およびデジタルカメラのような非常に小さいディスプレイで用いられる．プロトタイプとしては，40 インチのテレビのディスプレイまである．液晶やプラズマディスプレイは，ここ数年，LED との激しい競争に直面するだろう．

1.5.5　電子ビルボード

屋外の厳しい温度条件に対応できるディスプレイは LED であるが，消費電力が非常に大きい．LED の技術は，バスや駅，空港におけるテキストメッセージなどのように，小さなデジタルサイネージに用いられる．図 1.11 はカリフォルニアにある電子ビルボードを示している．

図 1.11　カリフォルニアの高速道路にある巨大な電子ビルボード
[Clear Channel Outdoor, © 2007]

1.5.6　投射型スクリーン

液晶型と DLP（digital light processing）型の 2 つの主な投射型スクリーンが，このタイプのデジタルディスプレイの重要な技術である．通常，投射型は劇場やそれに似た環境に最も合っている．しかし，最新技術は，小売店と公共の環境における投射型スクリーンシステムを可能にしている．投射型は，プロジェクタを置く場所と映像を投射する壁を必要とするが，デジタルサイネージを比較的安価に実現できる方式である．

1.5.7 湾曲ディスプレイとウィンドウサイネージ

別のタイプのいくつかのデジタルサイネージが，現在開発中，あるいはすでに市場に入ってきている。例えば，ドイツにある Litefest という会社は，図 1.12 に示すような，自立した 60〜90 センチの直径の湾曲型ディスプレイを提供している。これらはショッピングセンターや空港のように特別な場所で，特に目立たせたい場合に利用されている。さらにいくつかのデジタルサイネージが検討されている。ビルの壁面のすべて，つまり窓という窓をすべて画面に使うというものである。ニューヨーク，シカゴ，東京のような都市は，そうしたマスイメージのデジタルサイネージを展開できる理想的な候補であると予想される。

図 1.12　湾曲型で背が高いキオスクタイプのデジタルサイネージの例
［Jimmy Schaeffler, © 2008］

1.5.8　電子ペーパー

電子ペーパー（e ペーパーとも言われる）は，別の形式のデジタルサイネージ技術である。それは紙上のインクのイメージを模しており，普通の紙のように光を反射し，電気なしにテキストとイメージを無期限に保持できるものである。またそれは，あとからイメージを変更することができる。普通のデジタル

ディスプレイと違って，普通の紙のように曲げたり折ったりでき，ある種のアプリケーションには理想的なものである．それは，他のディスプレイ技術に比べて，軽量で，長持ちし，非常にフレキシブルである．

1.5.9 自己発光型デジタルペーパー

電子ペーパーとデジタルペーパーとを混同してはならない．デジタルペーパーは大きな括りでは「対話的な紙」と呼ばれるが，それはデジタルペンと一緒に使うことで，ユーザーが手書きのデジタルドキュメントを作成することを可能にしているからである．デジタルペンは，手書きの文字や絵などを保存して，次に，それらをコンピュータにアップロードさせる．

1.6 ハードウェアインフラ

デジタルサイネージとディスプレイシステムをサポートするハードウェアの中で，ディスプレイの次に重要で実用的なハードウェアは，サーバである．簡単なシステムの多くは，よくあるデスクトップPCかノートPCをサーバとして使用する．サーバは，収集，蓄積，編集，多層化したコンテンツをディスプレイに配信して表示させる．デスクトップPCやノートPCの計算力や蓄積容量には限界があるため，高機能のデジタルサイネージのネットワーク展開には，より大容量のサーバが必要となる．1つの画面で多くのタスクを行うための性能を持ち，同時あるいは何か違ったことを同時に10，100，1000，あるいは世界中の1万もの画面に出すような複雑で大規模なコンピュータがある．

受信側と送信側に典型的なハードウェアがある．受信側では，1つのデジタルサイネージのディスプレイは，ディスプレイそのものとサーバ，プレーヤー，固定回線や衛星回線によって成り立っている．固定回線は，無線でビデオを伝送すると品質が問題になる場合や，無線のアンテナが邪魔になる場合である．サイドあるいはエッジサーバとよく呼ばれているものに，広告のファイルを蓄積しているビジネスもある．

送信側では，ネットワークオペレーションセンター（network operations center; NOC）や，ソフトウェアの制御やモニターを行っているコンテンツ管

理サーバが，典型的に含まれる。いくつかのより高度な衛星配送系はマルチキャスティングを使用する。それには，マルチキャスティングサーバと IP カプセル化技術が含まれる。また，デジタルサイネージの「非常に低レベルの技術」として，DVD プレーヤーを用いる方法は，デジタルサイネージハードウェアの一つの形式と呼べるかもしれない，このローテクの DVD 分配と配布は，デジタルサイネージ現場への「スニーカーネットワーク」（つまり，足を使って）の配布ということである。

1.7　コンテンツ

　デジタルサイネージの「クリエイティブ」な面を，「ソフトウェア」的な面と呼ぶこともある。なぜなら，コンテンツやソフトウェアが，長期的にはクリエイティビティに影響するからである。実際，ビジネスにおけるそうした部分の重要性を過小評価すべきではない。デジタルディスプレイのソフトウェア的な側面には，スクリーン上のコンテンツのプランニングやスケジューリング，コンテンツのセキュリティ，再生の確認，ダイナミックに変化する画面上のゾーン，およびネットワーク制御を実行するためのアプリケーションソフトが含まれる。

　デジタルサイネージの画面に表示されるコンテンツは，たいていの場合，非常に変化に富んでいるが，これはデジタルサイネージがメディアとして栄えていることのもう 1 つの理由でもある。テレビ放送や CATV，直接衛星放送 (direct broadcast satellite; DBS)，通信会社のビデオ番組の音や映像信号に加えて，インターネットのストリーミングや IPTV が，現代のデジタルサイネージとディスプレイ装置に使われる基本的なコンテンツになっている。これらの信号はデバイス（または画面）のちょうど 1 つのパート（通常は，領域，ゾーン，またはティッカーと呼ばれる）となる。静止画や Microsoft PowerPoint のスライド，アニメーション，およびフルモーションビデオのようなコンテンツが，同時に他のゾーンや領域に表示される。

　端的に言えば，ダイナミックに動くさまざまなタイプのコンテンツを，同時に画面の違った場所に表示させるようなクリエイティブな使い方をする，デジ

タルサイネージのような世界では，「エアー」つまり放送では限界がある。事実，いくつかの新しい広告や小売のコマーシャルは，彼らが自社で運用している店内ネットワークを使ったコンテンツの表現に移ってきている。コンテンツのプログラムやログの目的は，静止写真やアニメ，生中継あるいは録画も含むライブビデオや何種類もの音楽のミックスで，教育やエンターテインメント，情報提供，行動支援，ターゲットとなる視聴者，特に行動的な視聴者に向けた適切な広告メッセージを届ける，ということである。

基本ソフトウェアとして必要なのは，プログラムを制御し，コンテンツを画面上で動かし，デジタルディスプレイや画面にコンテンツがどのように現れるかを最終的に決める固有のミドルウェアである。サーバやメディアプレーヤーソフトウェアを選択するのは，このミドルウェアの重要な役割である。デジタルサイネージの世界では，多くの人々がこのミドルウェアのことを，その機能をわかりやすく説明するために「ソフトウェア制御システム」と呼んでいる。

興味深いのは，デジタルサイネージソフトウェアが無料でエンドユーザーに提供されるような最近の傾向は，おそらく潜在的デジタルサイネージのユーザー数を増やすことにつながると考えられることである。フリーソフトウェアは，デジタルサイネージを経済的な面でも魅力的なものにする。これは特に，中小企業と，教育機関，病院，教会など商業目的でないデジタルサイネージのユーザーにとってメリットが大きい。

1.8 　配信

今日のデジタルサイネージネットワークとデバイスによるコンテンツ配信の背景には，3つの主要な方式がある。

まず最初に，伝統的な回線を用いた配信がある。つまり，CATV，通信事業者，およびインターネット接続サービス事業者（Internet service provider; ISP）の回線のことである。これらの回線と信号は，まずサーバに伝送され，次にユーザーに転送される。それには，特別に配線された，例えばオフコンのシステムのために敷設されたローカルエリアネットワーク（local area network; LAN）も含まれる。

2 番目に，地上無線配信方式がある。これは携帯電話を利用する方式である。

3 番目は，衛星によるコンテンツ配信である。HughesNet や Convergent などの会社は，地上数百から何万キロメートルにある衛星を使うシステムとサービスを提供している。これらの衛星は，地球上のある場所から送られるデータに対して，中継局としての機能を果たし，同じ地域（違う地域の場合もある）の別のポイントにデータを届ける。

配信方式の違いはあれ，ベンダーから見たデジタルサイネージの強みは，小売店やアウトレット事業者が，同じコンテンツを 1 か所，あるいは何万か所にでも，同時に配信できることである。図 1.13 は，米国内にある 11 の大型小売チェーンとその店舗展開について，Nielsen が提供している情報である。大規模なデジタルサイネージネットワーク運用の実現に，そのような小売チェーンは理想的である。

しかしながら，前述のとおり，いくつかのデジタルサイネージでは，いまだに DVD を手や足（スニーカーネットワーク）で運ぶという，古いやり方にこだわっている。

図 1.13　全米をカバーしている小売ネットワーク［Nielsen］

1.9　デジタルサイネージの普及

　人の英知と通信業界が積み重ねて来た経験は，デジタルサイネージ革命は起こるか否かという段階を超え，いつ離陸するのかというレベルの問題であることを示唆している。未来は明白なのである。

　次の5つのトレンドは，デジタルサイネージ産業が急速かつグローバルに発展していることを示している。

(1) 消費者個人に向けた，メッセージのパーソナル化
(2) コンテンツのデバイス間転送，人から人への転送
(3) 高精細テレビ（high definition television; HDTV）とIPTVのグローバルな発展
(4) ストレージの拡大と，大陸，メディア，およびデバイスにまたがるデジタル技術
(5) 世界中の製品やサービスのプロデューサーからの，広告手法の高度化に対するニーズ

　放送事業者，多チャンネルのオペレーター，通信事業者，広告主，および彼らの関係者も，いずれは変わらなくてはならないだろうが，デジタルサイネージを構成する技術，ソフトウェア，ハードウェアの最適な組み合わせが実現するタイミングを見積もることは，そう簡単ではない。

1.10　デジタルサイネージのステークホルダー

　デジタルサイネージの背景となるダイナミクスを明確に理解することは極めて重要だが，それはつまり，その異なる構成要素，特に新たな関係者がどこにいるのかを理解することである。すべてを網羅しているわけではないが，以下に，産業界の主要なステークホルダーとその異なった役割を述べる。

1.10.1　広告主

　本書で頻繁に触れているように，グローバルなデジタルサイネージの開発と展開を真に牽引しているのは広告主だろう。その多くは，顧客からデジタルサ

イネージを展開するように求められている．それにもかかわらず，今日の広告主が，伝統的な広告とデジタルサイネージがどう違うのかを理解することは難しい．静止画の看板とデジタルディスプレイ上のデジタルコンテンツの違い，あるいは伝統的なテレビ放送の広告とデジタルサイネージ広告との違いについても同じことが言える．

1.10.2　ネットワークオペレーター

通常，ネットワークオペレーターは，ロケーションオーナーやエンドユーザーとともに，デジタルサイネージディスプレイにコンテンツを提供するコアシステムを構築・管理するビジネスをしている．ネットワークオペレーターは，デジタルサイネージビジネスに必要なクリエイティブなもの（すなわちコンテンツ）や，技術的なもの（すなわちハードウェア）をすべて提供する能力があるのが普通である．しかし，単にインフラだけを提供する場合もあるし，ロケーションオーナーや同じような状況にある他のベンダーが，他の特殊な部品やサービスを扱うベンダーと契約することを許容する場合もある．こうしたネットワークオペレーターの好例は，メリーランド州ジャーマンタウンの HughesNet である．同社は，個別のデジタルサイネージの部品を提供するだけでなく，コンテンツ配信も含めたトータルシステムの販売も手がけている．なお，日々の実際の運用も，典型的なネットワークオペレーターの業務である．

1.10.3　モバイル，インタラクティブ，タッチパネル，および RFID 技術の提供者

モバイル，インタラクティブ，タッチパネル，および RFID (radio-frequency identification) 技術の提供者は，デジタルサイネージの世界においては，「最先端」もしくは「将来」のプレーヤーとして見られているかもしれない．それは，デジタルサイネージにおけるコンテンツとハードウェアという伝統的な視点の先のキー領域にあるからである．これらの提供者は，新しいメディアとしてのデジタルサイネージで，消費者の感受性と楽しみを高めるための新しい方法を絶えず考えている．実際，将来のトレンドと技術の融合によって，モバイ

ル，インタラクティブ，タッチパネル，および RFID 技術の提供者は，新しいデジタルサイネージの活動と成長へ，大いに道を開くだろう．

1.10.4　ISP，ならびにケーブル，通信，ワイヤレス，および衛星の提供者

　ISP，ならびにケーブル，通信，ワイヤレス，および衛星（または very small aperture terminal; VSAT）の提供者はメディアの伝送を行っている．これらのオペレーターは，信号をある地点からある地点に伝送し，最終的にデジタルサイネージやスクリーンに送り届けるためのバックボーンのインフラを保有している．ISP には，AOL，EarthLink，NetZero などがある．ケーブルテレビ事業者には，Comcast や Time Warner などがある．通信の提供者は，AT&T や Verizon などである．ワイヤレスの提供者は，Verizon や Cingular などである．衛星の提供者には，HughesNet や ViaSat のような VSAT オペレーターがある．

　ある場所からある場所までコンテンツを伝送・配信するのは彼らの仕事である．産業界では，こうした配信事業者のことを「バックエンド」プロバイダーと呼ぶこともある．それは，デジタルサイネージのコンテンツ配信に直接関係するエンドユーザーや視聴者がいる販売の現場から非常に遠く離れたところにいて，そうした業務を行っているからである．

1.10.5　伝統的な看板会社

　これらの会社は，デジタルサイネージの動向をかなり意識している．なぜなら，彼らはすでにビニール製の静止画の看板を，特にロサンゼルスやラスベガスのような大都市で，大きい電子看板に取り替えはじめているためである．実際，これらの会社が，新しいトレンドについていけないなら，取り残され消え去るビジネスになるしかないであろう．最近では，伝統的な掲示板の会社は，経済性や制度面の障壁から，デジタルサイネージへの代替を始めている．第 11 章では，業界トップの屋外デジタルサイネージオペレーターの経験について議論しながら，ケーススタディを行う．

1.10.6　キオスク提供者

　誰もが通るようなショッピングセンターの歩道では，丸くてコンパクトで背の高いキオスクがすぐ見つけられる。こうしたスタンドは，ビデオやオーディオを使って人々に情報を提供し，楽しませ，製品・サービスの購入を促し，ショッピングセンターの別のエリアへ誘導する。これらのキオスクは，単に洗練されたデジタルコンテンツを提供するだけではなく，顧客とベンダー／広告主との間で，新しくて双方向の対話を行う場所になりつつある。インタラクティブなディスプレイには，タッチパネルとして使えるものや，クレジットカードやスマートカードと連動できるようなものがある。特に，クリエイターが良い仕事をすれば，これらのタイプのインタラクティブなデジタルサイネージが非常に便利で，受け入れる価値のあるものであるということに，消費者も徐々に気づきはじめている。ATM は特に便利なデジタルサイネージの例である。

1.10.7　フラットパネルディスプレイ提供者

　標準のテレビの画面が巨大で重いブラウン管からいわゆる薄型ディスプレイに移行したとき，デジタルサイネージ産業はもう 1 つの主要な要素を手に入れた。今日，そうした薄型のディスプレイは「フラットパネルディスプレイ」と呼ばれる。このデバイスに使われている技術はますます洗練されてきており，より良質で，さらにスリムなデザインになっている。フラットパネルディスプレイは，近年のデジタルサイネージのメディアとしての成長を支えるハードウェア部品の中では，最もコアになるものである。なぜなら，視聴者が目にする実際のコンテンツを表現するための最終的な表示装置であり，その結果，表示されるコンテンツの信頼性と品質への効果という点で，おそらくは最も関係が深いものだからである。

1.10.8　システム受託業者

　システム受託業者とは，デジタルサイネージシステムの構築を引き受ける会社である。これらの業者は，実際に特定のデジタルサイネージシステムの機能

を使って日々オペレーションをしているネットワークオペレーターとは別物である。

1.10.9　ソフトウェア提供業者

ソフトウェア提供業者には2つのタイプがある。本書では，ディスプレイに表示されるビデオ，スライド，画像，アニメーション，およびデータを制作して，提供するコンテンツプロバイダーについて述べている。もう1つは，ソフトウェア制御システムを提供するミドルウェアプロバイダーである。デジタルサイネージ業界においては，こうした会社のことを「ネットワークの融合機能」と言ったりする。

1.10.10　店舗什器の提供者

店舗内でネットワークやディスプレイを設置・メンテナンスする，ローカルな中小企業がある。こうした店舗の什器の提供者は，デジタルサイネージの店内への設置や展開のために，システム受託業者を雇う場合が多い。

1.10.11　デジタルプリンタ

デジタルプリンタは，デジタル画像やチラシをインターネット経由で送り，小売店などの現場で印刷するためのものである。実際に，小売店はこのサービスを利用して，ポスターやチラシを印刷している。そして今，デジタルプリンタの事業者は，看板の事業者と同じように，開花しつつあるデジタルサイネージ産業をベンチマークしながら，多くのことを学んでいる。

1.10.12　音と映像の専門家

昔からあるオーディオ・ビデオのレンタル事業者，サービス事業者，および設置事業者に対し，デジタルサイネージは，彼らの取り扱い製品・サービスのポートフォリオを広げ，その設置とメンテナンスという新しい機会を提供する。

1.10.13 購入者とロケーションオーナー

新規にデジタルサイネージを展開するのにお金を払い，導入を決定するのは，購入者とロケーションオーナーである．それにもかかわらず，第6章と第8章で明らかにするように，これらのステークホルダーは，実際にはシステムの一部分であっても，自らが初めから積極的に関与することはぜず，デジタルサイネージの専門家にセットアップと運用を任せることが多い．

レストラン，接客業，エンターテインメント施設

これらのジャンルの提供者は，デジタルサイネージによって，顧客の経験値を劇的にアップさせるだけでなく，彼らのネットワークに広告を出したがっているパートナーから収入を得ることもできるというポジションにいる．これらの事業者は，顧客の経験の拡大と新たな収入源の拡大という2つが，最終的な企業目標の達成にとっていかに重要であるかを理解することが必要である．食堂や小さな宿泊施設あるいは遊園地といったいかなる場所でも，デジタルサイネージのコンテンツは大いに役立ち，意味を持つだろう．

小売業者

現在あるいは将来のステークホルダーたちの中でも，小売業者は長い目で見て，デジタルサイネージ産業を成功させるためには最も重要である．それは，昔からの銀行強盗のことわざにもあるように「そこにお金がある」からである．小売業者は視聴者にフォーカスすれば，彼らのネットワークでコストパフォーマンスの高い販売促進を行うことができるので，デジタルサイネージを適切に展開していくことができる．視聴者に対して常に注意を払い，妥当性と感性を大事にしながら，正しく実行してほしい．

インテグレーター

ISP，ならびにケーブル，通信，ワイヤレス，衛星の提供者とは違い，自らをインテグレーターと称する会社は，ハードウェアとソフトウェアの要素のすべてを集めて，デジタルサイネージネットワークや小規模なシステムを構築する．システム受託業者のように，地元の企業であることも多い．あちこちのデ

ジタルサイネージの設置場所から離れたところに本部を置いて，設置のために現場から現場へ常に飛び回っている．

銀行と金融機関

今日，大人が並んで待たされる場所としてよく知られているところに，地方銀行の窓口がある．何もせず待たされていて，退屈極まりない（しかも不満で，そして何か変わったことがないかと考えている）人々に対して，銀行の商品やサービスに関する情報提供や，啓発をする機会としては最高の場所である．第8章と第10章では，そうした金融機関におけるケーススタディを提供する．

交通機関

ビジネスマンとその家族はよく旅行をするものである．近代的な空港，バス停，鉄道の駅，さらに，ガソリンスタンドやコンビニエンスストアで，デジタルサイネージを見たり使ったりしない人はほとんどいない．こうした場所にあるデジタルサイネージは，広告メッセージと，訪問者にとって必要な情報やエンターテインメント情報を伝えるのに使用される．交通産業の未来はデジタルサイネージと密接に関わることになるだろう．そして，逆もまたしかりである．第8章では，空港におけるデジタルサイネージ環境について，ケーススタディを交えて紹介する．

1.11　コスト

第3章でも述べるが，典型的なデジタルサイネージを展開するためのコストは広範囲に及び，構築に関わるハードウェア，ソフトウェアおよび設置の際のさまざまな選択に依存する．匿名のベンダーからの情報をもとに2008年時点で必要な支出額を控えめに見積もった数字を表1.1に示す．これらの費用の比較は，図1.14を参照してほしい．

第3章で詳述するが，コンテンツ，設定，保守・メンテナンスに関するコストは，さまざまな要因から影響を受けるため，長期的にはばらつきが大きくなる．こうした要因としては，ざっと考えただけでも，コンセントの数やコンセ

表 1.1　典型的なデジタルサイネージを展開するためのコスト

1台のディスプレイ	$1,500/サイト
1台のサーバ	$1,500/サイト
遠隔からのインストール	$1,500/サイト
通信端末	$2,000/サイト
通信サービス	$40/サイト/月
デジタルサイネージサービス	$50/サイト/月
遠隔メンテナンス	$45/サイト/月
コンテンツ制作費	$20,000/月

- コンテンツ制作費 17%
- 1台のディスプレイ 11%
- 1台のサーバ 11%
- 遠隔からのインストール 11%
- 通信端末 15%
- 通信サービス 10%
- デジタルサイネージサービス 13%
- 遠隔メンテナンス 12%

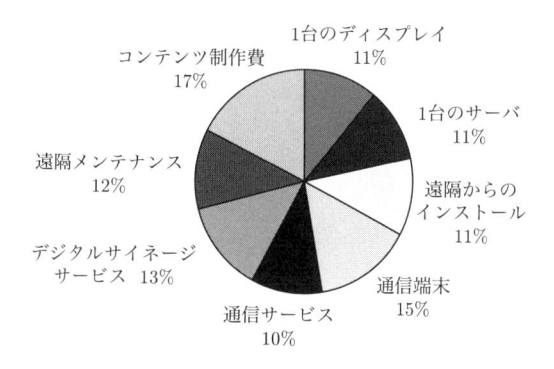

図 1.14　典型的なデジタルサイネージを展開するためのコストの，総コストに対する割合

ント当たりのディスプレイ数，コンテンツを構成するファイルの複雑性，ファイル数，PC もしくはサーバのどちらが使われるかが挙げられる．

1.12　消費者の許容度

　Arbitron や Nielsen のような収集データの測定や解析を行う会社の調査はいずれも，良質のデジタルサイネージに対する観客の許容度が驚くほど高いことを示す．図 1.15 のように，Arbitron の調査では，映画館の観客はテレビ広告の単なる再放送よりも映画館独自のスタイルのデジタルサイネージ広告を好ん

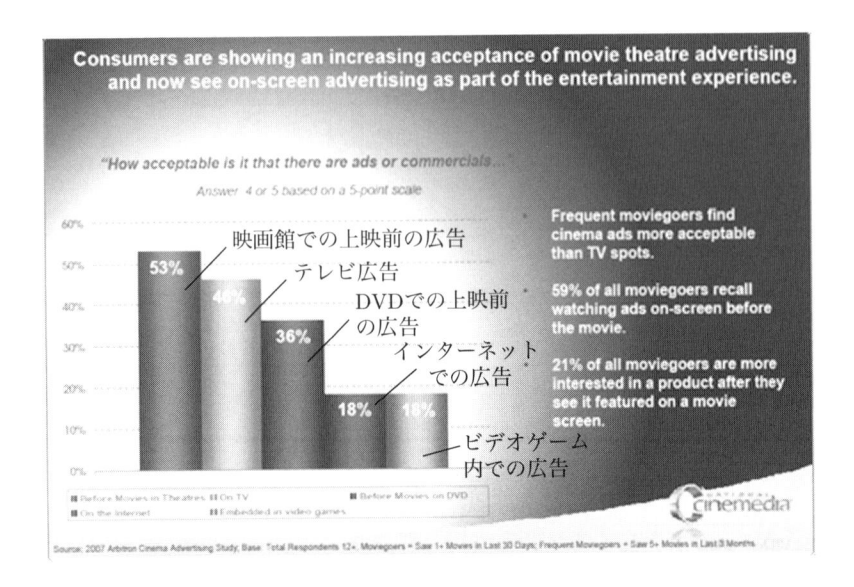

図 1.15 Arbitron の調査では，映画館のユーザーのデジタルサイネージに対する許容度が高いことを示している。

でいる。映画ファンのほぼ 2/3 は，映画の前に上映されたデジタルサイネージ広告を確実に記憶していた。また，映画ファンの 1/5 は，映画のスクリーンで見た製品やサービスに興味を持つようになった。観客の半数以上は，映画が始まる前に広告が出ることを許容できると思っている。これはテレビ広告の許容度である 46% に比べても高い数字である。家庭で観る DVD の映画の前に広告が出ることの許容度は 36% で，インターネットの場合は 18%，ビデオゲームは 18% であった。

ニューヨーク市を本拠地とする Nielsen が，多数のユーザーのデジタルサイネージの受容性について 30 の調査研究をまとめたところ，わずかではあるが，さらに良い結果となった。Nielsen は，全国的にデジタルサイネージに関連するユーザーは，2 つの主要な傾向を示すことを見いだした。1 つは，回答者がデジタルサイネージによって来店の機会を増やし，より楽しくなったと述べていることである。もう 1 つ，彼らはデジタルサイネージがその場所にとって良いものであると述べた。別の方法では 4/5 が好意的な回答をしており，マイナ

ス評価は 1/10 以下にすぎない。

　そのような好ましい状況ではあるが，デジタルサイネージの将来の成長を担う主要プレーヤーは，重要な視聴者である消費者を裏切ったり，遠ざけたりしないよう，十分に吟味し慎重に進めることが求められるだろう。未来のデジタルサイネージアプリケーションが，無秩序で押しつけがましく，さまざまな視聴者のニーズに鈍感であるならば，多くの人々はこの新しいメディアに興味を失うだろう。そうなると，販売の最高のツールであるはずの口コミが最悪の敵になるに違いない。一定数の人々が，新製品，サービス，またはアプリケーションに関して悪い話をしはじめると，急激に終焉が訪れるだろう。

　さらに，小売業に関連する 2 つの調査がある。1 つは，効果測定とマーケティングサービスで評価の高い Arbitron で，もう 1 つは，ヨーロッパを拠点とする広告会社 JC Decaux である。これらは消費者の許容度に関する詳細な結果を出しており，端的に言うと，デジタルサイネージが効果的だとしている。2005 年の Arbitron と 2006 年の JC Decaux の調査は，以下のようにまとめられる。

1.12.1　Arbitron の小売関連の研究（2005 年）

　米国東海岸・西海岸のショッピングセンターでデジタルサイネージを見た 1,400 人以上の米国の買物客が，デジタルサイネージに関する経験に対して示した反応は，以下のとおりである。

- 40% は，デジタルサイネージを使っている店で購入するのを好む。
- 彼らは，小売店の広告スポットを 1.56 回以上見て，購入に至る。
- 新商品の告知にデジタルサイネージを使用した場合，売上は 7 倍になる。
- 買物客の 81% は，店舗内で購入可能な商品にフォーカスしたコンテンツを記憶していた。
- 47% は，お勧め品か売り出し商品を放映していたことを思い出した。
- 18 歳から 34 歳の人の 72% は，買物中に流れるデジタルサイネージのミュージックビデオに興味を持っていた。

1.12.2　JC Decaux/TescoTV の研究（2006 年）

イギリスの TescoTV を運営する JC Decaux は，2006 年 3 月にスーパーマーケットの Tesco 店舗内で調査を実施した。3 週間にわたり，75 人の買物客の視線と頭の動きを追跡するため，特殊なカメラを使用した。TescoTV Network は 100 店舗それぞれに 50 のディスプレイを持つ。

- 85% の買物客は，Tesco で買物をしている間，デジタルディスプレイを視聴した。
- 顧客は通常，1 回の来店中に 20 ディスプレイの前を通り過ぎ，それらの 8 ディスプレイを実際に視聴した。
- 各ディスプレイは 40% の割合で視聴され，イギリス Poster の測定によると，それは屋外の 6 つのポスター広告の露出度と同じである。

1.13　デジタルサイネージの未来

「未来のデジタルサイネージデバイス」の候補を挙げてみるだけで，多くの観客は想像力を刺激されるだろう。これは，RFID のようなデバイスがデジタルサイネージと結び付くと，デジタルサイネージに近づいてくる人を即座に特定できるようになるからである。看板が人に対して「反応」する，つまり個人またはグループに関連のあるコンテンツをデジタルサイネージに表示させることができるのである。新種のスキャナを使えば，名札や PDA についているバーコードやその他のメッセージを読み取ることで，同じコンテンツを個人の PDA に送信し，保存したり，あとで使えるように反応させたりすることができる。

デジタルサイネージは，ニューヨーク市のタイムズスクエア付近で，例えば M&M キャンディのようなブランドの特典に関する広告を出す。ユーザーは通りをディスプレイに向かって歩きながら，自分の持っている PDA をメッセージが流れている方向に向けたり，あるいはコミュニケーションポイントで振ったりすると，情報やコンテンツが PDA に伝送され，オンラインで簡単に特典を得るための情報をダウンロードすることができる。それが，いくつかのボタ

ンを押したり，マウスを数回クリックしたりするだけで，シームレスに行える．これが，デジタルサイネージが向かう将来像である．図 1.16 は，ニューヨークにある 15 メートル × 10 メートルの巨大なデジタルサイネージである（レストランの 2 階の窓から見ている写真）．

　第 11 章では，将来のデジタルサイネージのチャンスとアプリケーションについて，より完全で詳細な説明を行う．本章の 2 つのケーススタディのうち，1 つ目は広告以外の事例だったが，2 つ目は広告を目的としたものである（重要な情報をデジタルサイネージのディスプレイに実際に配信することにフォーカスしている）．それは，実際のデジタルサイネージの導入に関する素晴らしい知見とそれらの課題，現実性，そして将来への見通しを，読者に与えるものである．

図 1.16　ニューヨーク市のブロードウェイと 46 番通りの交差点にある，M&M Mars Candy 店舗前の巨大なデジタルサイネージ［Jimmy Schaeffler, © 2008］

AccuWeather

　ペンシルバニア州ステートカレッジにある AccuWeather は，世界最高の天気予報に関する民間情報会社であり，また，特に商品やサービスを扱っている人々に付加価値の高いサービスを届けるデジタルサイネージのコンテンツプロバイダーでもある．天気予報には非常に高い期待が

あり，それが AccuWeather がデジタルサイネージビジネスに関わる主な理由になっている。デジタルサイネージ販売本部長のマイク・ウェルシュ氏は，以下のように述べている。「天気予報というのは，地方局をユーザーが見る一番の理由になっている。また，それは新聞で最も読まれる記事であり，ラジオを聴く 3 つの大きな理由の一つであり，インターネットや携帯のウェブコンテンツの中で最もアクセスされるものの一つである。さらに，視聴者は天気に関心が高いことから，そこに出す広告の価値も高まる。天気は，次の新しいメディア，すなわちデジタルサイネージにおいても同じような役割を果たすだろう」。図 1 はニューヨーク州シラキュースの空港に置かれた典型的なデジタルサイネージである。

図 1　ニューヨーク州シラキュースの空港ロビーにある，その地方の天気を表示した AccuWeather のデジタルサイネージ　［AccuWeather, Ⓒ 2007］

マイク・ウェルシュ氏は，「この会社が遂げた目を見張るような成長は，パートナーや顧客があって，デジタルサイネージ市場が立ち上がってきたからこそだと実感している」と述べている。AccuWeather は，産業情勢，経済成長予測，潜在市場，競合状況，販売可能性などに関する入念な分析をベースにしてデジタルサイネージに進出し，デジタルサイネージ分野へのコンテンツの供給を最適化するための投資の必要性を実感した。

AccuWeatherは現在，展開したデジタルサイネージのコンテンツの有効性の判断は，視聴者にいかに浸透したかを基準にして行っている。つまり，AccuWeatherからのメッセージは，視聴者に視覚的にアピールするものであり，視聴者の関心が高い，例えばローカル密着型で最新のものであり，かつ信頼性を担保しているものでなくてはならない。

　AccuWeatherは，広告ビジネスに関しては，デジタルサイネージを実際に使う顧客に委ねるというビジネスモデルを採用している。AccuWeather自身は広告を販売しない代わりに，自社の正確で詳細なローカル情報が満載で，しかも視覚的に魅力があるコンテンツによって，クライアントのディスプレイや広告が視聴者にアピールできるようにしている。つまり，テレビと同じである。テレビの視聴者は，例えば夕方のニュースにチャンネルを合わせると，より詳細な天気情報を見るように促すコマーシャルを見せられる。同じように，AccuWeatherのデジタルサイネージビジネスにおけるパートナーは，提供したい広告やメッセージを伝えるのに，天気を利用して視聴者の注目を引くのである。

　AccuWeatherが現在提供するのは，人気の高いいくつかの天気関連のコンテンツ，例えば「今日，今夜，明日の天気予報」，「週間天気予報」，「時間ごとの予報」，15分ごとにアップデートされる「全国ならびにローカルの高解像度ドップラーレーダー」，「お天気キャスターによるビデオ天気予報」（これは北米のトップ115のDMAにおいて1日に2回配信されている）である。さらに，AccuWeatherは，天気に関連する健康指数を業界に提供するサービスを実施している。例えば，関節炎，喘息，片頭痛，花粉，大気汚染，UV指数，風邪やインフルエンザ関連の情報である。それだけでなく，スポーツ，ビジネス，エンターテインメント，米国国内のニュース，世界のニュース，健康，科学技術など，AP通信のさまざまなニュースも提供している。

　AccuWeatherは，コンテンツサービスに限定しており，スケジューリングができるソフトウェアを提供しない。この機能はパートナーによって提供される。AccuWeatherはこれまで何年もの間，他のメディア向け

に天気を売り物にした広告の提供をサポートしてきている．そこで，デジタルサイネージの顧客の大半も，最近では，大気の状態や，特定場所の気温，健康指数をある種の広告やメッセージのトリガーとして活用している．AccuWeather による天気をきっかけにした広告としては，天気と関連の深い衣服，飲料，食品などの製品の事例がある．また，高度な使い方として，荒れ模様の天気の日にリゾート地を広告するという事例もある．

AccuWeather 独自の「気象予測エンジン」は，全世界 270 万か所の気象データを生成する．天気予報は，全米 43,000 の郵便番号に対応した場所，カナダの 75 万の全郵便番号に対応した場所，および米国以外の 4 万都市向けに，24 時間 365 日提供されている．多くの場合，AccuWeather のコンテンツは，HTTP ウェブサービスや FTP を使って，データの再販事業者の持つ中央サーバに配信される．個々のデジタルサイネージ運営会社は，再販事業者の中央サーバにアクセスし，そこから AccuWeather のデータを転送してもらう．

AccuWeather は，コンテンツ管理ソフトウェアからハードウェアに至る主要なデジタルサイネージプラットフォームを広範囲にサポートしている．コンテンツは，さまざまなファイルタイプ（例えば，XML，PNG，SWF）を網羅し，各々のプラットフォームに最適化されたソリューションの提供が可能である．AccuWeather のビジネスモデルは，あくまで「コンテンツへの課金」であり，広告は範疇外である．

ホテルのロビーにあるデジタルサイネージで，AccuWeather の「今日，今夜，明日の天気予報」が放映されていれば，ビジネス客や行楽客にとっては次の予定を決めるために役立つに違いない．と同時に，AccuWeather のコンテンツは，広告コンテンツに目を向けてもらうために有用である．もちろん広告主としては，彼ら自身のブランド認知が目的であり，AccuWeather の顧客の大部分はその目的を達成するために，天気予報における AccuWeather.com ブランドが持つ，権威，正確さ，信頼性を利用している．AccuWeather ブランドの露出は，広告主にとっては，思わぬところでもらえるありがたいボーナスのようなものである．

天気予報というコンテンツは視聴者にとって魅力的で価値が高いと考えるデジタルサイネージユーザーが増えることが，デジタルビジネス全体の成長を牽引すると，AccuWeatherは確信している。デジタルサイネージコンテンツの領域へ進出した早い段階で，AccuWeatherは初期展開をするより前にまず，ROI計画を策定した。デジタルサイネージのコンテンツ展開における最大のネックは，法人顧客が新規にサイネージを展開する際の目的は何か，ということである。「この市場はすでに始まっている。そして，当社は需要に対応できるよう十分な準備ができている」と，ウェルシュ氏は主張する。唯一の課題は，どれくらい早く本格的に離陸をするかということである。

　驚いたことに，AccuWeatherは，公共の場所や屋外のデジタルサイネージへのコンテンツ展開にも否定的ではない。どんなケースであっても，視聴者が籠の鳥状態で退屈でたまらないときに，役立つコンテンツを見ることができれば，パートナーが予想外の賞賛を受けるからである。AccuWeatherのパートナーであるTransitTVは，屋外のデジタルサイネージ展開の影響に関する調査を行った。この調査は，ニュースや天気予報のサービスを利用している人々に関する統計的なデータと，AccuWeatherの天気予報番組が放映された後の広告がどのくらい興味を集めるかといった情報に関するものである（この調査の詳細は，http://www.transitv.com/research.htmlを参照）。

第2章

デジタルサイネージとは何か？

> デジタルサイネージは情報をダイナミックに，リアルタイム，準リアルタイム，非リアルタイムに発信することができ，場所，時間，状況，実際に誰が見ているかに，発信する情報を適合させることができる。異なるソース（と場所）から発生した複数のメッセージは，地域，レイヤーおよびティッカー（またはクローラー）などの同時画面要素として，1つの画面に組み合わせることができる。その媒体は完全に自動化された方法で情報を提供するが，タッチスクリーンやその他のユーザー制御方法を使用することにより，視聴者と対話することも可能である。
>
> ラルス・インゲマル・ルンドストルム[1]

現代のデジタルサイネージは，少数の主要要素から成り立っている。業界関係者の多くは少なくともこの認識である。

デジタル化されたソフトウェアは，薄型ディスプレイ上にさまざまなサイズで表示される（コンテンツとソフトウェア制御システムの両方の形式で画面に表示される）。また，コンテンツは衛星などを経由して，PCあるいはサーバからインターネット経由で瞬時に配信可能であり，屋外で消費者に対してアプローチ可能であり，臨時に設置することができる。

「デジタルサイネージとは」に対する最適な答えは，歴史，形態，技術，ソフ

---

[1] Lars-Ingemar Lundstorm 著，*Digital Signage Broadcasting: Content Management and Distribution Techniques*（デジタルサイネージブロードキャスティング——コンテンツ管理と配信技術）より。

トウェア，ハードウェア，導入，保守，主要プレーヤー，トレンド，課題，および好機，それぞれに主要な要素を含んでいる．これらの要素は本当に顕著な新しいコミュニケーションデバイスのモザイクを形成しており，デジタルサイネージを「キラーアプリケーション」と定義した人もいる．デジタルサイネージは新しいビジネスであり，新しい膨大な市場を消費者に生み出すであろう．

デジタルサイネージは，物を販売するという昔からの習慣に対して，新しい創造的アプローチとして誕生したものである（第 11 章で追記する）．現在導入されているサイネージには，30 センチの小さなサイズのものから，スタジアムに設置される 15 メートルの大型のものまである．また，フラットディスプレイだけでなく，柱などへの巻きつけタイプもある．デジタルサイネージは，CE ベースの製品とサービス，デジタルサイネージの技術要素，操作性，ハードウェアとソフトウェアの提供者の見地から，いまや家電と同等である．主要構成要素であるソフトウェアは，ディスプレイ上に表示されるものと，システムをコントロールする制御用のものから成り立っている．代表的なハードウェアは，スクリーン，サーバ，メディアプレーヤー，PC，監視装置，さらにアンテナ，ルータ，衛星トランスポンダの伝送インフラである．

インストールは，機能，安全，および有効性観点から重要である．システムがいったん起動すると，その後はメンテナンス業務となり，信頼性と安全性を保持するための保守状態となる．もし，システムがダウンすることがあれば，そのシステムは撤去されることになるであろう．基本的な理解として，デジタルサイネージは上記の内容によって構成されているが，グローバルな電気通信事業サブセクターとしての新たな挑戦とビジネス機会を創出するものとして評価されてきている．

2.1　歴史

デジタルサイネージの起源は，実際には非常に原始的なところに基づいている．すなわち，音と動きで人に情報を認識させるということである．サイネージの画面が動くことにより，人々は製品あるいはサービスに注意を払い，関心を高める．ラジオとテレビが 20 世紀から電波で広告を流しはじめ，そのやり

方が現在のデジタルサイネージにも引き継がれている．スクリーン上の認識可能な声と映像は，聴衆の関心を集めるために効果的である．屋外看板はデジタルサイネージのはしりであり，いまやインターネットやデジタル機器，コンテンツとそれらの連携がなされている．

2.1.1　初期の利用形態

「デジタルサイネージ」の最初の利用例の一つは，1970年代後半と1980年代にある．それは，ニューヨーク市などのファッションハウスでファッションショーをVCR（video cassette recorder）に録画し，小売店に設置した大型テレビで再生したというものである．1984年，カナダのLoblaws食品チェーン店では，従業員（主として規則と指示の周知とコンプライアンスを改善するために）と買物客（販売促進のために）向けに，ソニーのアナログテレビを店頭に設置した．さらに，その後すぐに，バーやレストランにもテレビが置かれはじめた．カナダの運動具専門店Athletes Worldでは，販売情報と有名メーカーの広告，音楽をパッケージにして配信したが（"World TV"と呼ばれた），1990年代前半当時の技術とコンプライアンス[2]の不足のために部分的な成功に留まった．

　1990年代後半には，より小さく，より軽く，より薄いディスプレイが家電産業の努力により利用可能となった．家電産業によるハイビジョンの高品質テレビ（HDTV）の開発・実現で，デジタルサイネージの新たな基盤が構築された．日本における精力的なデジタルデバイスの開発が，デジタルサイネージのこのようなセットの実現に貢献している．実際，1997年の米国PixelWorksと富士通の提携により，初めてのプラズマディスプレイ（通常の品質にもかかわらず，革命的な42インチのスクリーンで13,100ドル）が生まれたことは，先駆的な出来事だった．しかし，サイネージが販売促進につながると理解している人は当時少なく，商機を大きく失っていた．

　フラットパネルが，ポスターやサインの代わりに設置されるようになった．

---

[2] ここでの「コンプライアンス」とは，スクリーンが設置されているロケーションの従業員が適切にデジタルサイネージシステムを運用できるかどうか，例えば，デジタルビデオレコーダー（DVR）に適切なテープを入れて，スケジュールどおりにスクリーンに配信できるか，などについて言及している．

これを牽引したのは，Planar のブラッド・グリーソン氏，SCALA のジェフ・ポーター氏，3M のイアン・フォーブス氏とジョン・カークパトリック氏である（後に彼らがデジタルサイネージの市場を開拓したと言われる）．また，デジタルサイネージ産業を早期に試行し実証したのは，Bunn の DW+ Partners のグレーム・スパイサー氏，Marketforward のマニー・アルマグロ氏，Dawson & Company のカレ・ドーソン氏，Broadsign のデーブ・ハイネス氏，Impart のトーマス・ムニス氏，Adspace 創設者のルウ・ギアカロン氏，PRN のショーン・モラン氏である．また，リアプロジェクタをフラットパネルに置き換えることを精力的に進めたのは，CE ベンダーであるパイオニアやパナソニック，フィリップスなどの会社である．

それにもかかわらず，デジタルサイネージ向けに情報を配信するビジネスは困難であった．実際，新しいデジタルサイネージが完成したとき，多くの資金が浪費された．有名なジョン・ランデン氏によって作られた Women's Shopping Network は，ビジネス内容ではなく，むしろハードウェアとネットワークのための資金によって事業がつまづいた．

2.1.2　成功事例

見本市やユニークなカジノの現場でデジタルサイネージが導入されるようになると，デジタルサイネージ産業は花開きはじめた．個々の例を見ると，デジタルサイネージの最初の大規模な導入事例の一つは，1999 年後半にラスベガスのマンダリンベイにあるカジノの中に，100 個以上のプラズマスクリーンを設置したカジノ企業家によるものである．

さらに，見本市はデジタルサイネージ開発にとって格好の場所でもあったため，業界の専門家たちはデジタルサイネージに少し手を染めかけた．ハードウェアおよびソフトウェア製造会社に興味深く語りかけ，まれに見本市に一緒に参加し，これらの会合やグループを内々では「デジタルサイネージの最高の友人」と称した．一方，これらの会合が新たな見本市や出版計画の起源となったことも事実である（例えば，これまでの POPAI という業界団体から，見本市は Digital Retailing Exposition が，出版物は Digital Signage Quarterly や Digital Signage Resource Directory が誕生している）．

> **小売業の業界団体 —— POPAI**
>
> POPAI は Point-Of-Purchase Advertising Institute の略である。ウェブサイトは www.popai.com で，小売業界のマーケティングを行う国際的な取引組合である。1936 年設立の POPAI は，世界 45 か国以上の小売のマーケティングプロデュース会社や広告代理店のほか，Fortune 500 ブランドのメーカーや小売業者 1,700 社以上をメンバーに抱え，70 周年を迎えた（訳注：2011 年には 75 周年を迎える）。

　狭いスペースに設置できるという理由から，見本市はデジタルサイネージの最適な場所となった。さらに，ビデオとオーディオはブースの製品とサービスを宣伝するために大いに役立った。プラズマディスプレイは，以前のブラウン管テレビに比べて簡単に梱包することができ，運びやすかった。特筆すべきこととして，このプレセールスを行う見本市において初期のデジタルサイネージが成功を収めたのは，聴衆をサイネージに慣れさせ，サイネージに興味を向けさせて，新しい発見を見いだすようにしむけるという，現在とまったく同じ理由からである。

　カジノでの導入において言えることは，世界中の他のカジノのスロットマシーンを新たに収集して導入するよりも，サイネージのフラットパネルを置いたほうが，顧客の行動を喚起するために効果があることがわかったことである。「ラスベガスとギャンブル産業は，非常に早くからデジタルサイネージの可能性を理解していた」とグレーム・スパイサーは述べている。このように，ラスベガスにおけるデジタルサイネージは，後のレストランやコンビニエンスストアの先駆けとなった。

2.1.3　最近の好機

　今日，北米におけるデジタルサイネージスクリーンの総数は 50 万以上である。その数はこの先 2〜3 年間で倍増すると予想されている。この大きな成長は，自ずとデジタルサイネージの開発・販売に大いに結び付く。

　確かに，小売において，以前はまったく導入されたこともない場所にデジタ

ルサイネージを導入することが多くなった．しかし，デジタルサイネージの小売への導入には，まだまだ大きな課題が残されている．この本の後半にたくさんの疑問を示している．果たして投資に対して十分な収益をもたらすのか？　もたらさない，あるいは計測できない場合は，ほかにデジタルサイネージを導入する理由は存在するのか？　利益確保に向けた対策や懸念の厳しさを避けて，デジタルサイネージシステムの費用対効果を議論しないまま店舗什器として導入する店舗もある．

コンテンツの制作に加えて，インターネットに接続されていれば世界中どこからでもインターネット経由でディスプレイにコンテンツを送ることができるようになり，新たなビジネスの成功要素が揃ってきた．今日，デジタルサイネージとディスプレイの開拓時代は通過した．規則やガイドラインの設定は初期段階であり，多くの新しいアイデアが試され，実行されている．放送事業者，多チャンネル事業者，そして関連産業のベンダーにとって，伝統的な広告資産の減少で失われつつあるビジネスへの答えと代替手段となる魅力的な展望を，デジタルサイネージが提供するためである．

2.2　形態

デジタルサイネージには多数の形状がある．そして，それは新しいメディアとして今後も増えつづけるであろう．

古典的なデジタルサイネージの形態は，例えばスタジアム，銀行，小売店などにおいては，スクロールする掲示板である．ほかにも，液晶ディスプレイ（liquid crystal display; LCD）やプラズマディスプレイ（8～200センチ），CRTモニタ，アリーナ（球場）の電子ビルボード，そして，高速道路脇の電子ビルボード，前方あるいは後方投射のプロジェクタ，有機発光ダイオード（LED）スクリーンなどがある．

ドイツのLiteFastは高さ2メートル，直径1メートルのデジタルサイネージを，キオスクの周辺に設置している．特徴は，曲がったガラスの表面を持ち，輝度が高いことである（図2.1）．

デジタルサイネージの形態を理解する別のやり方として，デジタルサイネー

図 2.1　LiteFast の円筒型デジタルサイネージ［Jimmy Schaeffler, © 2008］

ジが置かれる場所を参照する方法がある。簡単に整理すると，まず，それが商業目的か非商業的なものかにグループ分けできる。商業的な場所に設置されているのが看板で，商品の販売促進が目的である。非商業的な場所のディスプレイは，世の中では一般的に「看板」や「サイネージ」と見なされず，商品の売上に関連した場所には置かれていない。

2.2.1　非広告的利用

　大学のロビーに置かれるフラットパネルは，大学の設備として，学生に対してアドバイスや教育に関する情報を提示する。このパネルはデジタルディスプレイと呼ばれており，デジタルの看板より良い評価を得ている。

　これまで，デジタルサイネージの緩やかな成長は，非商業的なデジタルディスプレイ全般において，商業利用の場合よりもさらに低調であった。しかし，ある有名な大学にデジタルサイネージが使用されたことがきっかけになり，その後ブレイクが始まった。その他の非商業利用のデジタルサイネージの適用場所としては，工場，官公庁，旅行センター，教会，寺院，モスクや礼拝堂など

がある．礼拝のためのサイネージでは，ホールの背面に司祭のイメージを投影するための大きなスクリーンが用いられている場合などがある．これらの非商業的なデジタルディスプレイについては，第1章と第3章に，より詳細に記述されている．図2.2に，サンフランシスコ国際空港の出入国管理／帰化センター内の手荷物エリアにある，2枚のスクリーンを示す．図2.3はフランス政府の交通標識である．道路情報と旅行情報をパリに入る高速道路上で配信している．

図2.2　サンフランシスコ国際空港の非営利の政府機関が設置した2枚のデジタルサイネージ［Jimmy Schaeffler, ⓒ 2008］

図2.3　パリの高速道路のデジタルサイネージ［Jimmy Schaeffler, ⓒ 2008］

2.2.2 広告的利用

当たり前のことであるが，資金調達や商業上の観点から商業利用と非商業利用を比べると，明らかに商業利用のほうが市場を占有している。

商業的なデジタルサイネージが設置される場所はバリエーションに富んでいる。とはいえ，大きく次の4グループに分けられる。

- 小売店：ショッピングセンター（スーパーマーケット，食料品店，ドラッグ，衣服，スポーツ用品店，コンビニエンスストア），ガソリンスタンド，自動車修理センターなど（図 2.4）。実現しそうな例の一つとして，ショッピングカートの内側のデジタルサイネージには，大きな期待がかかる。
- 旅行：空港，駅，公共交通機関，バス，タクシー，都市の混雑した通りの歩道，エレベーター内，一般道路や高速道路の脇のビルボード，会社のロビー（図 2.5，図 2.6）。
- カスタマーサービス：医療施設（例えばスパやヘルスクラブ），病院の待合室，ホテル，旅館，映画館・劇場（図 2.7）。この章のケーススタディ，動物病院のテレビサービスである emebaVet や第 9 章の英国の Baby-TV

図 2.4　衣料品店のデジタルサイネージ
[Lyle Bunn, © 2008]

図 2.5　パリの道路脇の商業デジタルサイネージ
[Jimmy Schaeffler, © 2008]

図 2.6　空港で初期から使用されているデジタルサイネージ。現在も使用されている。[Jimmy Schaeffler, ⓒ 2008]

図 2.7　San Francisco Business のロビーのデジタルサイネージ [Jimmy Schaeffler, ⓒ 2008]

などは，カスタマーサービス領域で急成長をしている好例である。
- その他：成長領域として，従業員の休憩室，試写会，スタジアムまたはアリーナ（図 2.8，図 2.9）

第 1 章には，より仔細なリストとデジタルサイネージの実証および実現例が記述されている。

図 2.8　発送ゲート上のデジタルサイネージ［Jimmy Schaeffler, ⓒ 2008］

図 2.9　トレードショーのデジタルサイネージ［Jimmy Schaeffler, ⓒ 2008］

emebaVet

　emeba はカリフォルニア州モデストに拠点を置く会社で，中〜大規模の動物病院を対象に，emebaVet と呼ばれる（訳注："vet" とは獣医の意），待合室でのテレビ体験を提供している。"emeba" は，electric multimedia education and business application（電子マルチメディア教育およびビジネス利用）の略である。彼らが最初に根をおろしたマーケット領域が動

物病院であったため，名前に Vet を付け加えたわけである。技術部門長のダン・ホン氏によれば，現在提供中のサービスの特徴として，「広告主により支えられたクライアント教育システム」であることが挙げられる。会社概要には「電子広告は新たな媒体である。病院の顧客に情報を提供するだけでなく，病院内に『拘束』された視聴者を，地理的，人口統計的，心理的な特徴に応じてターゲティングできる」と述べられている。

現在，emebaVet は emeba の主要なサービスである。だが，病院やチャーター機向けのデジタルサイネージといった，その他のサービスも計画されている。emebaVet が配備したデジタルサイネージはすでに 100 面を超える。目標は中〜上ランクのロケーションに，3,000 面を展開することである。動物病院の設置場所のうち 80% がこれに該当すると，emebaVet は考えている。

このサービスを利用すれば，全国の動物病院にいる飼い主に，ペットの健康に関連した情報を送ることができる。これまでに，待合室，診察室，スタッフ用控え室が，emebaVet のデジタルスクリーンを置くのに格好の場所であることがわかっている（図1）。コンテンツのカテゴリーとしては，健康，病気，歩行障害，栄養摂取，ペット用品，付帯サービスなどがある。診断や試験結果のデータにアクセスすることもできる。ウェブアクセスも可能で，クレジットサービスや，ペット用保険などの情報にもアクセスできる。待合室に関しては，次のような情報も提供されている。

- 最新商品，最新サービス
- しつけやペットフードに関するヒント
- 予防的ケア
- 最新技術（デジタル X 線撮影（DR），スキャニング）
- 先進的治療法
- 獣医やクリニック，スタッフについてのコンテンツ
- エピソード紹介や患者の写真
- 動物に関する重要な全国ニュース

図1 ある動物病院に設置された emebaVet の画面 [emebaVet, ⓒ 2007]

　emeba が emebaVet を開始するに至った主なモチベーションとして，次のような産業上の需要を見込んでいたことが挙げられる．(1) クライアントからの需要，(2) 明確に定義できる「拘束」された（ペットが診てもらえるまで待合室に拘束されている，という意味で）多数の視聴者からの需要，である．emebaVet は，デジタルサイネージシステムを導入するにあたって「多くの調査」を行っている．ホン氏ら創設者は，デジタルサイネージが設置されている場所を訪れたり，展示会に赴いたり，デモを見に行ったりするなど，この業界について学ぶためにできることすべてを行ったという．

　初期の emebaVet にとって最も重要な挑戦だったのが，クライアントとこのサービスの広告主の両者を啓蒙するにはどうしたらよいのか，という本質的な課題だった．初期の頃に，団体活動や展示会などを通じて，クライアントや広告主の近くでもっと多くの時間を過ごしていたら，この課題により良く対処できていた，とホン氏は感じている．

　ホン氏は emeba のデジタルサイネージシステムの将来について，「急成長の中でバランスをどう保ち，マネージメントするか」が最も難しい問題になるだろうと考えている．それに関連して，「emeba がデジタルサイネージ事業から撤退するとすれば，他の事業へとフォーカスを移すときだけだろう」とのことである．

現在 emeba では，emebaVet のデジタルサイネージ導入の効果を，満足度調査や売上高報告書といったものをもとにして調べている（図2）。emebaVet のデジタルサイネージを広告目的で用いたときの便益について尋ねられると，ホン氏はその場所固有の「測定可能な ROI」（measurable ROI）を話題に挙げた。

TB Team Broadband

Informational training and video conference capabilities for staff from suppliers and industry in the "backroom"

Features:
- ✓ On demand programming
- ✓ Scheduled content
- ✓ Urgent information
- ✓ Pre-launch information
- ✓ Continuing education
- ✓ Segment sponsorships
- ✓ Tracking capable—ensures segments are viewed

（吹き出し）「控え室」の派遣スタッフ向け情報提供とテレビ会議の可能性

（吹き出し）特徴：
・オンデマンド型のプログラム
・スケジューリングされたコンテンツ
・緊急情報
・発売前情報提供
・教育の継続性
・セグメントごとのスポンサーシップ
・トラッキングが可能 ─ そのセグメントが見られているかを確認

図2　テレビネットワークタイプのデジタルサイネージ導入に伴うスタッフの具体的便益について紹介する，emebaVet の概要説明［emebaVet, ⓒ 2007］

採用しているスクリーンは，液晶とプラズマどちらもあり，コンテンツは「高解像度の動的，ライブ，インフォメーション」コンテンツだとホン氏は言う。媒体ネットワークは，全国，地方，地域をターゲットとした，動物病院に関係する視聴者に向けたものである。ある1つのロケーション，あるいはロケーション内の1つのデジタルサイネー

ジグループにまで絞ってターゲティングすることもできる。emebaVet では専用プラットフォームを使用しており，地域的な，あるいは全世界的なコンテンツの配信・再生を可能にしている。このシステムの制御には，SCALA やたくさんのカスタムアプリケーションが利用されている。

　それぞれのロケーションにおけるコンテンツの管理も，emebaVet により制御されている。キーとなるロケーションは，動物病院，大学，業界関係の施設である。また，emebaVet は「日内分割」「週内分割」といった高度なスケジューリングのメカニズムを採用しており，広告メッセージを時間に応じてターゲティングさせることもできる。また，提示コンテンツを，ある特定のロケーションや時間に合わせてターゲティングさせることもできる。

　システムの制御は，インターネットを通じて遠隔で行われる。広告用途向けに，第三者のデジタルサイネージの利用にも対応している。

　「なぜ emebaVet か」という質問への答えとして，動物病院のクライアントになろうとする人の便益を考えると，次のようなものがある。(1) 詳細な放映レポート，(2) ループ再生でない動的なプログラム（毎時間，情報を新しいものに変えたり，広告をランダマイズしたりして，新鮮さを保つ），(3) プログラムをその場で更新することができる（次の月や次回発行版まで待つ必要がない），(4) 緊急情報。

　emeba の財政面については，2003 年初頭に，emebaVet のデジタルサイネージ設置に 55 万ドルを投資している。emebaVet の最初のデジタルサイネージプロジェクトにおける初期の ROI は 200％ で，そのすべてを再投資した。ホン氏によれば，これは 3, 4 面のみで展開していた初期の頃のことで，その間に初の 100 万ドル広告主も獲得した。近年の他社におけるデジタルサイネージ事業の ROI の期待値は，平均で 65％ である。

　emebaVet の実践は慎重かつ賢明で，展開の前に，的を絞った ROI 計画を作成した。この計画は，業界における広告費の支出についての基本的ナレッジをもとにして作られた。また，彼らは出稿料の相場や媒

体ネットワークの大きさを知るようになった。ROIを算出するために，emebaVetでは，ホン氏が言うところの「広告主ごと／ロケーションごと／製品・サービスの売上高ごと／ロケーションでの取引高ごとのコスト」を計算に用いている。

emebaVetのさらなるデジタルサイネージ展開を阻害するものとしては，成長に必要な資金の調達可否が最たるものだろう。これからは初期のように自己資金での運営では立ち行かない。emebaVetは展開の効果を調べるために，定期的に売上高報告書を出している。

本書のケーススタディに興味を持った読者の一部もそうだろうが，ホン氏もまた業界団体や技術的な標準を策定する標準化団体に注意を払うことには，それほど乗り気ではなかった。代わりに，支援や宣伝，リサーチ，教育，媒体ネットワークの拡大に力を入れた。これは，emebaVetのデジタルサイネージがまだいかなる規制やルール，法令にも影響されていないということを，少なくとも部分的に示している。

2.3 技術

Lars-Ingemar Lundstormの *Digital Signage Broadcasting: Content Management and Distribution Techniques*（デジタルサイネージブロードキャスティング──コンテンツ管理と配信技術）に見られるように，デジタルサイネージの技術は比較的難解である。

簡潔には，この技術を理解するためにはデジタルサイネージがどのようにして動くか，どのようにして送られてきた情報が表示されるかを理解することである。すなわち，多種のファイル（例えばビデオ，アニメーション，データ，写真，音声，PowerPointファイル）が複数の場所の所定のスクリーンに，並行して配信表示される。それはインターネットを閲覧する仕組みと同じである。異なる唯一の点は，デジタルサイネージではインターネットと違ってユーザーのインタラクションによって画面を切り替えることがないという点である。

もう1つ技術的に重要なことは，家の中にもデジタルサイネージが設置され

るということである。図 2.10 に表されるように，Kodak はデジタルフォトフレームを家の中のサイネージとして開発した。

デジタルサイネージのもう 1 つの重要なことは，従来のテレビとインターネットの中間の技術的側面を持っていることである。そのデジタルの多様性と柔軟性から，デジタルサイネージは上で詳述されたように，さまざまな多数のソースからファイルを生成し，並行して，リアルタイム配信，疑似リアルタイム配信，非リアルタイム配信が提供できる。

そのうえ，テレビが世帯しかターゲットできないのに対して，デジタルサイネージは最新の適用可能な技術により，個人をターゲットすることができる。要するに，テレビの番組が放送局のスタジオで制作され，配信されるのに対して，デジタルサイネージはそのサイネージに接続されたメディアプレーヤー，PC，サーバから個々に配信されるということである。同じ文脈で言えば，デジタルサイネージとインターネットの違いは，サイネージがインタラクティブな媒体ではないことである。

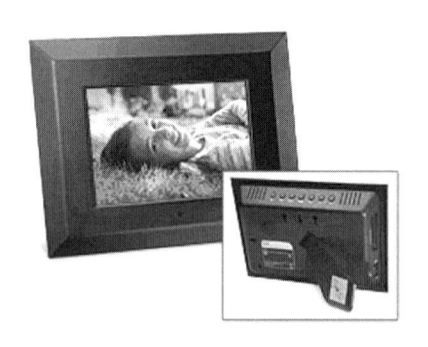

図 2.10　デジタルサイネージの時代には，家の中にもサイネージ［Kodak, © 2007］

デジタルサイネージとリアルタイム性

デジタルサイネージに表示されるコンテンツは，次の 3 つのタイプに分類され，その組み合わせから成り立つ。スポーツイベントを表示するデジタルサイネージはリアルタイム性が必要であり，一方，デパートの売場のサ

イネージはビデオの非リアルタイムの配信でよい．

- リアルタイム：スポーツやニュースなどの最新のライブ放送
- 疑似リアルタイム：短い時間内に蓄積されたデータの表示，例えば株価情報やギャンブルのオッズ情報など，数分遅れでもよいもの
- 非リアルタイム：長時間保存されたデータの表示，例えば製品のデモビデオなど

　基本的なデジタルサイネージの業務プロセスでは，PCにインストールされたソフトウェア管理パッケージを用いて，例えば小売店では，その商品の価格，宣伝，詳細情報を提示するコンテンツを生成する．コンテンツはその後，ウェブ上のコンピュータに保持され，ISDN，ADSL，衛星回線などの高速通信回線を用いて，店員がアクセスしログインパスワードを入力すると，表示される（このようにして，従業員は限られた時間で効率良く最適なファイルを選ぶことができる）．

　デジタルサイネージの技術として，しばしば，同一のスクリーン上に並行して多数の異なるファイルが表示されることが挙げられる．このように，コンテンツ制作者はスクリーンを区分けして，地域，地方ごとに最適なものを考え，ビデオ，写真，ロゴ，アニメーション，データの内容をアレンジすることができる．コンピュータのプレイリストで制御することにより，ゾーンごとに正確な情報を瞬時に切り替えて表示することができる．このようなスクリーンによるコンテンツの表示は，明らかにはるかな創造性を生み出すことができる．同じコンテンツが異なるソース経由で配信される．「スニーカーネットワーク」と呼ばれる，人によるVHS，CD，DVDの配送は，だんだんと形態が変わりつつある．すなわち，さまざまな配信経路（インターネット，メモリ，IPTV，衛星，放送，ケーブル，CATV，P2P，電話，ワイヤレスネットワーク，LANなど）が利用可能となってきている．また，聴衆や場所の違いに合わせて，技術的な柔軟性によりコンテンツに柔軟性を持たせることができる．さらに，ビデオや音が店を訪れる客に不快な気持ちを与えないように制御する技術も利用できる．業界では，どんな場所の紙の広

告も，興味を引くデジタルサイネージに置き換えることができると言われている。例えば，ビデオあるいは写真をスクリーンに表示することや，（英国の Baby-TV のような）テレビチャンネルを作ることもできる。実際に，デジタルサイネージは何百・何千もの紙の広告を，より美しいサイネージの表示に置き換えることができる。さらに，それが消費者に馴染むにつれ，人々がサービスと商品に関する情報を得るためのツールとして，伝統的な印刷広告よりしばしば効果的でありうる。さらに，従来の紙の広告よりも効果的にサービスや製品の情報を提示することができる。このような傾向から，キオスクや顧客ターミナルでは，人の動きを検知する機能や，RFID をメディアプレーヤーに実装してインタラクティブな動作をする機能など，デジタルサイネージはますます進化を続けている。フラットパネル自身は，その進化により，より薄くなり，解像度が向上し，デジタルサイネージの価値を高めている。

　LCD，プラズマ，LED などのパネルはほとんど屋内向けのものであり，屋外向けの（タッチパネルも含む）パネルの需要は一握りである。パネルに関するより詳細な分類は，第 1 章に記述されている。デジタルサイネージの技術業界では，顧客への宣伝とディスプレイのサイズは，商業向けの提案において非常に重要である。

　この章の前半に記述したように，Lars-Ingemar Lundstorm 著，*Digital Signage Broadcasting: Content Management and Distribution Techniques*（デジタルサイネージブロードキャスティング――コンテンツ管理と配信技術）は，デジタルサイネージの技術の側面に着目しており，技術の詳細を知るうえで役に立つので参照することを勧める。さらに，Laura Davis-Taylor & Adrian Weidmann 著，*Lighting Up the Aisle: Principals and Practices for In-Store Digital Media*（通路をライトアップ――店内メディアの法則と実践）の 15 ページも参照するとよい。2007 年中旬に発行された号に次の事項が含まれている。

- コンテンツがいちばん重要であり，技術はそれを補助するものであることを理解すること
- 良いサイネージは必ず優れた技術に基づいていることを認識して，サイネージの聴衆，メッセージ，テーマ，コンテンツのリーチ方法などを吟

味すること
- 顧客と契約者，重要関係者に対して利益をもたらすように，コンテンツと適用する技術を設計すること
- メディア再生と実際のスクリーン上の放送またはディスプレイのパフォーマンスを評価すること
- ハードウェア（スクリーン，サーバ，メディアプレーヤー，PCなど）の各部が，システムの中で求められる耐久性を満たしていることを確認すること[3]

2.4 ソフトウェア

2種類の鍵となるソフトウェアが，デジタルサイネージとコンテンツの内容を司る．1つはスクリーンに表示されるコンテンツ自体であり，もう1つはスクリーン上に表示させるためのプログラムである．

2.4.1 表示されるコンテンツ

デジタルサイネージはデジタル化の大きな流れの中で確実に広がってきた．コンテンツは，同じスクリーンの中でいくつかの部分に分かれて表示される．スクリーンの下で常に流れているテキスト，サイネージの下方に表示されるサイネージのロゴ，他の場所に表示されるアニメーション，右上に表示される写真，同時にスクリーンの残りの場所に表示されるライブ配信のビデオなどである．さらに，サーバやPCのメディアプレーヤーに搭載されたプログラムによって，近くから，あるいは遠方からの制御で，時間単位または日単位，あるいはもっと長い単位で情報を変えることができる（図2.11）．

---

[3]. Laura Davis-Taylor & Adrian Weidmann 著, *Lighting Up the Aisle: Principals and Practices for In-Store Digital Media*（通路をライトアップ ── 店内メディアの法則と実践），Relevant Press, 2007.

図 2.11　ゾーン向けデジタルサイネージの例［Jimmy Schaeffler, ⓒ 2008］

2.4.2　ソフトウェア制御システム

　もう 1 つのデジタルサイネージシステムのソフトウェアは，ミドルウェアと呼ばれるソフトウェア制御システムである．このソフトウェア構成のうえで，コンテンツが表示される．このソフトウェアは，スクリーンにコンテンツを表示するために不可欠な役割を果たす．Linux にするか，マイクロソフト，アップルなどのどの OS を適用するかは，本システムの重要決定事項である．どの OS もそれぞれ利点と欠点を持っている．どれを採用するかの決定は，そのサイネージシステムのアプリケーションと特徴に依存する．大まかに言えば，Windows はさまざまなファイル形式に対応していることで有名である．Linux は無料で利用できることが利点である．また，MacOS はグラフィックスを扱うのに優れていることが有名である．

2.5　ハードウェア

　デジタルサイネージやデジタルディスプレイなどのハードウェアは，おおよそ 5 ないし 6 種類の構成要素から成り立っている．言うまでもなく，最も理解しやすいハードウェアは，視聴者にメッセージを表示するフラットパネルである．配線は，電力供給と，セットトップボックスあるいはモデム（これらを通

じて，外部のコンピュータやサーバにインターネット経由で接続される）との接続に用いられる．コンテンツの制作側では，コンテンツの生成，蓄積，転送用にノート PC などが用いられる．ビデオ，オーディオ，PowerPoint ファイル，データ，アニメーション，そして図などは，サーバに蓄積された後に，サイネージシステムに特化した形でメディアプレーヤーに転送され，表示される．

2.6 導入

　デジタルディスプレイの導入は，サイネージスクリーンを設置する場所に適合したハードウェア条件に依存する．すなわち，導入においては，スクリーンを購入し，壁や天井（またはその内側）に安全かつ確実に設置したり，店やショッピングモールなどの場所に簡易に据え置くなど，やり方や選択知識を必要とする．設置担当者がプロジェクトに合った技術を有しているかを評価し，適した人選をすることが重要である．スクリーンが設置されると，コンテンツを配信するサーバ類に接続される．同軸ケーブルとイーサネットが屋内デジタルサイネージでは標準的に用いられている．あるいはワイヤレスで接続される場合は，個別のアンテナがスクリーンの近くに設置されることがある．さらに，コンテンツの配信を制御するサーバ，メディアプレーヤー，PC などを置く場所を，それぞれのエリアあるいは店舗内に見つける必要がある．デジタルサイネージの導入には，安全面とセキュリティ面でさまざまな費用がかかることを認識する必要がある．

　デジタルサイネージのシステム機能を最適化するために，モニターは一般に売っているものを標準的なやり方で設置すべきである．ハードウェアの配置とリプレイスは，専門業者が実施することにより，サイネージ所有者，オペレーター，通信事業者に対してサイネージの効果を最大限に上げることができる．加えて，デジタルサイネージの保守会社や業者と契約する場合は，すべてまとめて実施できる会社を選ぶべきである（第 7 章に記述）．例えば，Hughes Network Systems や，インストール／メンテナンス専門業者である Qualxserv, Rhombus Group, Rollouts などである．

2.7　保守

　いったん，デジタルサイネージのハードウェアが専門業者によって設置されると，あとは同じ業者か類似の会社に保守を委託することが，サイネージの機能を最大限に利用するうえで必要なことである。デジタルサイネージの導入費用の中に，このための費用を計上しておかなくてはならない。大きなシステムの保証は，重要というよりも必須である。

　大手の通信事業者やシステムオペレーターは，初期の提案実施においては保守契約を含めて契約することになっている。仮契約においても，保守契約をセットにしておくことは標準となってきている。実際に，多くの大型システムは，不具合対応と保守を定常的に実施する作業者を，常時あるいは時間契約で配備している。この作業者には，サイネージのバージョンアップや，新しい指針・方針が出た際に別の作業者を教育する役割を併せ持たせる必要がある。緊急でセキュリティが関係するような最新情報を新しいシステムに導入する場合などに，まさにこれが必要となる。システムへの不正な侵入や信号の傍受などに対応するために，このプロセスは必要である。保守業者は，この作業を効率良く，効果的に実施することが求められる。

2.8　主要プレーヤー

　現在のデジタルサイネージとディスプレイに関わる主要プレーヤーは，3つのグループに分類できる。最初のグループは視聴者であり，2番目はこの本で述べる「ステークホルダー」に分類されるグループである。ステークホルダーとは，デジタルサイネージを計画・導入・運用するサイネージの所有者，導入者，コンテンツ配信者である。そして，3番目のグループは投資家である。

2.8.1　視聴者

　決定者がいかにデジタルサイネージに対して力を入れていても，聴衆に対してそのサイネージが価値を生まなければ，結局，意味のないものになってしまう。ある意味，視聴者は車のエンジンであり，その役割を果たす。このことを

認識していると，大きな間違いを起こさなくて済む．

　視聴者は，規模，年齢，性別，民族，興味，収入，技量（体力的，知的）などによって，異なるカテゴリーに分類され，これによりサイネージに対して理想的な視聴者を見いだすことになる．実際に，どのような視聴者が日々集まるかを表すサンプルデータは注目すべきものである．

　「いつ」ターゲットされた個人やグループがそのデジタルサイネージの前に来るかによって，映し出されるコンテンツの成否が決まる．例えば，モールの中でコンテンツを配信する際に，朝の時間帯に来る人向けに表示するものと，夕方の家族づれ向けに表示するものは，おそらく異なる．

　「どこに」視聴者がいるか．それによりコンテンツは変わってくる．このようにして，コンテンツは，例えば，夏場，ニューオリンズにあるJCPenney（大手デパート）の顧客向けに出すものと，冬場，アンカレッジのJCPenneyで出すものは，当然異なる．ハワイアンシャツの店向けのものもあれば，スノーブローの店向けのものもある．

　「なぜ」視聴者がある特別な場所にいるのか．それを理解することは，コンテンツがうまく関心を呼び集める成否につながる．視聴者の関心と意図と目的を選別することは，デジタルサイネージを成功に導くことになる．このような解析をすることは，その場所で人々が何をしているかを理解することである．このようにして，ヘルスクラブのランニングマシンで走っている人向けに配信するコンテンツと，食料雑貨店で配信するものは明らかに異なることになる．端的に言えば，コンテンツに対して，求められる方法で視聴者を反応させることができれば，視聴者に価値や利益をもたらすことになる．それは簡単ではないが，単純なことである．

2.8.2　ステークホルダー

　第1章で，個々のサイネージに関わるステークホルダーについて詳しく述べた．ステークホルダーの主なグループを集約すると，ロケーションオーナー，ネットワークオーナー，ハードウェア供給者，ソフトウェア供給者，導入・保守サービス提供者，配信サービス事業者，投資家である．これらのグループの役割は，厄介なことにしばしばビジネス面で競合が起こることを記しておく．

ロケーションオーナー

　ロケーションオーナーは，モールや店舗，あるいはスクリーンやネットワークが配備されている場所を所有している人である．ロケーションオーナーはそのデジタルサイネージに対して発言権はあるが，運用はしばしば委託しており，その場合，実際にそれを運用しているのはネットワーク事業者やシステムを借り受けている事業者である．場所の提供や聴衆をそこに集めることに対する報酬として，お金を取るロケーションオーナーもいるし，宣伝目的のため，場所代の代わりに自分の事業に関係する情報を出すことを要求するロケーションオーナーもいる．

　主要なロケーションオーナーは，屋外看板会社，キオスクベンダー，小売店，モール，スタジアム，アリーナ，レストラン，工場，病院，礼拝堂，交通機関などである．交通機関には，駅および周辺地域，バス停，空港のほかに，バスやタクシーの車内，ガソリンスタンド，コンビニエンスストアなどがある．

通信事業者

　通信事業者はサイネージにつながるネットワークを所有している会社である．通信事業者はネットワークを運用している者と自らを説明するが，事業者の規模，サービス提供エリアのサイズ，デジタルサイネージに対する資産規模，提供する機能などの点でさまざまな事業者がいる．

ハードウェア・ソフトウェア提供事業者

　ハードウェアおよびソフトウェア提供事業者も，デジタルサイネージのステークホルダーの一員である．家電のフラットパネルスクリーンの提供事業者は特に大きく，年間何百万ドルもの売上をあげている．また，PC，サーバ，メディアプレーヤーの製造会社もハードウェア提供事業者である．一方，ソフトウェア提供事業者としては，システム管理プログラム，ビデオやグラフィックスや他作品などのコンテンツ生成システム向けのソフトウェア製造会社が対象となる．

配信事業者

　コンテンツの配信事業者は，基本的には人力による配送だったが，このよう

な古風なやり方は少なくなってきており，インターネット，ISP，ケーブル，電話，電信，衛星，無線などで配信することが必然的に増えてきている。

導入・保守事業者

システム構築会社，設置会社，音響関連会社，システムインテグレーターなどが，導入・保守事業者の分類に属する会社である。

2.8.3 投資家

投資家は，デジタルサイネージ自体を投資対象としている会社と，関連するものを対象としている会社の2種類に分類される。一般的に，大多数の投資は，日々の運用に関わっているところから生まれる。しかしながら，最近，純粋な投資機会を捜して，デジタルサイネージを魅力的な投資対象と見なしている銀行やベンチャーキャピタル投資家が増えた。ともかく，デジタルサイネージに対する投資を将来にわたって増大させるためには，サイネージが全世界の視聴者にとって意味のあるものと見なされる必要がある。

2.9　トレンド

デジタルサイネージが将来にわたってどのようなトレンドとなるかを把握することは，非常に重要である。サイネージにおいて最も重要で一番のトレンドは，おそらく技術・アプリケーションの進展である。実際，厳格な議論をすると，デジタルサイネージは誕生から成長期において大きく変わってきている。それでも，トレンドを見つめるうえで意味のあることは，トレンドをマクロに捉えて実際の動向を掴むことである。現在のデジタルサイネージの開発の動向は，20個の重要なトレンドにまとめることができる。それらを以下に示す。

- 良く機能しているデジタルサイネージは，利用者目線で完成されたものになっている（例えば，店舗と顧客の関係や，会社の幹部と従業員の関係など）。
- デジタルサイネージは従来の看板に比べて，コスト面，情報の生成，蓄積，管理，伝達の面で，大きな利点を生み出す。また，デジタルサイネー

ジは紙のポスターよりも価値を生み出し，無駄を省くことができる。
- 無線の技術は急速にデジタルサイネージ産業に影響を与えており，サイネージメーカーは有線と無線の選択をすることができる。
- 広告主と小売店などがデジタルサイネージをもっと導入するためには，テレビや従来の宣伝手法の中に，サイネージによる宣伝を組み込むことが必要である。
- 広告エージェンシーと彼らのクライアントは，従来の広告からデジタルサイネージなどの新しい手法に移行してきている。
- 小売業者と場所提供者は，彼ら自身がデジタルサイネージを所有する方向へ進んでいる。
- 特に小売業者は，彼らの製品とサービスを差別化しようとして，自らブランド化しようとしている。
- 店の従業員と店の顧客は，より知識が豊富になっている。店と店の従業員が新技術を受け入れることは，販売とブランド作りに効果を発揮する。これにより，よりすばらしい成果と従業員の生産性をもたらすことができる。実際にこの高度な新しい小売技術が人的資源に大きな影響を与えることが予見できる。
- 同様に，消費者が買物プロセスにおいて詳細な情報を入手する方法が，新技術により進化する。
- 消費者は小売業者と視聴者の消費力学の間で，ますますダイナミックな力を増すことになる。
- デジタルサイネージは，景気循環とビジネスプロセスの速度を速める優れた能力を秘めている。
- デジタルサイネージを用いることにより，運用者，通信事業者，コンテンツ制作者はリソース（時間と金）をセーブできる。
- スクリーンとディスプレイ装置はますます平たく，軽く，大きくなってきているし，画質も向上している。大きなサイズのLEDスクリーンの進化は速く，新規参入事業者はこれを利用している。
- スクリーンは低価格化が進んでいる。
- ハードウェアに実装されるメディア制御ソフトウェアは，高度化して

いる。
- 7インチから11インチの小型ディスプレイが小売店で用いられている。
- 製造会社，技術方式，ハードウェア，ソフトウェア，運用会社，サイズ，単品から一括対応などのサイネージの配備サービスなど，さまざまな選択肢から選ぶことができるようになっている。デジタルサイネージ産業においては，すでにこのことは当たり前になってきており，専従化が進んでいる。
- デジタルサイネージ産業において，実施訓練や導入・保守作業の標準事例と良い実施例が蓄積されている。
- タッチスクリーン向けの簡単な視聴コンテンツが供給されている。
- RFIDデバイスやスマートデバイスなどの小型化と個性化に対応したコンテンツが供給されている。

このようなさまざまなトレンドが交じり合い，デジタルサイネージは消費者やエンドユーザー向けに新たに情報や広告を発信することができる，将来有望なものになってきている。

2.10 課題

デジタルサイネージやディスプレイの将来に対して，あまりに楽観的・楽天的にならないように，後のいくつかの章において，そのリスク，注意点，懸念点を記述している。第3章では，下記の分類に基づき，大切な項目を挙げている。(1) 導入，(2) 事業性（他の評価法），(3) 運用，(4) 適用業種，(5) 視聴者の反応。

2.10.1 導入

デジタルサイネージプロジェクトを適切に導入する際に，一気に始めるか，少しずつ始めるかは重要な選択であろう。第4, 6, 7, 10章において，デジタルサイネージに多額の投資を行う前に十分理解し，疑問について（理想的にはすべて，少なくとも一部は）回答しなくてはならない。これは，この章で最も関心を集める内容（デジタルサイネージの基本的な説明）であり，形態，技術，

ハードウェア，設置，保守などにおいて，重要な課題と新しい機会を生み出すキーファクターである．デジタルサイネージを導入しようとしている個人や企業のゴール，戦略を設定することにつながる．

2.10.2　事業性（他の評価法）

事前評価が完了したら，導入への最初のステップに入るために，計画の予算規模の設計を行う必要がある．ビジネスモデル，目的対効果（return on objectives; ROO）と投資収益率（ROI）への明確な見解がこれに該当する．第8章に詳細を記述する．利益や損失を経済的に評価する以外に成功か否かを判定できるかも，よく考える必要がある．例えば，サイネージを導入することによって，環境や顧客がどのように変わったか，ブランド力が増したかなどが，デジタルサイネージの導入の効果として挙げられる．また，しばしば，それらはデジタルサイネージの導入理由の正当性を示すものとなる．

2.10.3　運用

いったんデジタルサイネージが動きはじめると，その後は運用監視の段階に入る．機材や技術のバージョンアップや置き換え時だけでなく，聴衆にそのコンテンツが受け入れられているかを含め，保守することが必要となる．聴衆の動向，集まる人数，関心の高さを測定することが，デジタルサイネージの世界では最適な方法であるとされている．さらに，競合する他のものとの差を保つことが必要である．それに加えて，この段階では，デジタルサイネージを導入した会社や第三者が関心を持ちつづけることが，プロジェクトを長く運用するうえで重要である．そして，最終的には，企業と従業員の間の会話や，店と顧客の間のやりとりが，運用していくうえで明らかに最も重要なことである．

2.10.4　適用業種

先物取引ではないが，この本が刊行されてから10年後，デンタルサイネージ産業は本当に発展しているであろう．そうなれば，広告主と小売業者と家電などのハードウェアメーカーにも，その成功が約束される．

魅力的なコンテンツとビジネス上の工夫がもたらす創造的なサイネージの誕

生により，それはより確かなものとなる．実際に，意欲的に推進する事業者が牽引したことによって，デジタルサイネージはすべてのステークホルダーのビジネスにおいて，恐ろしいほど多くのプラス要因を生み出している．

図 2.12 は，とても基本的な，創造的な導入過程を表している．重要な点は，コンテンツ制作者とハードウェア技術の導入者が，デジタルサイネージを理想的な成功に導くために，ここで一緒に機能していることである．ベンチャーキャピタルなどの投資家は，デジタルサイネージの将来の成長に投資価値を見いだしている．デジタルサイネージのステークホルダーが良い結果を得られるかあるいはより良い結果を得られるかということ，または，一定の利益（ROI）か評価すべき利益（ROO）かくらいの違いで評価されている．例えば，家電産業や多チャンネル放送事業者が，HDTV についてその技術の価値を消費者にアピールしたり宣伝したりすることと同じである．これは最低ラインを決めることに関わっており，放送が 2009 年 2 月にアナログからデジタルに移行したときの出来事に似ている．デジタルサイネージ産業が考慮すべきこととしては，力のある産業グループに仕上げることや，重要な制度や技術的目標の実現を推し進める組織を作ることである．そのためには，デジタルサイネージ産業において，共通の重要テーマを設定することほど重要なことはない．さらに，政府と地元の住民の間で良い関係を築くことは，産業の将来の地位にとって極めて重大である．

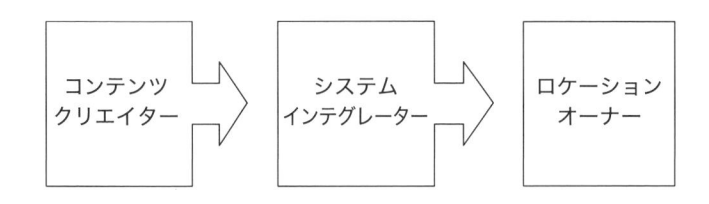

図 2.12　創造的な導入過程 [Jimmy Schaeffler, ⓒ 2008]

2.10.5　視聴者の反応

デジタルサイネージの短期，中期，長期での成否の評価は，結局は視聴者から受け入れられたか，視聴者に適合したかで評価されることになる．視聴者が

街中で遭遇したデジタルサイネージに映し出されたコンテンツを気に入れば，それは明らかにサイネージの成功につながることになる．

　コンテンツと視聴者の間に関連があるかないかが非常に重要となる．いくつかのデジタルサイネージは，視聴者とまったく関係のないものを配信していたために失敗することとなった．例えば視聴者に無関係の露骨な商業メッセージを出すと，受け入れられないだけでなく，不快な思いを与えてしまうことがある．逆に，デジタルサイネージで示すメッセージは，内容が適切でさらに時刻も適切であれば，それを見た聴衆は見る前にはなかった新たな動機を持つことになる．実際に，最近の研究では，消費者は1回だけの画一的なメッセージでは動かないが，パーソナル化され，自分のニーズに合った広告であれば，その内容を受け入れることがわかってきている．高級車を買う層を対象とする場合は，そのメーカーの車に対してより関心を高めるために，キーとなる疑問に入念に答えるように対応することが必要となる．端的に言えば，良いデジタルサイネージは聴衆に情報を提示するだけでなく，時間をかけて効果的な手法で対応することを実施している．デジタルサイネージで用いる適切な施策は，例えば，適当な音声ボリュームと表示の明るさ，適当なサイズ（きちんと置かれる），適切な関連内容にすることであり，そういったコンテンツは大いに視聴者の許容度を上げる．

2.11　好機

　デジタルサイネージ産業に将来がないと証明することは難しい．第1章と第3章では，デジタルサイネージがここ何年かで直面するさまざまな好機を掲げている．総括すると，デジタルサイネージは将来の情報伝達手段として全世界で避けては通れないものになってきている．唯一の本当の疑問は，その発展に関係者がどれだけ組織的に寄与しているかである．デジタルサイネージの成否は結局，視聴者の感受性で測定される．この本で論じられる多くの機会は，2.9節でも触れられている．6個の重要な機会を下記に記述する．

- デジタルサイネージベンダーが上げる利益は，サイネージが実際にもたらす効用（例えば，広告費，売上増加など）から生まれる．加えて，こ

れらのベンダーは，これまで，長い間使ってきたポスター，看板，放送による広告などで掛けてきた経費の削減を実現する。
- デジタルサイネージを導入することにより，お金やマージンを超えて，戦略的なマーケティングに数え切れない可能性をもたらす。
- デジタルサイネージベンダーは，デジタルサイネージに提示されるメッセージが，ターゲットとする消費者に対して明確かつ柔軟に影響を与えるようにする責任を背負っている。
- デジタルサイネージベンダーは，さらに，デジタルサイネージの優れた特徴を利用してユニークで効率的なメッセージを表示することができる。
- デジタルサイネージベンダーはまた，デジタルサイネージ産業を発展させるために，他の関係者をリードしていく立場にいる。
- デジタルサイネージベンダーがデジタルサイネージの利点を示すことができれば，結局のところ聴衆を導くことができ，デジタルサイネージ産業の未来を開くことになる。

第3章

デジタルサイネージを牽引するもの

デジタルサイネージにできないことを想像するのは難しい。

ジェフ・ビクスラー[1]

　デジタルサイネージが急速に普及・拡大しているのは，人々が集まる場所に，独自の方法で，カスタマイズされたメッセージを送信でき，送信するメッセージを変更できる新たな媒体だからである。また，有益性や拡張性，費用対効果を徐々に高めつつある一方で，柔軟性も備えている。しかし，今後も適切に成長していくためには，まさしく最初の段階で，適切な成長を目的としたガイドラインに着目することが必要である。表3.1はデジタルサイネージが直面する好機と課題を総括しており，本章はそれぞれについて詳細に検討する。

3.1　成功を牽引する鍵となる10のポイント

　デジタルサイネージの成長現象を牽引するものは何か？　別の聞き方をすれば，この注目すべき新たなアプリケーションを使う，あるいは使いたい人がいるのは，なぜだろうか？　その質問に簡単に答えるとすれば，メッセージを伝えるからであり，それがディスプレイを提供する人とそれを見る人，両方に重要だからである。

　より長く（より完全に）答えようとすれば，関係者の願望次第で，特定の秩

---

[1] Jeff Bixler：Hughes Network Systems ビジネス開発担当部長。

表 3.1 デジタルサイネージの好機と課題

好　機	課　題
ROI の伸び	ROI への懐疑
広告ソリューション	設置費用
接続性	コンテンツ開発
柔軟性	システム性能に関する混乱
品質	拡張性
値ごろ感	別グループとの連携調整
運用性	プライバシーや不法占有に関する懸念
アクセスのしやすさ	騒音に関する懸念
受容性	業界標準化
寿命	消費者の支持

序もない一般的な理由が大量に示される。それにもかかわらず，ここでは 10 の理由を組み合わせてデジタルサイネージの状況をきちんと示すことにする。バランスをとるために，後半のセクションでは，業界の成長を遅滞させるいくつかの項目について取り上げる。

3.1.1　ROI

全部ではないが，デジタルサイネージが持つ要素の大部分を合わせることで，付加価値，特に投資収益率（ROI）の形で好機を生み出している。ハードウェアやコンテンツ，設置に初期費用として数千ドルを支払うのに加えて，毎月数百ドル程度の維持費がかかったとしても，年間，2 桁か 3 桁の範囲で売上あるいはマージンが増加すれば，企業にとってデジタルサイネージの価値はかなり明白になる。

3.1.2　広告ソリューション

「りんごを売りたいなら，りんごを買う人がいるところで広告を出しなさい」。デジタルサイネージの取引団体のデジタルサイネージフォーラム[2]で，ア

---

2. デジタルサイネージ流通チュートリアル（http://digitalsignageforum.com/digital-signage-retail-tutorial/com.html）を参照。

ニメーションのショートフィルムの結論として使われたこの言葉は，有名で非常に忘れがたい。デジタルサイネージの可能性を考える際に生じている混乱は，今日の広告業界を代表していることをフォーラムは明らかにしている。

広告の流通を取り巻く環境は非常に断片化している。新聞の購読者が減り，伝統的な媒体であるテレビの視聴者も少なくなっている。新しい機器やスパムブロッカーのようなサービス，DVR，VOD，MP3 プレーヤー，衛星放送などは，遠隔で機器を制御することができる。このような環境下で，デジタルサイネージは，今日（および将来）の商品やサービス販売において，広告の重要な必要性を満たしている。そのうえ，最近の消費者は自分が嫌いな広告メッセージを消すことができるため，おそらくインタラクティブな形態のために，見たい・参加したいと思わせるデジタルサイネージは，消費者だけでなく，消費者との結び付きを求める人たちの間で共感を呼んでいる。

デジタルサイネージは，伝統的な広告の形式よりも，メッセージをすばやく変更することができ，より効果的に特定の視聴者をターゲティングすることができる。また，広告主は伝統的な紙の広告の分散や無駄を避けることができる。最近の「グリーンソリューション」では，このテーマは大いに役立つ。

3.1.3　接続性

どのような種類のデジタルディスプレイも，メッセージを表示する人や組織と，そのメッセージの受け手との間に，「つながり」が構築されている。ほとんどすべての事例において，動きのない伝統的なネオンサインと比較すると，デジタルサイネージが重要なのは，かなり多くの視聴者を引き付け，注意を持続させる優れた役割を果たしているからである。デジタルサイネージは広告やディスプレイのターゲティングに非常に優れた形態であると考えられ，結果として，期待や視聴者への有効性がさらに増している。ブランディングは多くの広告領域の一つにすぎないが，デジタルサイネージ時代は来ると，業界の専門家は考えている。結局のところ，デジタルサイネージは，視聴者が見る経験を広げる役割を担っており，その結果，生活者を幸せにし，ブランド認知を向上させ，広告商品の販売増や販売促進などにつながっている。

3.1.4 柔軟性

デジタルサイネージは，構成するハードウェアとソフトウェア，および配信や伝送の条件に応じ，新しい方式で柔軟に展開しているため，デジタル表示を許容するロケーションの数は増えている。実際，デジタルディスプレイが設置されている，あるいは今後設置されるだろう場所よりも，今後も設置されない場所を考えるほうが，今日では難しくなっている。

3.1.5 品質

ソフトウェアに関しても，デジタルサイネージのディスプレイ向けに作られたコンテンツの品質が向上し，適切な内容になりつつある。写真の画像に加えて，データや高品質な動画を，単一のスクリーン，またはグループ化された複数のスクリーン上で，他のメディアと組み合わせることが可能である。メッセージや画像は，秒，分，時間，週，それ以上の単位で切り換えができる。技術力の向上はデジタルサイネージの展開（図 3.1）に密接に関連し，有効に作用している。

図 3.1 アリゾナ州グレンデールの，さまざまな屋外スクリーンが設置されているショッピングモール。そのうちいくつかはビニール製で，そのほかデジタルもある。[Sean Badding（The Carmel Group），© 2008]

3.1.6　値ごろ感

　ハードウェアのデジタルディスプレイは値ごろ感が増している。実際，低価格のプラズマや液晶ディスプレイのモニターは世界的に普及が進んでおり，ローエンドのデジタルサイネージシステムの後押しを受け，今ではハードウェアは数百ドルにまで下がっている（数年前は数千ドルだった）。そして，世界的にフラットスクリーンのディスプレイモニターが，膨大なブラウン管テレビモニターに取って代わるに従い，デジタルサイネージのハードウェアは，ますます効率的で実用的に日々使用できるようになってきた。

3.1.7　運用性

　デジタルサイネージや関連するディスプレイの設置や運用は，かなり簡易になっている。ハードウェアの費用と同様に，設置や保守の費用は，デジタルサイネージの急成長やそれに続く競争のために，著しく低下している。それに関連して，デジタルサイネージは，インターネットなどに接続されているコンピュータがあれば，多くのスクリーンのコンテンツを直ちに変更することができるなど，最近の発達で特に効率的になっている。大容量のコンテンツを小さいサイズのファイルに圧縮できる新しいフォーマットもまた，デジタルサイネージの成長において比較的重要な推進役を果たしている。

3.1.8　アクセスのしやすさ

　どこに置いてあるPCでも，インターネットを介してどこかにあるディスプレイスクリーンに接続されていれば，365日，24時間，リアルタイムで離れたモニターに表示されるコンテンツを運用することができる。実際，ほとんど数秒以内に，次から次へとスクリーンを変更できる。高品質な画像伝送が可能なワイヤレスインターネットサービスの到来により，固定のインターネット接続は，離れたディスプレイのコンテンツの運営のために，もはや必要とされない日が来る点を強調しておきたい。さらに，インターネットプロトコルテレビ（IPTV）がデジタルサイネージをさらにアクセスしやすくする推進力になるうえ，衛星ブロードバンド配信分野の成長もまた，もう1つの推進役を果

たす．IPTV 技術の利用が，特にデジタル映像圧縮の改良（例えば，MPEG-2，MPEG-4 フォーマットから）に伴い技術的に向上すれば，デジタルサイネージの帯域をより効率的に使い，将来的により価格を下げることにつながるだろう．

「アクセスしやすい」という点には，デジタルサイネージの利点である視聴者へのアクセスも含んでいる．視聴者へのアクセスで重要な形態の一つは，よく練られたコンテンツのおかげで，視聴者がメッセージを受容し，（事後でも）記憶するという積極的な効果である．デジタルサイネージのコンテンツは，効果的にメッセージを配信する場合，旧来の静的な看板（ビニール製のビルボードなど）よりも，著しく優れていることを示した調査もある．

3.1.9　受容性

トップレベルの広告会社や流通のマネージメントの役員がデジタルサイネージを認めることは，デジタルサイネージが絶対的な力を持ち，継続して展開するための重要な要素である．もはやデジタルサイネージは，単に中間レベルの経営者の間だけに広がっている新しいオモチャではない．また，デジタルサイネージは，中心部はテレビであるという考えもあり，人々が映像品質や音声の魅力に引き付けられない将来を想像することは難しい．視聴者からの支持は，今日のデジタルサイネージの展開に極めて重要な，もう 1 つの要素である．

3.1.10　寿命

デジタルサイネージへの関与を考えるうえで 10 番目となる重要な理由は，その明るい未来にある．今後しばらくは，いや，おそらく永久に，デジタルサイネージが周囲からなくなることはないだろう．これまでに述べた特性と特徴の組み合わせから，業界の専門家たちが楽観的になる重要な根拠があることがわかる．一例だが，ショッピングモールや通りを歩く人々が，自分自身の RFID 情報を，デジタルサイネージのディスプレイや，ディスプレイの近くに置かれた基地局にリレーすると，個別にリンクし，接続し，個人（あるいは所属グループ）に関連づけることができれば，広告はまったく

新しいレベルに到達することになる。さらに，デジタルサイネージの特徴の一部であるインタラクティブ性は，視聴者属性にアクセスしたいと考える企業に，デジタルサイネージを認めさせることになる。図 3.2 は，デジタルサイネージ業界を慎重に見た場合の，2010 年末までの売上規模を示している。

要するに，継続的な成長は，これらの異なる「成功」要素の質と素養により推進され，時に妨げられる。

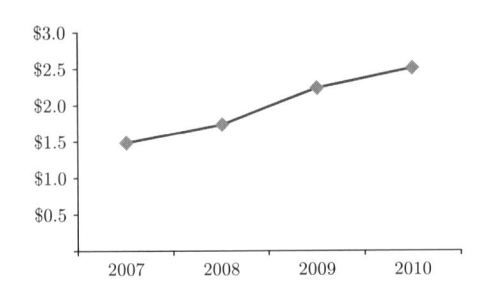

図 3.2　米国のデジタルサイネージの売上規模［The Carmel Group, © 2007］

3.1.11　ハードウェアを牽引するもの

デジタルサイネージプロジェクトを成功に導くのは，創造的な技術部隊をいかにうまくまとめるかにかかっている。

問題のハードウェアの側面では，伝送側（衛星，DSL，無線，固定あるいはこれらの組み合わせ）のネットワークオペレーションセンター，アドサーバ，制御ソフトウェア，監視機器などと同様に，受信機側のディスプレイ機器，サーバ，メディアプレーヤーを，デジタルサイネージインフラのパーツに実装することは簡単で，構築や展開も安価になっている。生涯かかるハードウェアの保守も，着実に手頃になっている。これは，デジタルサイネージを展開する人にとって，ROI の上昇と魅力を増すことにつながる。

デジタルサイネージから得られる知見では，費用は絶えず重要な役割を担っている。しかしながら，デジタルサイネージには不思議なことにさまざまな選択肢があり，費用の認識もまた不思議の一つである。以下の事例は，現行の料

金[3]を示す最良の指標である。

屋外サイネージ

　現在の屋外サイネージの費用は，通常，スクリーン機器の種類と，それを設置する場所に依存する。費用は，例えば何を何台設置するかで大いに異なる。低価格帯の1色[4]の屋外用ディスプレイ機器の費用は約10,000ドルである。反対に，中間の価格帯で，適当なサイズでフルカラーの屋外デジタルディスプレイであれば，約25,000ドルになる。どちらの場合も，無線伝送機器の2,000ドルが別にかかるが，無線は（1）コンテンツを制作するクリエイターとディスプレイ機器の間で，データや写真および映像をPCにより処理・伝送するのに大いに役立ち，（2）固定回線の設置費用[5]を削減する，という両方の理由から，重要なオプションである。そのうえ，通常，別のハードウェアユニットに含まれるディスプレイ機器を除く，制御機能やメモリのようなハードウェア費用として，合計で12,000ドルが最初にかかる。高価格帯の屋外サイネージのユニット価格には，ソフトウェア費用もしばしば含まれる。

　そのうえ，既存の建物の外壁に，これらのディスプレイ機器や関連するハードウェアを設置するのには，最低でも約2,000ドルかかる[6]。カリフォルニア州サリーナスに本拠を置くApex Signのオーナーであるスコット・メイドメント氏によると，ハイエンドの設置費用は数万ドルと大幅に上がる。メイドメン

---

[3]. もちろん，実際にはデジタルサイネージやデジタルディスプレイの設置に「一般的」または「標準的」なものはないが，この例におけるハードウェアの価格設定に関して言えば，費用は幅広く変わるだけでなく，実際のところ「激しく」変わると，専門家は言っている。コストを変えさせる要素には，サイトごとに展開するモニターあるいはディスプレイ機器のサイズ，台数，ロケーション数，コンテンツフレームレートなどがある。それにもかかわらず，本書の事例は，最低価格に言及しており，翌年にはさらに下がることが期待される。そして，これらがデジタルサイネージやディスプレイの，一層のグローバルな成長を推進している。

[4]. デジタルサイネージ業界では，これら「1色」のディスプレイ機器は，「単色」または「モノカラー」のディスプレイと呼ばれている。

[5]. しかしながら，注意すべき事項として，無線接続経由の場合は，常に信号伝送の品質調査を行うことを強くお勧めする。テレコム業界では，無線接続を使って，固定接続と同じ品質でコンテンツを伝送できるかを疑問視する人が今日でも多い。

[6]. 設置費用は，建物の屋外か屋内か，既存の外壁に設置するか，離れた電柱や芝生などに置かれたモニュメントに設置するかによっても変わってくる。最後の例では設置と建設に著しく費用がかかった。同様に，保守費は関連する変数により相当変わってくる。

ト氏は，2007年にサリーナスの高等学校に屋外のデジタルディスプレイを設置したプロジェクトを引用し，高さ1メートル，幅3メートルの，フラットでマルチカラーのスクリーンを2つ，学校の正門の芝生広場にある高さ6メートルのモニュメントに設置するのに，50,000ドルかかったと述べた（図3.3）。さらに追加の設置費用として，5,000ドル程度かかっているとしている。

　流通の事例で見れば，ガソリンスタンドのフロントで展開する場合は，付設のコンビニエンスストアに設置する場合よりも著しく高くなる。すでに言及したように，大規模な流通店舗では，スクリーンの数や設置場所，チャンネル数，コンテンツをリフレッシュする速度などにより，大きく変わってくる。そのうえ，個々のハードウェアの事例には，初期費用として，メディアプレーヤーに1,500ドル，装置の実装に200〜400ドル，さらにコンテンツの伝送システム（例えば衛星，DSL，または両方）の費用として毎月150ドルがかかる。

　ニューヨーク市のデジタルサイネージもまた，注目に値する費用のバロメーターになる。マンハッタンの地下鉄の入口の階段は1か月当たり3,000ドルで運用されている。市内を走る100台のタクシーの運転席の後ろで1時間ごとに15分間流れるデジタルサイネージ広告は，1か月45,000ドルで運用されてい

図3.3　2007年にカリフォルニア州サリーナスのセントラルカリフォルニアコースト高等学校に設置されたデジタルサイネージ
[Willy Schaeffler, ⓒ 2008]

る。高さ9〜15メートルの非常に高いデジタルウォールバナー（図3.4）は，設置場所，サイズ，その他の要素により，月20,000〜50,000ドルの間で費用が決まる。さらに，マンハッタンの中心にある，Kodakの3面からなる巨大スクリーンは，特別に交通量が多く，視認性の高いコーナーに設置されているため，月に175,000ドルかかる。

　屋外のデジタルディスプレイの場合，本節の「10のポイント」で示したものに加えて，どのようなコンテンツを表示するか，どれくらい離れた人まで見るか，どのような色や品質が求められるか，またディスプレイについても，同様の事項が適切に表示できているかという点が一般的に懸念される要素である。

図 3.4　ニューヨーク市のデジタルウォールバナー ［Jimmy Schaeffler, ⓒ 2008］

屋内サイネージ

　一方，ハードウェアを屋内に設置する場合の費用は，一般的に低下傾向にある。これは，屋内にユニットを置く際には，天候に関連する状況を，ほとんど

（あるいはまったく）考慮しなくて済むからである。

　屋内サイネージの費用が屋外に設置する場合と同じくらい大きく変わる事例を挙げる。標準的な分類は，

- 製造設備
- 映画館
- 流通およびスポーツ施設

で利用されている屋内サイネージに分かれる。

　ウィスコンシン州ミルウォーキーに本拠を置く Adaptive Displays などの企業の事例は，デジタルディスプレイが情報を収集，表示，処理することで，効率が高められることを示している。例えば，速達便の2か所の発送センターの間に備え付けられた大きなデジタルディスプレイは，配送する小包の量を監視して配送するトラックを選別するだけでなく，非常に重要な役割として，荷積みする作業員に，トラックに荷積みし配送先に向けて送るまでに残っている時間を直接指示するのに使われている。大きさやその他の要素にもよるが，単体のデジタルディスプレイ機器は，数千ドルから最大 25,000 ドルの費用で，どこにでも設置することができる。

　これらの「生産性向上」型のデジタルディスプレイが非常に重要なのは，工場や製品の運用コストを下げ，無駄を排除し，ROI を最大化するという視点とプロセスで役立つためである。ディスプレイの展開だけではなく，ソフトウェアや情報伝達システム，それらのいくつかの双方向システムを構築している企業は今日，製薬から自動車まで範囲が広がっており，作業者は終始，ボード上で重要なデータをリアルタイムに確実に受け取ることができる。例えば，かつては特定のボルトを使い切ったとき，それが補給されるまで製造ラインに留まって待つしかなかった。しかし双方向のデジタルディスプレイ機器を使えば，作業者はボルトが少なくなってきたことを認識し，LED スクリーン上のボルトを要求するリクエストボタンを選択する。そうすれば，製造ラインを止めることなく，新たなボルトがタイムリーに届けられ，製造は最適化される。24 時間稼働している製造設備に新たに LED ボードを設置するだけで，作業時間を 10 万時間節約することもできない相談ではない。将来的には，このよう

な時間は，さらに増えると期待される。

　映画館の環境では，デジタルディスプレイは，屋内でも屋外でも非常に当たり前になりつつある。館内に設置されたディスプレイは，映画館の来場客が見たい映画が，どの部屋でいつ上映されているかをアドバイスしている。一般的に屋内のデジタルディスプレイの費用は，6スクリーンを持つ施設で10,000ドル，24のスクリーンを持つ複合施設の場合で100,000ドル超である。今日の「典型的」な映画館の標準的な費用は，10,000〜25,000ドルの範囲と推定される。これら新しい映画館のディスプレイは，それを動かしているソフトウェアの精巧さにより価値の一部が決まる。新しい映画館の多くは，チケットの売上と映画館のその他の機能を自動的に結び付けるソフトウェアを使っている。そのため，例えば，来場客が見るスクリーンにチケットの販売数を自動的に表示することで，来場客はまだ何席空いているかがわかるようになっている。以下では，Logical Solutions と Carmike Cinemas のケーススタディを行い，映画館の環境におけるデジタルサイネージにハイライトを当てることにする。

　「典型的な」流通分野の屋内のデジタルサイネージディスプレイでは，倉庫店舗の Sam が使っている BETAbrite スクリーンが最低数百ドルである。コンテンツを制限し，スクリーンにテキストが1行だけ流れるようになっているのが一般的である。一方，同じ流通の種類のサイネージでも数十万ドルかかるものもある。繰り返しになるが，費用の決定要因は，表示する画面の数，ディスプレイの大きさ，バックアップのハードウェアユニットやソフトウェアの種類，（図3.5で示すように）屋内のどこにディスプレイを設置するかに依存している。レストランで小さなサイズのデジタルサイネージを設置する場合，2008年時点で4,000〜6,000ドルの費用がかかるのが一般的である。

　今日，デジタルサイネージのコンセプトを実現し，最も大きくかつ最も人目をひいている場所は，広い屋外スタジアムである。2つの大型スクリーン（スクリーンはそれぞれ高さ9メートル×幅27メートルが一般的）が両サイドに設置され，通常，イベントの表示やライブが中継されている。これらのディスプレイは，遠くからでもイベントを効果的に捉えられるよう，フィールドやステージ上でのアクションをクローズアップすることができる。スタジアムで最大のデジタルサイネージの1つが，サッカーチームのマイアミドルフィンズ

図 3.5　サンフランシスコの Nike Town の店舗に設置されている屋内デジタルディスプレイ［Jimmy Schaeffler, ⓒ 2008］

のスタジアムに設置されている 15 × 43 メートルのスクリーンである。さらに注目に値するもう 1 つのスタジアムのデジタルサイネージの事例として，サウスダコタ州ブルッキングスに本拠を置く Daktronics Company が，アリゾナ州フェニックスの野球チーム，ダイヤモンドバックスのホーム球場であるチェースフィールドに設置した，高さ 1 メートルの「リボン状」のデジタルディスプレイがある。このスクリーンは 345 メートルの長さで，スタジアムの内側の縁に沿って，座席のあるデッキにまで伸びている。Daktronics のマーケティングマネージャーであるマーク・ステインカンプ氏によれば，かなり優れた映像解像度であり，考えられることはほぼすべて表現できるが，広告や，写真，他のリーグ選手から奪ったすばらしいスコアなどの多くの統計データや，リアルタイムのデータを表示させるために特別なものとなっている（図 3.6）。これらの屋外エリアの大看板は，購入から設置，運用に数百万ドルの費用がかかる。

3.1.12　ソフトウェアを牽引するもの

　デジタルディスプレイをソフトウェア側から見る場合，スクリーンの上のコンテンツと，ソフトウェアの課題を制御するシステム[7]の両方の品質向上により，サービスが促進される。実際のスクリーン上のコンテンツと同様に，プラン作成やスケジュール作成，コンテンツのセキュリティ，再生実績報告，動的

---

[7]　簡易かつ明確にする目的で「ミドルウェア」という言葉を「ソフトウェア」の一種として使う人もいるが，本書では「ソフトウェア制御システム」という言葉を使う。

図 3.6　アリゾナ州フェニックスのチェースフィールドのリボン状の
デジタルサイネージディスプレイ［Daktronics, © 2007］

スクリーンゾーン，ネットワーク制御，アプリケーションソフトウェアが含まれる。価格設定モデルは，ハードウェアの初期費用の一部として支払われる料金から，別のコンテンツサービス事業者に支払われる料金，その他，分割払いの費用モデルや変動費用モデルなどがある。繰り返すが，デジタルネットワークの規模と範囲により，月額料金は数百ドルから数千万ドルの幅になる。

さらに，コンテンツの洗練度合いや伝送には多くのレベルがあるため，デジタルソフトウェアの価格が大きくぶれる原因となっている。静止画にライブの音声や映像を組み合わせるか，ライブに近いコンテンツにデータをプラスするか，また，無線で伝送するか，固定回線または衛星の伝送システムを使うか，あるいはその両方を使うかで，スクリーン上のコンテンツの費用は著しく変動する。

一般的に，屋外サイネージの OEM 生産のディスプレイ機器には，適当なメモリを積んでいるコンピュータであればインストールできる PC 用のプログラムが含まれており，追加費用は必要ない。このようなソフトウェアは，いわばPC 内のオペレーションセンターであり，スクリーン上のソフトウェアで制作や運営を行い，固定や無線，衛星回線によるデジタルディスプレイ機器への伝送ができる。追加で 1,000 ドル支払えば，多くのサイネージ事業者は時間や温度のソフトウェアを提供し，スクリーン上でこれらのデータを絶えず追跡した

り，表示したりすることができる機能が利用できる。

ハードウェア料金にソフトウェアは含まれていないビジネスモデルもあり，その場合のソフトウェアの価格は月額2,000～5,000ドル超と見積もられる。

3.2 使われる場所で使い方が変わる

本節では，現行のデジタルサイネージやディスプレイが置かれている場所として，流通，サービス，旅行，教育，イベントに分類して事例を示す。写真はそれぞれの分類のデジタルサイネージやディスプレイの利用を示す。

3.2.1 流通

POPAIによると，2007年末に世界の屋内の流通店舗で稼働しているデジタルサイネージのディスプレイは，約200万面である。米国だけでも，その数は75万近いと見られる。調査会社のiSuppliは，世界のデジタルサイネージと業務用のディスプレイ市場は，2010年末までに120億ドルを超えると見ている。この節では，図3.7に示すアリゾナ州グレンデールのショッピングモールなど

図3.7 アリゾナ州グレンデールのショッピングモールでのデジタルサイネージの利用法［Sean Badding（The Carmel Group），© 2008］

の主要な例をいくつか示すことにする。

ラスベガスやニューヨークのタイムズスクエアを別にすれば，デジタルサイネージの設置に適している場所の一つは，おそらく全米中，世界中に広がるショッピングモールだろう。モールの来訪者を引き付ける方法で展開が進めば，流通業者はデジタルサイネージを強力な広告手段として認識し，それを見る消費者が全体的に増えていくにつれ，その利用はさらに拡大するだろう。

3.2.2 サービス

デジタルサイネージ業界を知る人たちの多くは，ラスベガスのカジノでの設置が最初と考えている。世界最大のサイズのディスプレイが，ラスベガスのメイン通りであるストリップ通りに沿って並び，娯楽やギャンブル，食事や飲料品などに注目を引こうとしている。小さいサイズのディスプレイも，ラスベガスの歓楽街，特にさまざまな施設の内部で急増している。

接客業以外には，コンビニエンスストアはデジタルサイネージがサービス業界で残っていく最善の事例の一つと考えられる。しかし，文字どおり数千以上の事例がある。カリフォルニア州南部の動物病院では，待合室に数百のデジタルディスプレイを設置し，ペットの飼い主の気持ちを落ち着かせたり，関係する情報を提供したりしている。銀行やスポーツセンター，ガソリンスタンドや政府系の施設（運転免許試験場など）でさえ，デジタルサイネージが重要なメッセージの伝達を支援している。これらのメッセージは，商品やサービスの広告など，純粋に商業目的のものから，情報提供やムード作りのメッセージ，群衆を引き付けまたは分散させることを目的としたメッセージまで幅広い。すでに設置されている場所，または将来的に設置されそうな場所としては，ガソリンスタンドやサービスステーションはもちろん，その他の多くの場所には公衆便所さえ含まれている。

レストランもまた，デジタルサイネージ現象が起きつつある場所である。顧客を退屈しながら静かに座って待たせる代わりに，オーナーは積極的にデジタルサイネージで教育や情報提供を行い，あるいは顧客を楽しませることさえできるようになる。これは，ひいてはディナー全体での顧客体験を高め，リピーターを増やす（そしてチップもはずんでくれる）ことにつながるだろう。サー

ビス業界のその他の分野としては、スポーツセンターやスパ、ヘルスクラブなどの健康施設もまた、デジタルサイネージやディスプレイによる情報提供や娯楽、利用促進が期待される。

3.2.3 旅行

旅行センターは、デジタルサイネージのディスプレイを展開する重要な場所である。これらには、鉄道の駅、地下鉄の駅、ボート乗り場や空港、高速道路沿いやその他の旅行ルートが含まれる。飛行機とバスは、それ自体が旅行関連のデジタルサイネージを成長させる場所である。

さらに、デジタルサイネージやディスプレイは、標準的な商品販売やマーケティング（例えば旅行商品の購入やサービス機会の促進）だけでなく、公共の安全や緊急の場合にも利用できる。大きな建物内の火災では、ロビーのデジタルディスプレイで応急手当ての場所や安全な集合場所と、そこへの行き方、避けるべき場所や担当機関など、基本的な指示を行うのが理想的である。

旅行者への道案内もまた、明らかにデジタルサイネージの体験を育てるものの一つである。実際、多くのニューヨークのタクシーには、最近、後部座席の前にスクリーンが設置されており、タクシーはデジタルサイネージのホームグラウンドになっている（図 3.8）。後部座席の顧客が対面するディスプレイに

図 3.8　ニューヨーク市のタクシーの前側座席の背面に設置されたデジタルサイネージのディスプレイモニター［Jimmy Schaeffler, ⓒ 2008］

は，情報や娯楽，タクシー運転手の求人など，さまざまなデジタルコンテンツが流れている。

3.2.4 教育

デジタルサイネージを設置し利用するのに最も理にかなう場所として，社員や学生の教育的な成長を意図した企業や教育機関がある．例えば，大規模な商業施設であれば，カフェテリアなどの共有のミーティング場所に設置されたデジタルディスプレイを使って，企業の方針，商品やサービスのオペレーションについて，従業員の理解を促すことができる．さらには，大学などの教育機関では，デジタルディスプレイが生徒に連絡事項を伝えるのに役立っている（図3.9）．小学校や高校，大学や専門学校などの主要な教育機関で，関連する予定や活動について常にリフレッシュされた情報を伝達すれば，デジタルサイネージから間違いなく恩恵を受けると考えられる．

図3.9　カリフォルニア州立工科大学ポモーナ校の入口に設置されたデジタル看板．著者の娘，Jessica Schaefflerが写っている．
[Diane Schaefflers, ©2008]

3.2.5 イベント

人々が集まるところは，ほとんどの場所がデジタルサイネージを設置するのに適した場所である．これには，政治的なコミュニティも地域のコミュニティも両方含まれる．

最近は，ほとんどのコンサートやスポーツイベントで，その場の体験を盛り上げるためにデジタルディスプレイが設置されている。これらの機器は，選手，俳優や，彼らのアクションに観客をより近づけるために使われている。おそらく，他のメディアや体験と同様に，将来の参加や追加的な収入をもたらすことにつながるだろう。ある球場のデジタルサイネージの設置には，企画から，ハードウェア，ソフトウェア，設置，保守，およびトラッキングに，数十万ドルがかかっている。それでも，屋内や屋外の広い領域で考えれば，いくつかあるディスプレイユニットの典型的な一例にすぎない。イベント用のデジタルサイネージやディスプレイ機器で特に重要なのは，スクリーンに映し出される映像の品質である。Daktronics，三菱電機，ANC Sports のような企業が球場に設置している，高さ15メートル，幅43メートルの大型スクリーンは，革新的な方法でライブ映像を流している。トレードショーは，デジタルディスプレイが数多く置かれている場所であり，同じように，コンベンションセンターでも案内や広告，娯楽の情報が提供されている。

映画館は「イベント」のカテゴリーではベストな場所と考えられ，デジタルサイネージの最新事例がいくつか存在する。単一ロケーションで見れば，多様性という点で，映画館内のデジタルサイネージの事例のほうが他の場所よりも多い。よく見る屋外の看板だけでなく，映画館の入口や，スクリーンの上部のデジタルサイネージなど，映画館の内部にも，最近はたいてい映画が始まる前に上映予定や時間を示す看板が設置されている。

Logical Solutions と Carmike Cinema

　ジョージア州コロンバスに本拠を置く Logical Solutions Inc.（LSI）に22年間勤めている，プロダクト開発担当部長であるミハエル・バルビエリ氏は，自社を「デジタルサイネージのハードウェアとソフトウェアを提供するソリューションカンパニー」と称している。同社の主要なデジタルサイネージ事業は映画館向けのサービスであり，この分野の核となる顧客は Carmike Cinema である。LSI は，全米で90以上の映画館に，それぞれ10〜32台のディスプレイを設置している。LSI はまた，流通

店舗で数台の屋外ディスプレイを展開している。

　LSI にとって Carmike Cinema とのビジネスは，当初，創造的だが厳しい作業を強いられるものだった。Carmike は別の会社の LED システムをテストしていた。入札の話を聞いた LSI は，数百万ドル規模の企業と競争するのはあきらめ，短期間のビジネスを希望して，基本的なアイデアと費用の見積もりを提出した。次に，LSI は，地方に 1 つしかない映画館向けのシステム展開を求められ，誰が LED サイネージを保有するかの決定は，ライバル企業が設置を完了した後に行われた。最終的に，LSI がビジネス全体を受注することになったのは「単に，より上手に動物を育てただけ…」とバルビエリ氏は結論づけた。「われわれは，これまでの経験や厳しい作業，十分な調査を通じて，競争相手よりも顧客や業界を熟知している」（図 1）。

図 1　Carmike Cinema の外観。スクリーンの 1 つには映画のコンテンツが流れている。[Logical Solutions, © 2007]

　LSI は，Carmike Cinema のニーズに対応し，顧客を入口（チケットを買う場所）から，ロビー（売店がある場所），（映画を見る）観客席へ移動させるように，デジタルサイネージを展開している。バルビエリ氏によれば，「このように大きな映画館になると，混雑を制御しなければ混

乱が起きる可能性がある。映画館のその他の機能の大部分を制御するために，われわれのソフトウェアが合理的に使われている」。

これからデジタルサイネージプロジェクトを展開しようとする映画館を評価する場合に，LSI が最大の要素としてまず映画館の規模を見るのは，混雑の制御の問題を基本的に重視しているからである。2つ目に検討される要素は，費用である。バルビエリ氏は，LSI と Carmike Cinema がデジタルサイネージを使う第一の理由は，映画館における看板広告はプロ意識の表れであり，観客が映画館へ行くのは，自宅で座っていては味わえない何か，照明や音響，視覚が経験できるからだと信じている。「同じ商品が同じ値段で他の店で売られていても，顧客が特定の店を選ぶのはなぜか？　雰囲気であり，視覚体験であり，それに見栄えだと私は考えている！　さらに誰でもポップコーンを作って，スクリーンで映画を観られるとすれば，違いを生むのは映画館の体験であり見栄えだ」。

デジタルサイネージシステムの費用は，LSI がデジタルサイネージを展開するうえでの最大の課題であった。顧客からは，そのシステムを入れれば，どのくらい収入が上がるのかを尋ねられる。LSI は ROI を証明することができたのか？

幸運なことに，LSI と Carmike Cinema は混雑制御の側面からデジタルサイネージシステムを検討し，現実的な可能性があった。チケット売場のサイネージ（図2）は，例えば，上映している映画や上映時間の情報を顧客に提供するために使われている。このため，売場でのやりとりが迅速になる。「情報を得て質問のない顧客の行列は，多くの質問をかかえた顧客の行列よりも，行動がすばやい」とバルビエリ氏は明らかにする。チケット売場の次に，ロビーの看板は，顧客が観客席に座れるか，あるいはロビーで待つべきかを知らせている。

バルビエリ氏は，売店の売上は映画館にとって重要であると述べている。売店は基本的に，映画館が利益を得る唯一の場所である。顧客をできるだけ長くロビーに引き止め，ポップコーンの広告や香りで，スナック菓子を買わせるようにする。もしロビーが混んできたら，運営や清掃のスタッフは，LSI のデジタルサイネージシステムを使って観客席のス

図 2　チケット売場のデジタルサイネージは，映画のリストと上映時間を表示することで，来場者からの質問を減らし，チケットを購入させている．[Logical Solutions, ⓒ 2007]

テータスを変更し，システムであらかじめ登録されている時間より早めに席に着かせるよう促すことができる．この種のシステムは，オーバーライドして個別の選択を可能にしておくことが，うまく運営するために欠かせない場合もある．観客席のスタッフが清掃を完了していない場合は，初期設定の時間を過ぎても，顧客をより長くロビーに引き止めるようにもできる．

　そのうえ，観客席の入口の上に設置されているデジタルサイネージは，上映される映画や上映時間を知らせている（図 3）．新しい映画が封切られた場合は，同じ映画を複数のスクリーンで上映する可能性がある．結局，LSI は着実に ROI の改善を証明することができた．バルビエリ氏は，加えて「LED の看板がなければ，大部分の映画館で，映画のタイトルやその他の情報を示すマイラー（Du Pont 製ポリエステルフィルム）がついた座席前の小さな箱が使用されていただろう．マイラーは注文や設置に時間がかかるうえに，製作コストが毎週かかる．マイラーをLED 看板に置き換えることで，ROI は 5 年から 3 年になった」．

　昨今 LSI は，有望な顧客に対してトータルのパッケージでも提供できるし，費用やソフトウェア，看板の保守など，顧客に応じたソリュー

図3　Carmike Cinema のロビー。デジタルサイネージがどの部屋でいつ映画が始まるかを顧客に教えている。
[Logical Solutions, ⓒ 2007]

ションを提供することもでき，このことが最大の資産の一つであると言っている。

　デジタルサイネージの一般的な展開サイクルの最終段階を見ると，システムの保守が最大の課題である。LSI が現在連携している LED 看板ベンダーは，3社目である。そこにたどり着くまでに，最初のベンダーは良質な製品を提供してくれたが，型どおり（すなわち一括契約）のビジネスしかできなかった。「どのような注文を出しても，最初と同じ製品を何度も何度も買っているようだった。われわれが失った時間を想像することができるだろうか」とバルビエリ氏は説明する。2社目のベンダーは，9・11 テロ後，経営困難に陥って倒産した。LSI が現在一緒にやっているのは，3社目のベンダーである。「彼らは高度な専門家で，役に立っている。最初の会社は，デジタルサイネージ事業を始めたときに自分が声をかけたが，営業担当者が価格に対して競争的ではなかった。多くが変わったことに感謝している」とバルビエリ氏は総括している。

　現在，Carmike Cinema の LED システムのいくつかは 10 年以上経っており，寿命が来て不具合が起きるスクリーンも出はじめた。回路基板

や部品は旧式で，もはや生産されていないものも多く，新たに購入しなければならないが，資金は限られている．そのような場合は，ボードの修理をする技術要員に頼っている．LSIはこれらのシステム運営を維持するのに必要な知識を集めるために，膨大な時間を費やしている．

　LSIが作り出し，Carmike Cinemaで運営されるデジタルサイネージのさらなる課題は，看板上にグラフィカルなコンテンツを表示することである．LEDまたはLCDの看板にテキストを載せることは容易だが，これらの看板に高品質のグラフィックを載せるのは，映画館のマネージャーなど作業を行う個人の能力に依存するところが大きく，解像度やサイズ，デジタル看板の品質に合わせて画像を制作するには時間がかかる．このような要因は，この技術を取得したり，参入したりしようとする場合，（特に映画館のデジタルサイネージ事業において）見過ごしてはいけない．「大手の看板メーカーさえ，ラスベガスのShoWestのような大劇場に置いてある看板に，クールで新しいグラフィックを流せるかどうかを私に確認してくる」とバルビエリ氏は言う．

　展開しているデジタルサイネージの大部分はLEDである．LSIは，ディスプレイを間近で見る場合の情報提供に優れているLCDを，最近チケット売場に導入した．とはいえ，Carmike Cinemaの多くのロビーは非常に広く，特に屋外に複数のチケット売場がある場合は，やはりLEDが最適な選択である．バルビエリ氏は総括して，「屋外の看板のいくつかはAdaptive Micro Systems（AMS）を使っている．AMSは道路脇の大きな看板同様，注目イベントの情報を得るには，すばらしい手段である」と言う．LSIとCarmikeは，有機LEDの看板はまだ考えていない．

　映画館のスクリーンに流れるコンテンツの中心は，上映時間や映画のタイトル，観客席の状況など，映画館に関連する情報である．ロビーの看板は，3色LEDのフルマトリクスであるため，グラフィックを制限せざるをえない．バルビエリ氏は，分配方法が開発できれば，地元だけでなく大手の広告主からの新たな広告を看板に出せるようになり，もっと売上を上げることができると信じている．そのような方法はサイネージ

へ投資することになり，最終的には収入を生み出すことになる。そのうえ，屋外の看板は256階調のグレースケールが可能であるため，これらの看板に出せる映像は，バルビエリ氏の言葉を借りれば「信じがたい」。

LSIとCarmikeはスケジューリングのメカニズムにも着目しているが，これまでの知見はまだ文書化していない。LSIは新興のRBuzzという企業とプロジェクトを組み，調査を行った。RBuzzは，ホテルのロビーや空港，地下鉄の駅やショッピングモールなどの公共の場所に高解像度のスクリーンを設置し，地元も大手も両方の広告をスケジュールされた環境下で制御できるようにした。RBuzzは，時間帯やメッセージを見る人に合わせて広告のコンテンツを変更するようにした。例えば，マクドナルドのブレックファーストビスケットを7時に出し，その後同じ看板でも，夕方自宅に戻る時間にはアウトバックステーキハウスの広告に変わる。このコンテンツは，1日の時間だけでなく，サイネージの設置場所によっても変更する。全米中がネットワークされ，中心にマーケティング部隊とIT部隊が控えて，共同で作業に当たった。

Carmike Cinemaで使われている看板は，主に4つのエリア，(1) 屋外，(2) チケット売場，(3) ロビー，(4) 観客席に設置されている。さらに，Carmikeの看板は，地域ごとにネットワークされている。LSIの映画館ソリューションを使って接続されているため，CarmikeもLSIもネットワーク上で互いの機器を確認でき，制限つきだが故障点検も可能である。Carmikeのシステムは，全米単位，地域単位，ローカル（すなわち，1か所のロケーション，または1か所のデジタルサイネージのまとまり）単位でのターゲティングはまだ行っていない。LSIはまた，地域単位や全米単位のコンテンツ配信や再生が可能な専用線のプラットフォームソリューションも，現在は利用していない。その代わり，LSIは自前の専用プラットフォームを使い，看板を運営するのに必要なインターフェースを提供している。バルビエリ氏は「異なるメーカーでも各システムと通信できるドライバのプロトコルを把握している」と説明している。

LSIが展開し，運営しているデジタルサイネージシステムは，主に来

場者に，ある場所からの移動すべき方向を示すなど，顧客の行動に影響を与えるために使われている．バルビエリ氏はまた，デジタルサイネージの主な機能は，ブランド認知を創出・構築することであると信じている．

バルビエリ氏は，LCDはさらに使えると考えている．「観客席の看板のLEDと併用して，チケット売場の看板にLCDの設置を開始した．これは非常に合理的である．ビデオを流し，予告編を表示し，最新のコンボスナックや食事の広告を同時に行うことができる．支出に見合うだけの金を稼ぐ！」とバルビエリ氏は言っている．暗いホールの通路では，LCDの技術はクリアではなく，LEDの看板ほどは遠くから見ることはできない．2つの技術を組み合わせることは当然だと説明する．

LSIは初期費用として約2万ドルを投資した．信頼性の高い製品を設置するために3〜4か月を要した．「数年間運営し，新しい映画館のオープニングで大規模に展開すると，企業全体の売上の46%を占めるようになった．これは1つのプロダクトとしてはかなり大きな数字だ！」とバルビエリ氏は総括している．デジタルサイネージのプロジェクトの展開で得られた現在のROIは，少額だが，システムのサポート料金を回収できるようになった．映画館の業界は，本書を書いている時点では成長が緩やかなため，LSIは現在，新たに多くのシステムを設置しているわけではないが，設置されれば，展開されたデジタルサイネージから期待されるROIの大部分は，販売または展開したプロダクトの量によって決まる．最近バルビエリ氏は，将来のデジタルサイネージの成長を阻害するのは不確実なROIだと述べている．バルビエリ氏の説明によると，「映画業界は，早々に発売されるDVDに敗北し，映画作りが貧弱になってしまったが，自らを改革しようとしている．デジタルプロジェクタやサラウンド音響のような新たな技術はすでに完了している．これらの新技術が差異化につながり，新しい命を映画業界に注ぎ込めるかどうかの審判はまだ下されていない．これから建設される映画館の数は減り，プレゼンスのない企業が市場に参入しようとして，買収が起こるだろう」．LSIのデジタルサイネージネットワークの初期の資金調達は自

己調達だったため，創業当初に，競争相手よりもより良いシステムを構築する機会を得ることができた。

　バルビエリ氏は，必ずしも現在は，技術標準を設定したり，支援活動やプロモーション，調査，教育，ネットワーキングなどあらゆる機能をカバーする標準化団体の必要性は感じていない。これは，支援活動やプロモーションが本当に必要になった場合に企業を支援してくれるISA（International Sign Association）などの団体が，すでにいくつかあると感じているからである。技術標準を設定することは新たな技術の進展を妨げるだけかもしれない。これらの企業の大部分は，競争の時代に生き残っている。バルビエリ氏はまた，新しくシステムを運営する場合や展開する場合は，新たな看板システムのプロジェクトに参加する前に地域の建設基準を確認するよう，強く勧めている。LSIは，地域の建設基準には，屋外サイネージ同様，ネットワークの仕様を規定しているものもあることを知っている。地域により，例えば使われているケーブルの種類が消防法に適合しているか，特別なケーブルが使われていないかが調べられる。また，地方自治体によっては，一般道路や高速道路に沿って看板を移動することを認めないところもある。

　経営陣が懸念するこれらの法的規制以外には，LSIのバルビエリ氏やクライアントであるCarmike Cinemaは，映画館の環境でデジタルサイネージを展開する際の後ろ向きな反応については事例を示さなかった。実際，真似られることが最高の賛辞だとすれば，LSIは多くの賞賛を得ている。なぜなら，多くの映画業界の看板の事業者は，LSIの看板の構造や，LSIが顧客に情報を表示する方法を真似ているからである。

3.2.6　その他の利用用途

　今日のデジタルサイネージの「種々雑多な」使い方には，法人による利用が含まれており，用途は大きく異なっている。多数の従業員を対象とした企業コミュニケーションから，スタッフ部門のメンバーの法人研修まで範囲は広がっている。これまでに標準化した分類に合わないかもしれないが，郵便局のよう

な場所で，サービスの利用方法や順番待ちの方法についてディスプレイが情報や指示を表示することは，顧客の体験に影響を与え，体験を広げる役割を果たす。行政における利用の多くは，将来，セキュリティや安全を表示する重要な鍵となるだろう。正しく使用されれば，デジタルサイネージは情報管理や危機管理ツールの事例になる可能性がある。将来はさらに多くのデジタルサイネージのサブカテゴリーがこのセクションに追加されることが予想される。

3.3　利用者：誰がデジタルサイネージを成功に導くか？

　デジタルサイネージは，展開する場所により推進されるだけでなく，展開する人により推進されることが重要である。2007 年 10 月 11 日付『ウォールストリートジャーナル』の B-4 ページに書かれている "Password to Marketers' Meeting: Digital"（マーケティング企業のミーティングのパスワード：デジタル化）と題された記事には，アメリカンエキスプレスやアンハイザー・ブッシュ，マクドナルド，マイクロソフト，P&G といった，世界や米国で数社の最高水準のマーケティング企業がデジタルサイネージに注目していると書いている。これらの企業が導入すれば，間違いなく小規模なマーケティング企業も，新しい「現代のマーケティングの聖杯」と同業界が昨今信じているデジタルサイネージに，より迅速に移行するだろう。

3.3.1　事業主

　ほとんどのビジネスは「利益のために」行われている。そして，その結果，事業主により使用される大部分のデジタルディスプレイは，利益を築く目的で使用されている。これらの商用目的の利用は範囲が広く，これまでに作成された世界のデジタルディスプレイのアプリケーションの大部分がこれに当たる。実際，今日の商用展開は，明らかにデジタルサイネージの領域を推進するものであり，将来はこの領域をさらに推進すると想定される。繰り返しになるが，主要な理由は，デジタルサイネージが効率的に商品やサービスを販売できるからであり，また，それが伝統的な広告やメディアではもはやできない，独自の上質な方法によるものだからである。もちろん，非営利組織の事業主もまた，

行政やその他の機関のプレーヤーと同様に，将来のデジタルディスプレイの利用を成功に導くことになるだろう．

3.3.2 ブランドマーケッターと広告代理店

1990 年代後半から，広告主は明白な脅威（すなわち DVR）だけでなく，見るべき広告を消費者側で選択する機械が出現したことにより，身動きができなくなりはじめた．これらの機械には，ケーブルテレビ会社やテレビ電話のサービス事業者が提供する MP3 プレーヤー，DirecTV や EchoStar などの衛星画像事業者が提供する加入型 VOD（SVOD）が含まれる．ミュートボタンを遠隔から制御できる機器もまた，煩わしい広告の音声を少なくとも避けられるツールである．広告が避けられてしまえば，放送，ケーブルテレビ，衛星，および電気通信放送事業者や運営事業者だけでなく，今日の広告業界自体がかなり混沌とし，広告環境が不安定になる．困惑した広告主にとって最も魅力的なのは，「身動きできない」身体を解放してくれるものであり，まさにそれがデジタルサイネージの素晴らしいところである．

さらに，デジタルサイネージはブランドの認知度を築いたり，あるいは取り戻したりするための注目すべき手段である．デジタルサイネージで表示されるクリエイティブは，ライブのコンテンツと合わせることで，かなりの視聴者の注意とロイヤルティを引き付けることができる．カリフォルニア州サンフランシスコの AT&T パークのデジタルサイネージ（図 3.10）には，トヨタや Safeway，Budweiser，PG&E，ソニーの PlayStation，Charles Schwab，CHW Health Services といった会社名やブランドのロゴが出ており，"Nani and Nanu" のように，8 歳の孫の Dominic のために，つつましやかな個人ですら，この新たな形態の広告とブランド認知度を利用しようとしている．

3.4 好機

本章ではこれまで，デジタルサイネージを推進する 10 の鍵となる好機について簡単に述べてきた．デジタルサイネージを使うまたとない好機が訪れた一つの理由は，ハードウェア，ソフトウェア，設置および保守の側面で最近起

図 3.10 数多くのブランドロゴとメッセージが出ている，カリフォルニア州サンフランシスコの AT&T パークにある巨大デジタルサイネージ [http://sanfrancisco.giants.mlb.com/sf/fan_forum/scoreboard.jsp, © 2007]

こっている費用の低下である．このようにして，デジタルサイネージは，もはや単なる技術利用ではなく，セールスや情報提供，娯楽の機会をもたらし，まさしく「大物」のクライアントや顧客に利用されるようになったと言える．

関連する好機としては，もちろん，デジタルサイネージに配信されたコンテンツを見た人がお金を払う機会が訪れるときである．

3.5　課題

今日，デジタルサイネージを推進するものを適切に分析するためには，（本書および本章が主にフォーカスしている）積極的な見解だけではなく，いくつかのネガティブな知的分析も必要である．完全ではないが，この新たな業界が直面する鍵となる課題を，以下のリストで示す．好機と課題で適切なバランスをとることは，デジタルサイネージという新たなメディアにとって，多くの場合チャンスにつながるだろう．

- ROI への懐疑：デジタルサイネージに直接 ROI の定義を結び付けたり，サイネージのために ROI を定義したりするのは，しばしば難しい．それにもかかわらず，長期のデジタルサイネージやディスプレイの費用に対

する，伝統的な広告，特に紙の看板の費用を測るのは，実際にかかる費用に関する一つの良識的な見方だろう。視聴者の測定データなど適切なデータを，調査会社やサーベイ会社が標準的な形式で測定することが求められているのは，このような不満の声が一部にあるからである[8]。

- 高い初期費用：前述したように，屋内・屋外のどちらの場所でも，ハードウェアとソフトウェアを組み合わせるためのコストが高く，さらに，サイネージの管理にリソースが必要な場合がある。
- コンテンツ開発：デジタルサイネージの将来に関する主な懸念の一つに，業界全体が発展していくためには，適切な時間に適切なコンテンツを適切な人々に届けなければならないという点がある。しかし，「適切なコンテンツ」の制作はしばしば単調であるため，適切にできる専門のクリエイターへの依頼は後回しにされ，予算も後回しで組まれることがある。
- システム性能に関する混乱：ユーザーは，技術的知識の不足から，自分たちが完全に制御し利用しすることができない機能や性能を持つデジタルサイネージシステムを購入する可能性もある。この決定の次に来るのは，ハードウェア，ソフトウェア，設置，保守の機能を行うベンダーに委託することだが，その費用はどうするのか？　また，これまではデジタルサイネージの品質や信頼性，性能に関して入手できるデータが限定されていた。
- 拡張性：ある会社がデジタルサイネージを拡張したいと考えた場合，1つのネットワークで企業のメッセージを伝えらえるように，さまざまな種類のハードウェアと社内のソフトウェアを完全に統合するためのソフトウェアアプリケーションを探すのは困難である。
- 連携調整：1つの組織内にあり，影響を受ける可能性のある複数の部署の中で，マーケティング部門とIT部門は，どちらももう一方がなくてはデジタルサイネージを実行していくことができないが，知識と専門技術が異なるため，一緒に作業するのは非常に困難を伴う。したがって，

---

[8] 2007年10月11日付『ウォールストリートジャーナル』のB-4ページの記事 "Password to Marketers' Meeting: Digital"（マーケティング企業のミーティングのパスワード：デジタル化）を参照。

デジタルサイネージを新規に提案する場合，そのための教育と忍耐が求められることを理解しておく必要がある。
- コンテンツ管理：デジタルサイネージの買い手は，一般的に，自前のコンテンツ開発や制作に躊躇する。これは，買い手がしばしば，効果的なデジタルサイネージのコンテンツを制作するための技術的で創造的な専門技術や能力に欠けるために起こる。
- プライバシーに関する懸念：権威ある調査団体が行った最近の研究によれば，アメリカ人は，彼らのプライバシーを間違って使っている DVR オペレーターに関して驚くほど無関心である[9]。とはいえ，さまざまなキャンペーンが，住民のプライバシーの権利を過度に侵害するととられる可能性があることを考えると，デジタルサイネージに関係する人はすべて強く，かつ自制心を持たなければならない。
- 不法占有に関する懸念：プライバシーや騒音に関する懸念に似て，不法占有に関する懸念は，視聴者と地域に密着する問題である。また，新しいデジタルサイネージを計画しているところでは，どこでも慎重にこの問題を扱わなければならない。例えば，間違った場所，間違った時間に，間違った看板を設置する事例が一例でもあれば，それは業界にとって深刻でネガティブな問題であり，それらを解決するために多額の修理費が必要になるかもしれない。
- 騒音に関する懸念：プライバシー同様，特に地元の人たちはデジタルサイネージが適切に設置されるかどうかを懸念する。そして，プライバシー同様，さまざまな視聴者のニーズに対して，特にデジタルサイネージ業界と広告業界は，注意を払うというよりもむしろ敏感でなければいけない。地域の基準やさまざまな地域団体とのコミュニケーションにおいて適切なバランスをとることは，デジタルサイネージの誤った事例が，この有望な業界の評判を汚さないことを保証する理想的な方法である。特に公道に沿ってシステムを稼動させる場合は，デジタルサイネージ業界のプレーヤーは，とりわけ地域のさまざまな法律や規定に慎重に

---

[9] "DVRs 2007: Time in a Magic Box"（DVR 2007：マジックボックスの時間）と題する調査研究（www.carmelgroup.com）を参照。

対応しなければならない。
- 業界標準化：成熟期に向かう道のりにおいて，デジタルサイネージ業界は，さまざまなハードウェア，ソフトウェア，運営要素の標準化を行い，標準化されたデジタルサイネージであれば費用やその他の効率性が最大化されるようにしなければならない。例えば，著作権侵害や信号の漏えいと戦うことになると，その領域で参考になるのは，通信業界の比較的成功している団体だろう。
- 消費者の支持：マーケットプレイスにいる大部分の消費者がデジタルサイネージについて十分理解し，誤解がなくなるまで，デジタルサイネージの成長の見通しは限定的である。今のペースで，関連業界（例えば，家電製品，広告，流通，旅行，娯楽，サービスおよびイベント）においてできるだけ短期間で利益を最大化することを望めば，激しい攻撃を受けることになる。また，国際的に主だったデジタルサイネージ事業者がわずかしかないという事実は，業界の成長を妨げることになる。

3.6 将来性がデジタルサイネージを牽引する

　デジタルサイネージの成功の理由をさらに加えるためには，理由を蓄積していくことが必要である。実際，デジタルサイネージの現在および将来には，多くの展望がある。特に，広告主と顧客が一緒になってデジタルサイネージの見通しを考えはじめれば，自社のためという理由以外に，簡単に2つ（あるいはそれ以上）の理由を見つけることができ，その方程式は魅力的になる。したがって，デジタルサイネージのユーザーのサポートが他になくとも，デジタルサイネージメディアは成功するための着実な機会を得ることができる。

　さらに，本章の事例が示すように，これまでの事例により，デジタルサイネージの未来のビジョンが広がり，将来的にますます多くの場所と利用法が考えられるようになる。どのデジタルサイネージでも，それを実現するための本当の課題は，どこにそれを置くかではなく，デジタルディスプレイの事業者と視聴者の双方がメッセージの価値を認めるよう，どのようにコンテンツをアレンジするかである。

広告ソリューション

おそらく，デジタルサイネージが広く生活に入り込んでいる主な理由は，伝統的なテレビの慣習が衰退し，広告の一手段にすぎなくなったことにある。2007年にこの話題に関して書かれた興味深い記事の中で，デジタルサイネージの権威であるデヴィッド・リトル氏は，この衰退をニューハンプシャー州の「山の老人」と呼ばれる一枚岩にたとえ，2003年5月に砕け，完全に崩壊したと述べている[10]。

---

10. "Digital Signage Payoff: What Is a Challenge for TV May Be a Boon for Digital Signage Networks"（デジタルサイネージのペイオフ：TVの課題はデジタルサイネージにとって恩恵になる，http://www.keywesttechnology.com/keywest-digital-signage-blog/digital-signage-payoff-what-is-a-challenge-for-tv-may-be-a-boon-for-digital-signage-networks-79.html）を参照。

第4章

いつ，どこで，デジタルサイネージは使われるか？

> 今日，数百万人をターゲットとしたマス広告がすでに効果的でなくなっているということは，誰の目から見ても明らかだろう。
> デジタルサイネージで使われるディスプレイの価格は，世界的に見て急速に下落している。プラズマも液晶も，1年半前と比較して1/3にまでコストダウンしている。ブロードバンドネットワークの普及と低価格化と相まって，小売業者がデジタルサイネージのネットワークを採用することも，より容易になっている。
>
> ディック・トラスク[1]

　本章は，第6章，第7章，第10章と組み合わせて読むことを勧める。ビジネス的な観点から，新たにデジタルサイネージ産業に参入する際に参考になる基本的な考え方を提示することを意図したものである。本章は，デジタルサイネージにおける以下のキーファクター，(1) 使い方について，(2) ディスプレイについて，(3) 新たな，また今後さらに発展していくデジタルサイネージシステムの制御について，フォーカスを当てる。

　デジタルサイネージを「どこ」に設置するかについては，屋内であれ屋外であれ非常に多くの場所があるので，比較的容易である。本当のところ，第1章と第3章でも触れたように，「どこには置けないか」を決めることのほうが重

---

[1]. Dick Trask：SCALA 宣伝・広報担当取締役。

要な課題であろう。

　多くのマーケティング担当者や起業家が指摘しているように，別の言い方をすれば，デジタルサイネージは，人々の集まるところならどこにでも設置できる構造体であろう。実際，将来においては，信号が内蔵アンテナに送信され，電源供給も内蔵のソーラーパネルから行われることになれば，国立公園のデジタルサインを離れた登山口からでも操作できるようになり，今現在できないと思われているさまざまな制限さえ，解決できないとは言えないのである。そして，デジタルサイネージのテクノロジーは，Lars-Ingemar Lundstorm 著，*Digital Signage Broadcasting: Content Management and Distribution Techniques*（デジタルサイネージブロードキャスティング――コンテンツ管理と配信技術）でも触れられているように，「家庭」までをもターゲットとしているのである。その他のより多くのさまざまな展開は，家庭以外の至る場所でも期待されている。

　デジタルサイネージにおける厄介な質問は，「いつ」それを使用するかということである。なぜなら，これはこの質問が2つの非常に重要で，また異なった考えに関わるものであるからである。1番目は「タイミングはすべて」という古い格言であり，これは特定の現場やシナリオを研究し，さまざまな要素を組み合わせたうえでデジタルサイネージを設置する方法である。2番目は，本書の中核を占めるメッセージでもあるが，最初に「宿題」をせずに，いかなるタイプやサイズのデジタルサイネージシステムも配備しない，ということである。つまり，ビジネスであれ副業であれ，その目標を，デジタルサイネージによって達成できる目標と事前によく摺り合わせることから始めることが非常に重要である。

4.1　デジタルサイネージの利用形態

　第6章でも触れているが，デジタルサイネージプロジェクトの実現に必要な4つのポイントの最初の1つは，自らの従業員のコミットメントである。
　デジタルサイネージをより効果的に利用するために，通常，企業内では1つあるいはいくつかの内部組織からコミットメントを取り付けることが必要である。例えば，IT部門はその1つである。そのほかにも，人事部門，広報部門，

財務部門，法務部門などがある。それらの部門が，パートナーとして運営に参加することが重要である。デジタルサイネージの展開を計画的に行うためには，それらの部門が「いつ」あるいは「どこ」に関して積極的に関与すべきである。効果の測定に関しても，顧客（または従業員）の動線や滞在時間，視聴者の意思決定までの時間などの問題について，十分な議論がなされるべきである。デジタルサイネージの展開を成功に導くためには，企業関係者からのさまざまな意見を参考にしたうえで，スクリーンを適切に配置し，「最適な」コンテンツによって，「最適な」メッセージを，「最適な」視聴者に届けることが，特に重要だと言えよう。

　さらに，どうしたら新しい伝達手段を最も効率的に利用できるか，そして，各部門がその見返りとして何を必要としているかを理解することが重要である。そして，第 10 章でも触れるが，各部門が全社としての大きなビジョンを理解していることに加え，それぞれの部署においてブレイクダウンした目標を持つことも，新しいデジタルサイネージシステムを導入する際にはやっておきたい。

　デジタルサイネージのさまざまな利用形態について，より詳細なリストは第 1 章を参照していただきたい。しかしながら，代表的な利用形態はおおよそ以下のようなものである。

　デジタルサイネージは視聴者の気分やその場の雰囲気に影響を与える。場所や製品，サービスのブランドを確立する，製品やサービスを宣伝する，従業員向けのトレーニングやビジネスコミュニケーションに関わるメッセージや，そのコミュニティにとって重要な価値観，メッセージ，または情報の伝達を行う，などである。

4.2　ディスプレイ

　ありとあらゆるデジタルサイネージのディスプレイに関して，できるだけ早くから，よく考えることが必要である。

　理想を言うと，それぞれのディスプレイは，すべてのエリアを補完し一体感があること，安全で見やすいが邪魔ではないことが求められる。付け加えて言

うなら，今ある，あるいは新規に設置する印刷やビニールのような伝統的な「看板」に対して，デジタルディスプレイはどう良いのかに関して，さらに高度な実態調査を通じた評価が求められる．通常，アナログとデジタルの2つのタイプのサイネージが同じ場所に同じ目的のために設置されている場合，ロケーションの担当者は，不要な混乱を避けるために，既存の看板をはずすことになる．例えば，デジタルサイネージの一つの利点は，それが視聴者の注意を引き付けることである．したがって，デジタルサイネージのディスプレイサイズやコンテンツに関しては，視聴者から見える距離と角度に十分配意したものでなければならない．

　ディスプレイに関するもう1つの重要な要素は，音声の重要性と適切な使い方を理解することであろう．デジタルサイネージに求められる音声とは，十分な音声レベルと指向性を保つことに加え，従業員やエンドユーザーである視聴者を邪魔しないということが必要とされる．さらに，映像と一緒に音声は流さないと決めるなら，よりわかりやすくするために，読みやすい文章にしたり見やすい書体にしたりするなど，より効果を高めるためのさまざまな工夫を映像に施さなければならない．

　最終的には，良質のコンテンツを良質のディスプレイとマージすることこそ，良いデジタルサイネージディスプレイにするための究極のキーファクターと言えよう．実態調査をすればそれは可能であり，難しいことではない．そうしたことを実験的に行っている全国的なヘアサロンネットワークの事例を紹介する．

サロンチャンネルネットワーク

　図1は「サロンチャンネルネットワーク」といって，フロリダ州のデルレイビーチを本拠地とする Airplay America が展開している，プライベート・デジタルサイネージテレビジョン・ネットワークである．このネットワークは，全米2,600か所に店舗を持つ Great Clips という美容室のチェーンに，少なくとも4～6週間に一度，平均して20～40分の時間，髪を手入れするために訪れる顧客を対象としている．同社の共同

最高経営責任者のロバート・カータジン氏は,「サロンの視聴者は,関連性の高い広告に関する受容度が本当に高い」と胸を張る。

図1　4～6週に一度,20～40分を費やす顧客をターゲットとしたサロンチャンネルネットワーク［Airplay America, ⓒ 2007］

　Airplay America のサービスは,高品質のオーディオシステムとフラットスクリーン LCD ディスプレイによって構成されており,コンテンツも,一般視聴者のニーズに加え,サロンの顧客をターゲットとして制作されている。すべての展開が終了すれば,サロンチャンネルを通じた広告,番組,販売促進は,膨大な数の消費者に到達する能力を持つことができると,Airplay America は主張している。図2は,サロンチャンネルネットワークの基本的なインフラストラクチャを示している。

　Airplay は,美容室チェーンとの関係を管理し,番組のプログラミン

4.2 ディスプレイ 115

サロンチャンネルネットワークの構成：

Airplayコンテンツサーバ
・サロンチャンネルプログラミング
・コーポレートコミュニケーション
・従業員のトレーニングと教育

X20 Media
・Xpresenterソフトウェア
・コンテンツ管理
・グラフィックス

IP-Satellite/VPN
Hughes Network Systems

Great Clips　美容室

Great Clips　美容室

Great Clips　美容室

Great Clips　美容室

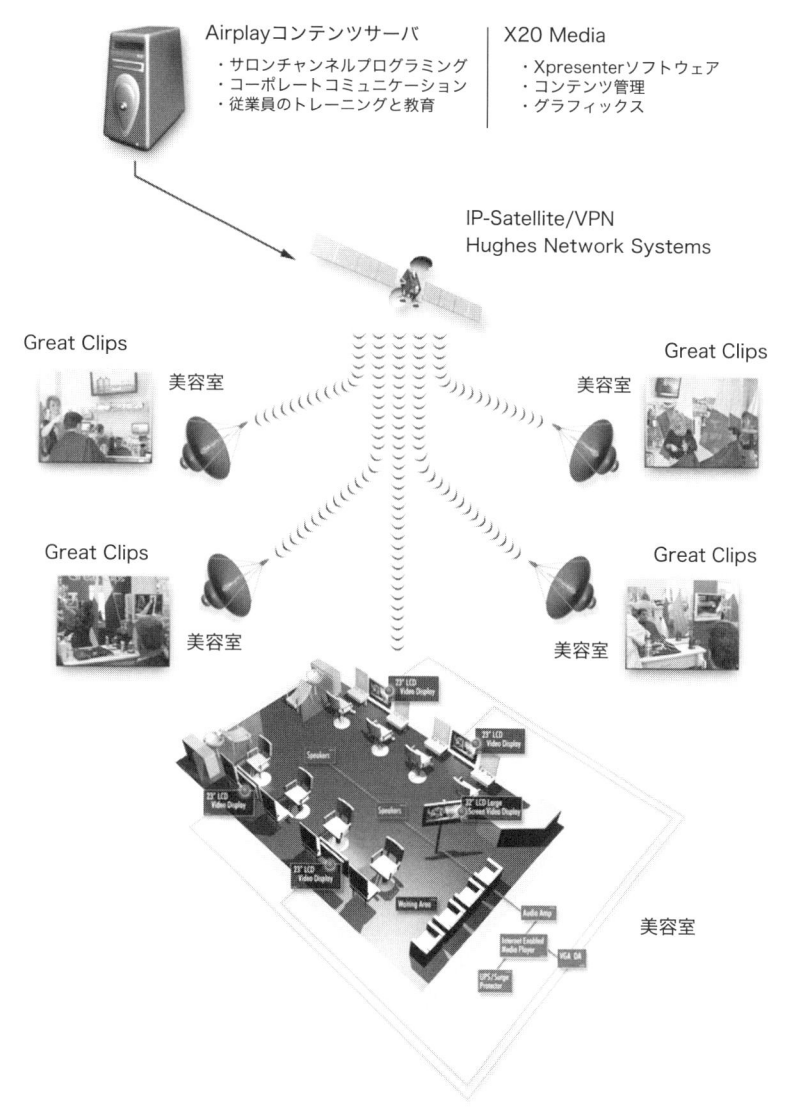

美容室

図2　サロンチャンネルネットワークを構成するさまざまなハードウェア［Airplay America, ⓒ 2007］

グ，オリジナルのコンテンツ，広告販売を担当する。システムのインストール，保守，およびコンテンツ管理などのその他の機能は，X20 Media，Hughes Network Systems，Agilysys および NEC ディスプレイソリューションズなどの重要なパートナーに業務委託している。サロンチャンネルネットワークは，Windows ベースの PC と X20 Media によって提供されたソフトウェアを使用している。

インストールとメンテナンスは，Airplay が電話によるサポートを提供するほかは，Agilysys と Hughes Network Systems によって行われている。Airplay は，そのパートナーと密接に連携し，高品質の設備，継続的な信頼性，一貫性のあるパフォーマンスに腐心し，その業務を展開している。

各美容室では，全国，地方，さらにローカルの広告にも柔軟に対応できるスケジューリング機能を，IP-Satellite 接続を介して利用できる。

コンテンツはどの場所でも，あるいはすべての場所で，日単位，週単位で編成できる。また，サロンの常連客に的を絞ってカスタムメイドされたコンテンツを提供することもできる。IP-Satellite 上のマルチキャスト機能によって，サロンチャンネルは，スケジュールされた広告コンテンツを最小限のリードタイムで提供することができる（図3）。

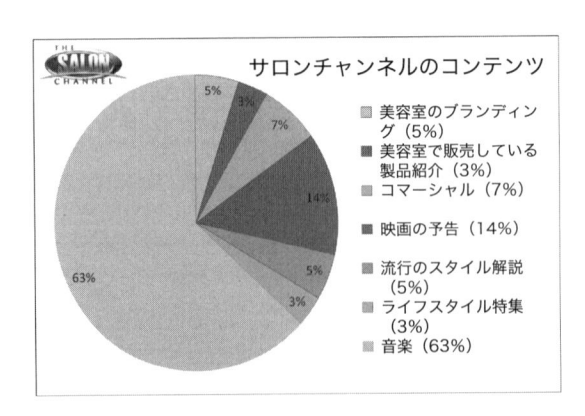

図3　顧客の関心の高い映画・音楽を中心に編成されたサロンチャンネルネットワークのコンテンツ [Airplay America, ⓒ 2007]

Airplay のビジネスモデルのキーとなるのは，(1) Great Clips, (2) Great Clips のフランチャイズオーナー，(3) 広告主，(4) Airplay America という 4 つの主要な利害関係者の存在である．多くの似たようなネットワークの所有者は，1 日中ループできる 30 分以上のコンテンツを 30 日分以上持つ余裕がある．しかし，サロンチャンネルは，従来のラジオからの置き換えのため，番組編成上多くの工夫を施した．視聴者を楽しませるために，短いコンテンツや，流行のスタイルの解説，魅力的な音楽コンテンツなどを取り入れたのである．Airplay のターゲットとするヘアサロンは，他のどんな小売店よりもはるかに長い滞留時間を扱っていることから，すべての時間，すべての視聴者に満足してもらえるような，より良質で，多くのバリエーションに富んだコンテンツを用意する必要があった．したがって，Airplay America は成功のその主な指標として，顧客と従業員の満足度を挙げている．

　サロンチャンネルは，サロンの常連客，店の従業員，ヘアスタイリスト（長時間労働が普通）に見られている．プログラムを変更することもできず，スイッチをオフにすることもできないので，従業員を含めた見る人すべてにとって，毎日あるいは毎月繰り返し見ても常に新鮮で魅力的であることと，同じコンテンツを繰り返さないことが重要である．広告主はたいていの場合，ブランドの記憶と認知を最大限確実にすることを目指し，サロンの常連客と従業員は，サロンで過ごす時間をより有意義にする番組を望む．Airplay の幹部らは，音楽，エンターテインメント，ライフスタイル，オリジナル番組，および広告の，視聴者が喜ぶ最も魅力的な編成を求めて，コンテンツのフォーマットを設計するのに何か月もの時間を費やした．この展開が完了すると，サロンチャンネルは，全国の何百万人ものサロンの常連客と何千人もの従業員にサービスを提供することになる．図 4 にサロンチャンネルネットワークのコンテンツの例を示す．

　サロンチャンネルの番組は，(1) ヘア／美容，(2) ファッション／スタイル，(3) エンターテインメント，(4) 音楽，の 4 つの個別のテーマを中心としている．広告はおよそ 15 分に 1 回という，最小限の露出に抑えら

れている。Airplayによると、他のすべてのコンテンツは、CBS、Video Fashion News、Private Label Radioなどのコンテンツプロバイダーによる膨大なライブラリを、毎日シャッフルしながら放映している。

　サロンチャンネルも、セレブヘアスタイルやスタイリングのコツ、ヘアアレンジのヒント、トリビアなど、さまざまなオリジナルの「流行のスタイル解説」を特集している。その番組編成は、ヘアサロンでの経験がより有益になるような情報を顧客に提供しながら楽しんでもらうという、同社の使命を具現化するものとなっている。

　カータジン氏が強調するところによると、サロンチャンネルは、最新のファッション、ヘアトレンド、そしてそれらを流行させるのに一役買うようなセレブリティの情報に直接関連する番組の中で、広告主が消費者へのメッセージを表示できるというユニークな利点を持っている。

図4　異なるコンテンツを組み合わせて放映されるサロンチャンネルネットワーク［Airplay America, © 2007］

図 4 （続き）

4.3　運用形態

　デジタルサイネージシステムの運用は，通常2つの形態をとる。どちらのケースも，運用会社あるいはネットワークオペレーター（本書では「運用ステークホルダー」とも呼ぶ）によって運用される。これは通常「インハウスコントロール」（社内運用）と呼ばれ，実際に日々システムを運用する形態である。もう1つの形態は「アウトサイドコントロール」（外部運用）であり，思いのほかポピュラーだろう。後者の形態は，特に政府機関などはそうだが，他者からの影響を受けやすい。

4.3.1　社内運用

　デジタルサイネージシステムが設置されたら，システムの運用については，開発プロセスの早い段階で決めることが重要である。運用方法を誤ると，全体のシステムがうまく行かず，反応も悲惨なものに終わる場合があるからである。

　通常，以下の3パターンの運用が可能である。

　比較的大規模のデジタルサイネージシステムに最もよく採用される運用システムは，まず，すべての作業を単一のネットワークセンターを介して行う「集中管理方式」である。いわば，車輪の個々のスポークからの個々の入力を許可しない方式である。中央のセンターから，ネットワークにつながった数十，数百，または数千のネットワークディスプレイに，すべてが配信される。このようなシステムは，数百店舗で構成されるコンビニエンスストアにおける展開に向いているだろう。

　2番目の方法は，それぞれの場所が独自にデジタルサイネージシステムの運用を行う，いわば「分散運用方式」である。この方法は，ローカルスタッフが自分たちと顧客に向けたデジタルサイネージの展開に熱心で，店内で利用するようなケースにはうまく行く場合が多い。しかし，本来の業務が，ハードウェア，ソフトウェアなどのデジタルサイネージシステムの運用ではない，ということを忘れてはならない。ビジネスオーナーが，デジタルサイネージシステムの運用の一部またはすべてを行うためのトレーニングに費やす追加予算を確保

していない限り，「本部の専門家に任せる」ほうが賢明であろう．

　これまでに述べた，本部での「集中管理方式」と店舗などにおける「分散運用方式」の「ハイブリッド」バージョンも可能である．しかし，現在までに，この「ハイブリッド」のアプローチを支持するだけの十分なデータがないために，業界内でもそのアプローチの採用に積極的ではないのが実状である．この方式では，コンテンツのほとんどが1つの本部において運用され，個々のロケーションの従業員は，限定的にしかソフトウェア，ハードウェアへの入力，あるいはシステムの運用を任されることがない．それにもかかわらず，このアプローチを支持する一つの理由として，たまに起こる珍しいイベント，例えば天気や関連するイベントがあるような場合に，ローカルスタッフがそれに応じてコンテンツの優先順位を調整するといったことが可能になる点が挙げられる．つまり，ローカルスタッフが必要に応じて，日ごとに編成されている全国標準的なシステム全体の実行を調整する（すなわち，特定の時間帯で，特定の視聴者のための特定のコンテンツを放映する）ことができる．反面，この「ハイブリッド」アプローチは，ほとんどのシステムに共通して，いったん運用が開始されると，調整が行きすぎてしまったり，さまざまなビジネスオペレーションにとって不可欠のものになってしまったりするため，実際にはローカルスタッフが内容を変更することができないというケースも見受けられる．

　最後に，多くのデジタルサイネージ業界の専門家が繰り返し指摘するのは，良いデジタルサイネージの展開には，その運用の一部として診断や測定が極めて重要であるということである．一つひとつの端末までを含むシステムにそれらを組み込むことで，保守を支援できる．加えて，広告再生装置によってどんなコンテンツが個々のディスプレイで実際に再生されたかを確認することは，広告収入の請求と回収をするうえで非常に重要である．また，精緻な測定は，将来の計画策定にも重要である．このような専門的な測定データがなければ，報告書は何を放送するかという予定の報告書であって，実際に何が放送されたかとは大きく異なる可能性もあるのである．例えば，画面がオフになっている場合には，放映されたはずのものと，実際に放映されたものとは一致しない．有効な「実際の放映証明書」こそ，この問題の解決策である．

4.3.2 運用業務委託

　デジタルサイネージのディスプレイ台数は，米国においては数十万台，世界的には数百万台と推定され，今後数年間でさらに段階的な増加が見込まれる。これは，デジタルサイネージに少なからず効果があるからである。

　しかし，デジタルサイネージの成長にとってかなり大きな制約が，いずれかの政府当局によってもたらされる。したがって，今日の北米のいくつかの地域では，デジタルサイネージの展開への全面的な制約があり，それらにさしたる意味や理由がないことも多い。それに対し，米国連邦政府は，基準を定めて連邦高速道路沿いのデジタルサイネージの運用を開始している。これらのルールは，看板の輝度（周囲の明るさの条件に基づき，ドライバーの安全に悪影響を与えない明るさ）と，コンテンツ（動いたり，点滅したり，断続的であったり，高速で回転したりして，気が散るようなコンテンツは制限または禁止）についての制限である。デジタルサイネージの発展のために必要なより良い環境整備ができるかどうかは，個社の広報活動であれ，業界団体のロビー活動であれ，デジタルサイネージ業界全体のさまざまな努力にかかっている。いつ，どこで，デジタルサイネージを使えるかという，その成長と発展に関して，連邦，州，地方が大きな影響を持っていることは間違いないからである。

第5章

コンテンツ

> デジタルサイネージにおいてコンテンツで成功することは，単にコンテンツや，その制作方法，技術的価値を理解することよりもはるかに難しい。消費者への理解，つまり人々のニーズや，彼らが何をしようとしているのか，まわりの環境はどうかなどを理解せずに，コンテンツに関する戦略を組み立てることはできない。それがわれわれの業界が抱える今日最大の課題の一つだ。
>
> カレ・ドーソン[1]

　個人に向けて，関連するコンテンツを何らかのインフラを使って配信することを「ナローキャスティング」と呼ぶのは，特定の視聴者にピンポイントな情報を送るからである。どのようなクオリティのデジタルサイネージも，すべてこれに当てはまる。しかし，コンテンツ以上に大切なのは，視聴者，場所，他のプレーヤー（または利害関係者）の研究である。それを適切に行うためには時間がかかるが，適切にできればプロジェクトは成功を収め，目標は達成され，視聴者への貢献につながり，好感をもって迎えられるだけでなく，期待される収益も得ることができ，さらには，デジタルサイネージ産業全体が飛躍的に拡大するだろう。

　放送および関連領域の中に，「コンテンツは王」という古い格言がある。別の言い方をすれば，地上波放送，ケーブルテレビ，衛星放送，およびテレビ電話のユーザーは，一般的に写真，映像，音楽，アニメ，データなど，デジタル

---

[1] Carre Dawson：Dawson & Company 代表。デジタルサイネージ業界12年のベテランで，業界団体 POPAI 代表も務める。

サイネージのスクリーンまたはディスプレイ上に表示されているコンテンツの配信の方法を気にしているわけではなく，どんなコンテンツを受信できるかにのみ興味を持っている。衛星放送業界の成長は，この格言を体現する好例である。DirecTV や EchoStar などの会社が 1990 年代に，これまでより多くのチャンネルをより良いデジタル品質かつリーズナブルな価格で放送を開始したときに，視聴者はこれまでの古いケーブル線とケーブルテレビ用の受信機をあっさりと捨て，衛星用のアンテナとセットトップボックスに乗り換えた。

この格言はデジタルサイネージビジネスにも当てはまるだろう。ハードウェア，インストール，配信，運用，保守および効果測定は，パズルを紐解くための重要なパーツであることは間違いない。しかしながら，これからのデジタルサイネージにとっての真の原動力は，スクリーンに表示されるコンテンツである。そして，これは恩恵にも致命傷にもなりうる。

創造性や将来の方向性の見地からも可能性は無限で，コンテンツこそが非常に重要であり，デジタルサイネージ業界にとっては恩恵となる。しかし，逆に言えば，コンテンツは災いの種にもなりうる。つまり，デジタルサイネージ業界が，視聴者に嫌な思いをさせるような失敗を続けると，デジタルサイネージへの認知（や成功）は一瞬にして地に落ちることになる。そのようなことが近い将来に起これば，そうした嫌な経験をした視聴者やその話を聞いた視聴者は，デジタルサイネージ業界の成長をサポートするどころか，むしろ鈍化させることになるだろう。

本章では，視聴者を理解すること，表示されるコンテンツに関連するディスプレイ装置の置かれている場所，適切なコンテンツのタイプ，ターゲットとなる視聴者の滞留時間，音楽コンテンツ，さらには将来のコンテンツの可能性に着目する。

5.1 視聴者の理解

「レトリック」（修辞技法）とは，視聴者そのものと，ある特定のメッセージが視聴者に与える影響を研究することである。すべてのレトリックの基本的な前提とは，あなたが，あなたの視聴者に向かって話す（つまり視聴者のニーズ

に対応する）ということである．それが最も効果的である．したがって，北半球で春の終わりに衣服の小売業者が商品を売ろうとしても，明日の天気予報が38°C以上の気温だとすると，視聴者のほとんどは，重たいウールの冬用コートを定価では買わないだろう．つまり，そうしたメッセージは無駄で不適切なだけでなく，不快感すら与えかねない．

しかし，「より効果的にあなたの視聴者と話す」という必要性があるにもかかわらず，米国における広告の多くはそれらを十分活用してこなかった．

実際，ユーザーに関連したメッセージを見つけることこそが，真の「未来の広告」であると，世界中の多くの人々が感じている．デジタルサイネージに関して素晴らしいことは，技術／ハードウェアと，クリエイティブ／ソフトウェアの両面において，さまざまな「ツール」が開発されていることである．しかし，重要な問題は，それが正しく使われるか（つまり視聴者に適切なメッセージを提供することができるか）ということである．

それは，今後，将来にわたって，すべてのデジタルサイネージ事業者に明確な可能性を提供する．

例えば，食料品店の野菜やフルーツ売場の天井から吊るされたデジタルサイネージは，バナナやりんごやオレンジの新鮮さや健康効果を訴求するのに最適な場所であろう．さらに言うと，このディスプレイこそ，腐ったりして無駄になりやすい商品，つまり賞味期限の短いフルーツや野菜の特売を打ち出すための，最も理想的な場所なのである（だからこそデジタルサイネージのコンテンツの更新頻度は多くしなければならないが）．

特定の視聴者との関連性が強いために，デジタルサイネージの効果が最大化されるもう1つの例は，渋滞が激しく，のろのろ運転どころか止まってしまうことさえある高速道路の脇のタイヤ販売の広告である．逆に，熟したフルーツや野菜の広告は，スーパーマーケットではなく高速道路にいる視聴者にとってはほとんど無関係である．

この意味で，最も成功しているデジタルサイネージのコンテンツは視聴者本位であり，どんな商品をいつ誰がどこで買うのかということを十分に考慮し，更新頻度も高く，細心の注意を払って運用されている．

カリフォルニア州ハリウッドに本社を置くデジタルサイネージベンダー，

eVision Networks の担当者へのインタビューでも，視聴者との良好な関係を担保するためのより良い方法として，そのデジタルサイネージの主だった関係者の目的を理解し，その目的にできるだけ合わせて対応を図ることが挙げられている。これは，コンテンツの最終的な視聴者は言うに及ばず，ネットワークオーナーやオペレーター，広告主，ロケーションオーナーなど，キーになる関係者も含む。

　例えば，それらの関係者には，まず，そのデジタルサイネージネットワークの目的に同意してもらわなければならない。実際，オペレーター，広告主，オーナーのニーズを満足させる最善の方法の一つは，それぞれと，あるいは全員で対話を行うことである。加えて，十分な調査とデータ（例えば，そのデジタルサイネージの広告キャンペーンによって期待できる ROI）があれば，さらに望ましい。第 8 章では，デジタルサイネージ業界において，主な関係者間での共通の目標設定とコミュニケーションの構築を可能にする，より詳細な情報を提供する。

　おそらくもっと重要なタスクは，最終視聴者に対する深い洞察を得るため，視聴者の人口動態の詳細に関して信頼できるデータを収集することである。別のレベルでは，どんな視聴者がどのような場所にどのようなタイミングで訪れるかに関する情報を得ることである。

　例えばコンビニエンスストアには，朝の時間は仕事のためにすぐに店を出てしまうビジネスマン，昼間の時間帯は放課後やラクロスの練習のための軽食を買いに来る母親や子供というように，実にさまざまな視聴者がいる。そこで，これらの異なるタイプの顧客に対して，適切なデジタルサイネージのコンテンツを提供するためには，誰がいつそこにいるかだけに留まらず，彼らの予算，そのとき彼らが何をしているか（あるいは，何をしてきたか，次に何をしようとしているのか），さらに，彼らが何をひいきにしているかなどの感情までも考慮に入れなくてはならない。デジタルサイネージの関係者はそれを知って初めて，異なる視聴者にさまざまなコンテンツを，さまざまな時間に届けるという理想的なやり方が可能になるのである（図 5.1）。

　デジタルサイネージのコンテンツについて，もう 1 つ注目に値する要素は，関連する地域に密着した情報を提供できることである（場所によってはローカルのテレビ放送でも可能かもしれないが）。したがって，例えば地元で豊富に

図 5.1　2 人の異なる視聴者を対象とした 2 つの異なるデジタルサイネージコンテンツの事例．1 つ目は，ミックスドリンクを買う大人向けコンテンツ（携帯電話会社の協賛によるもの），2 つ目は，ある洋服のブランドを買う女性客をターゲットとしたデジタルサイネージである．ある視聴者には有効だが，ターゲットでない視聴者には効果がない（逆もまたしかり）．[上：SCALA, ⓒ 2007，下：Lyle Bun, ⓒ 2007]

魚が捕れるような米国南部の特定の場所では，店長は，精肉売場や鮮魚売場の情報だけでなく，店に入ってきたばかりの買物客に向けて，地元でしか捕れない珍しい魚に関する 10 秒間のコンテンツを見せることもできるのである．それ以外にも，クリニックを訪れた人に，そのクリニックのスタッフを紹介するコンテンツを用意することができる．図 5.2 は，そのような動物病院のコンテンツを示している．

また，「3 匹のクマ」の物語のヒロインが飲むスープを決めるときのジレン

図 5.2 動物病院の医師やスタッフに関する情報を提供する地域密着型デジタルサイネージ［emebaVet, © 2007］

マと似て，適切なデジタルサイネージのコンテンツミックスとは，多すぎず少なすぎず，ちょうどよいボリュームのコンテンツによって成り立つのである。多すぎるコンテンツは，システムや従業員の重荷となり，視聴者にとっても迷惑千万で，金の無駄である。一方，コンテンツが少なすぎる場合は，金と資源を節約することにはなるかもしれないが，視聴者にとっては役に立たないばかりか，退屈で迷惑このうえないという危険な領域に再び陥ることになりかねない。これは，およそすべてのデジタルサイネージが決してたどってはならない道である。

SCALA

ジェフ・ポーター氏は，北米および世界のデジタルサイネージ業界において，"turn-key solutions provider and content management company"として有名な SCALA の副社長である。ポーター氏は SCALA に勤めて 13 年間以上になる。「われわれはソフトウェアとサービスの会社であり，トラックの運転手もいなければ，ハードウェアの代理店でもない。直売もしないので，世界中の顧客へのソフトウェアとソリューションの提供は，350 社を超えるパートナーを通じて行っている」と，ポーター氏は説明する。「SCALA の製品とサービスを利用する会社で運用され

ているシステムは，現時点で5万をはるかに超えている」。展開されているシステムの規模は，図1に示されているようなものや，テーラーメイド・ゴルフのロビーに1台導入されているようなケースから，Shellのガソリンスタンドのように何千台ものプレーヤーが運用されているようなケースまで，さまざまである。ポーター氏によると，SCALAのソフトウェアは小規模から大規模まで自在に使えるよう設計されている。

図1　SCALAの顧客であるBurger Kingの典型的なフランチャイズ店に導入されたデジタルサイネージ［SCALA, © 2007］

振り返ってみると，SCALAがデジタルサイネージ業界に参入した最大の動機は，1987年に遡る。「ネットワーク化されたディスプレイ上のコンテンツを管理するための簡単な方法を提供するという1つの目標からスタートした」とポーター氏は説明する。「デジタルサイネージは，テレビではなく，ウェブでもなく，印刷でもなく，看板でもない。それはまったく新しいメディアであり，これを管理するにはツールが必要で，ツールにはスケールメリットがある」。

広い規模でクライアントを見てみると，たいていの人々は，新しいデジタルサイネージを導入する際に，最初にディスプレイに意識が行きすぎるという間違いを犯す，とポーター氏は指摘する（結局のところ，それが前もって必要なほとんど唯一最大のコストだからだが）。しかし，

彼は「破産に至るのは，ディスプレイという怪物に餌をやることに起因するということと，破産せずにタスクをやり遂げるためには，適切なソフトウェアプラットフォームを見つけ出すことである」とも警告する。例えば，同じように展開する2つのソリューションがあったとして，片方は明らかに正しく，もう片方が明らかに間違っているということがある。それは，片方は力ずくでやろうとし，そこでは1万ものプレイリストで「怪物に給餌」しているのかもしれない。

　そして，もう片方は，適切なメッセージを適切な時間に適切に再生するというスマートでシンプルな方法をとっているかもしれない。要するに，SCALAは過去から学び，すべてはコンテンツ戦略にあり，というメッセージを実行しているのである。「まず，コンテンツ戦略を実現できる柔軟性に富んだコンテンツ（管理）プラットフォームを選び，次に，ハードウェアの部品で補完していくのだ」とポーター氏は続ける。トップダウンはボトムアップよりずっと簡単である。コンテンツがどこから来るのかは「他の誰か」が把握するのだから，「自分」はコンテンツのことは無視してハードウェアに注力すればいいと考えるような間違いを犯さないでほしい。それは決してやってはいけない「禁じ手」である。やれば必ず失敗する。コンテンツは王であるから，すべてはコンテンツから始めなければならない。仮にコンテンツが自分の責任の範囲外であったとしてもである（図2，図3を参照）。

図2　SCALAの顧客の典型的な店舗のメニューボード［SCALA, ⓒ 2007］

図3　A European Coffee House のデジタルサイネージ ［SCALA, ⓒ 2007］

　例えば小売業でデジタルサイネージの有効性を測定する場合，ポーター氏は，関連する商品の売上の上昇に絞って測定することを勧める。広告出稿を増やして売上高を測定し，今度は減らして比較する。売上が上がっていれば，Nielsen の視聴率評価はまったく必要ない。「販売管理（point of sale; POS）データですべてがわかる」と彼はまとめる。しかし，一般の企業の場合，効果を直接測定することが難しい場合もある。そういうときには，単純にスタッフへの情報提供や教育がうまくいっているかどうかを判断基準にするのがよいだろう。答えが yes の場合，デジタルサイネージの展開にも意味がある。SCALA には，第三者機関として DS-IQ という関連会社があるが，同社は小売の POS データと広告を比較し，キャンペーンの有効性をリアルタイム分析した結果を提供する。しかし，繰り返すが，これは必ずしも必要ではない。「かつて Lamar Digital Outdoor Advertising のある上級幹部が，『われわれのディスプレイの前で人々が列をなして時間つぶしをしているならば，われわれはきっと正しいことをしているのだ』と語っていた」とポーター氏は締めくくった（図4）。

　ポーター氏の目から見ると，デジタルサイネージの利用には大きなメリットがある。昨今の広告業界は，伝統的なマスマーケット向けの広告（例えばテレビ）のコストがますますアップする一方で，広告主がど

図 4 SCALA の顧客でイギリスに本拠を構える Tesco Market の惣菜コーナーにあるデジタルサイネージ ［SCALA, Ⓒ 2007］

んどん少なくなっているという現実を抱えている。さらに悪いことに，ポーター氏は小売業がその典型的な例だと指摘したうえで「TiVo は現実だ。『ビジネスウィーク』誌で発表された最近の調査では，TiVo の所有者の 96% がファーストフードの CM をスキップする。ファーストフード業界が依然として従来のテレビスポットに数百万ドルを投下しているにもかかわらずだ。すべての購買決定のうち 70% は実際の店舗で行われるのだから，その商品を置いている場所の隣の店舗にディスプレイを置けば，（TiVo で CM スキップもされないので）もっと意味があるように思える」と付け加える。

「SCALA はまったくハードウェアに依存しない。われわれはこれまで多数のハードウェアをテストし確認してきたが，それらのほとんどすべてをサポートしている。ディスプレイに何がしかのビデオコネクタが付いていれば大丈夫」とポーター氏は言う。さらに，SCALA はプロジェクタや有機 LED，電子ペーパーなどの新しいディスプレイ技術を常に求めている。例えば，新しい薄型ディスプレイパネルの開発を挙げて，彼は楽しげに語る。「直近の 5 年間に業界に起こったことは驚くべきことだし，その動きが近い将来，減速するようにも思えない。われわ

れはハードウェアパートナーの技術革新に遅れをとってはならない」。

「SCALAの顧客のために，どのコンテンツが良いかという質問に対しては，推察のとおり，それは場所によって異なる。むしろ，共通のテーマは，コンテンツは流される場所に関連していなくてはならない」ということである。「そこが，カジノなのか，ガソリンスタンドなのか，それとも銀行なのか，工場なのか，あるいはコールセンターなのか，ロビーなのかを考えることが重要だ。うまく行くためのコツは，その環境を理解し，その環境に合ったコンテンツ戦略を考え出すことだ」とポーター氏はアドバイスする。

SCALAのソフトウェア管理プログラム，InfoChannel Designer（訳注：2009年にScala Designerに名称変更）を使えば，顧客はMPEG，WMV，JPG，GIF，TIF，MP3，WAVなど，ほとんどすべてのメディアファイルを扱うことができ，ライブやストリーミング映像も対応が可能だと，ポーター氏は主張する。「ソフトウェアは，他のデータソースとメタデータを統合することによって，メディア再生がより高い関連性を持ち，かつ動的になるようにしなければならない」とポーター氏は続ける。「コンテンツの制作に際して，顧客からSCALAにサポートを求めてくることもときどきあるが，グラフィック制作会社にいるようなクリエイティブスタッフのほとんどは，SCALAのDesignerツールを使いこなせるし，さらに，SCALAでは，コンテンツの制作に関わる特定のニーズに備えて，専門のスタッフも用意している」とポーター氏は述べる。

コンテンツスケジューリングに関する質問を見てみると，SCALAのContent Managerは，使いやすい日ごとのスケジューラと，グラフィカルなウェブベースのユーザーインターフェースが用意されていると，ポーター氏は説明する。さまざまなメディアとプレーヤーのために，洗練されたメタデータフィルタリングコンポーネントも備えている。加えて，天気／温度，季節など，指定された項目に対し，適切な動作をするようにソフトウェアがプログラムされているので，SCALAは，顧客のさまざまなプレイリストに適応させることが可能である。ポーター氏は「雨が降っているときには，ガソリンスタンドで傘を販売できるし，

地理条件や季節を考慮して，ユーザーの芝生に最も合った Scott の Turf Builder を勧めることができる。これらは，そんなに難しくなく簡単にできることだ」と付け加える。併せて，デジタルサイネージのコンテンツは，言うまでもなく，特定の時間に特定の場所を対象とすることができるのである（図5）。

図5　SCALA の顧客である電話サービス会社のデジタルサイネージ［SCALA, ⓒ 2007］

デジタルサイネージのネットワークソリューションは，全国，地域だけでなく，さらにローカル（ある1つの場所の1つの画面，または1つにグループ化されたディスプレイ）をターゲットとした組み合わせでの利用形態がますます増えてきている。具体的な事例として，ポーター氏は General Motors を挙げる。「General Motors は，デジタルサイネージの導入を 1990 年代後半から始めた。国，地域，さらにローカルなコンテンツが，情報提供のため，あるいは従業員の教育や動機づけのために，各工場で放映されている」。もちろん，SCALA の専用ソフトウェアプラットフォームが，地域単位あるいは全世界に向けたコンテンツの配信と再生を可能にしている。

「SCALA の顧客は，場所の特性と必要性に応じて，デジタルサイネー

ジネットワークを使い分けている」とポーター氏は言う。例えば，主に社内での広告の目的で利用するケース，ターゲット広告を行うケース，主に顧客の経験値を高めるために利用するケース，顧客の行動に影響を与え，違うエリアの新しい店舗に顧客を誘導することを目的としたケース，ブランドの認知度を構築するために利用するケースなどである。

「（一般的な顧客が）われわれの『トップ10のルール』の10のうち少なくとも8個を実現すれば，最初の12か月以内に（通常は非常に大きなマージンで）ROIが好転する」とポーター氏は見解を述べる。彼はまた，「一般的に，広告が主体のネットワークの場合，売上高は2桁増加する。その他のネットワークは，効果を測定することが難しいが，実際，コンベンションセンターですべての人が行きたい場所に間違わずに行けるようになれば，毎年来てくれる可能性が高まって良いだろう。それがなければ，昨日のニュースのように意味がない」と考えている。

さらに，SCALAは通常，デジタルサイネージを展開する前にターゲットを絞ったROI計画を持つよう顧客に勧めている。それによって，成功したかどうかを測ることが可能になるからである。「繰り返しになるが，それはコンテンツ戦略があるかということに立ち戻る。それ以外に重要なことはない」とポーター氏は言う。ROIは，通常，場所に応じて設定される。例えば銀行であれば，退屈な待ち時間の短縮や，顧客の新しいタイプの口座開設にデジタルサイネージが寄与することを経営層は期待するだろう。ポーター氏は「こうした業績指標のいくつかは，容易に測ることができる」と述べる。

ROIの測定基準は場所に依存するが，多くの人々は，実際にはかなり容易に超えることができる，極めて「低い」期待しかしていない。例えば一般的なQSR（quality status report; 調査報告書）では，既存店が年率2〜3%成長すると，それは大きな成果だと考えられている。しかしポーター氏は，ドイツのBurger Kingにおいては，新店舗の開設なしに売上が13%以上増加したと指摘している。これは，直接的には，既存のメニューボードの真ん中にデジタルサイネージを設置したことに起因する。加えて，ROIの予測は通常，展開されるコンテンツ戦略に基づく

が，それはディスプレイによって一つひとつ異なる（図 6）。

図 6 SCALA の顧客である Fuel Cast の一般的なガソリンスタンド／コンビニエンスストアのデジタルサイネージ
[SCALA, ⓒ 2008]

　ポーター氏は，顧客のデジタルサイネージの普及拡大を阻害する最大の要因は，資金調達だと主張する。今日，米国の小売店のクリティカル・マス（普及の臨界点）に到達するには，ベンダーは何千面ものディスプレイを用意しなければならない。ポーター氏は一般的に比較して「例えば英国と比べると，英国のクリティカル・マスは米国の 10% 未満だろう」としている。「変わらなくてはならないもう 1 つは，マディソンアベニュー（広告業界）である。彼らは，彼らの父親の世代が広告によって販売してきたものを販売することが，とてもとても心地良いのだ。これは低リスクである，もしくは，彼らはそう考えている。一方，東欧諸国は対処すべき問題を抱えていないため，新しいメディアに対してはるかにオープンである。彼らは 19 世紀の冷戦から最先端の 21 世紀まで行ってしまった（20 世紀をスキップした！）。米国の多くの会社には少なからず足枷がある。しかし，われわれの子供たちの世代が差配する時代になれば，変わっていることだろう。だがそれは，私たちの世代は店にデジタルサイネージを入れられない，という意味ではもちろんない」。
　ポーター氏は，新規にデジタルサイネージを導入したい多くの会社

が，自分たちのパイロット試験を満足させる「エンジェル投資家」を見つけようとしていることに気がついた。そこで彼らは，長期的な資本調達の経験を役立てることにした。磐石な企業にとってコストは問題ではない。例えば，ブルームバーグは世界100か国以上でScalaを導入している。「彼らは同じことを2回考えない」とポーター氏は誇らしげに語る。

　デジタルサイネージに関する規制の問題は常に重要であるが，ポーター氏は，SCALAは強力にPOPAIを支持すると述べている。比較してみると，いくつかの「営利目的」の団体は存在するが，それぞれが維持するためのある種のポジションを持っている。しかし，そのことが，逆にその団体の有効性を弱めると彼は考えている。「POPAIには，メンバー各人が，デジタルサイネージ業界発展のために無派閥で貢献するという基盤がある」とポーター氏は指摘する。

　規制に関連する議論をまとめて，ポーター氏は，屋外広告の世界の人々は絶えず規制に対処しなければならないと指摘する。彼は「それは彼らのような野獣にとって当然である。（デジタルサイネージ業界の）他のほとんどの人々には，（おそらく安全性の問題を除くと）対処すべき規制はそんなに多くない」と皮肉交じりに言う。例えばLamar Outdoor Advertisingは，道端にデジタル掲示板を置くことすらできない。彼らはそのために許可証を取得する必要がある。しかし，それは印刷物が主流だった時代に戻っても同じことである。「だから，彼らにとっても業界全体にとっても，特に新しいことは何もないのだ」とポーター氏は結論づける。

5.2　コンテンツの選定

　ある特定のロケーションにおけるディスプレイの設置場所というのは，おそらく，ディスプレイ上に放映されるコンテンツほど重要ではない。しかし，ディスプレイの設置場所が，コンテンツの効果を左右するような重要なキーに

なる場合もかなりある。そこで，もしそのデジタルサイネージが対象とする訪問者の半分だけしかメッセージを聞いたり見たりすることができないような場所に設置されたら，コンテンツが視聴者に与える影響は普通に考えて50％より良いはずもなく，お金と資源の無駄遣いにほかならない。例えば，ショッピングセンターを訪れる若い十代の男性の視聴者をターゲットにするなら，ディスプレイ上のコンテンツとしては，女性下着のブランドのビクトリアシークレットより，スポーツショップのナイキのほうがずっと意味がある。

さらに，関係者がインフラとコンテンツの組み合わせについてきちんと配慮したコンテンツの選定をすれば，その効果を最大限まで引き出すことができる。つまり，ディスプレイの輝度を調整したり，音を店舗の特定の部分に集めたりするなどの工夫をすれば，視聴者に対するコンテンツの効果を大いに高めることができるのである[2]。

加えて，デジタルサイネージのコンテンツは非常にダイナミックに変化する特質があるので，すでにあるコンテンツをすべて作り直すよりも，それを生かすべきである。つまり，デジタルサイネージをこれから始めようという企業は，テーマ，ブランド，メッセージなどを勘案し，30〜60秒の放送用の広告素材から必要なメッセージを残して，デジタルサイネージ用の5秒程度の短いクリップを制作すればよい。または，基本的なブランドや販促用のメッセージを，特定のロケーションにある特定のディスプレイの前に特定の時間帯にいるであろう視聴者を想定して，アニメ化したビデオクリップを用意してもよい。このような方法は，広告代理店と広告主にとって，伝えたいメッセージの継続性を維持したり，アイデアを実現したりするのに要する時間を短縮することになり，コストを低く抑えることにもつながる。

現在，また将来にわたって，デジタルサイネージの主なユーザーは小売業界である。小売店におけるコンテンツは，(1) セール情報，(2) 製品情報，(3) イベント情報などを伝えるという堅実な目標を達成することが重要である。さ

---

[2] NAB/Focal Press から出版されている，Lars-Ingemar Lundstorm 著，*Digital Signage Broadcasting: Content Management and Distribution Techniques*（デジタルサイネージブロードキャスティング――コンテンツ管理と配信技術）には，デジタルサイネージのネットワークや技術レベルでの最適な実装など，デジタルサイネージ技術に関して読者の理解促進につながる重要な追加情報が含まれている。

らに，本書全体で述べているように，広告主や広告代理店は，コンテンツ配信に関して十分に研究することは言うまでもなく，消費者に関連した情報を絶えず提供しつづけることに努めなければならない。

いわゆる「チラ見メディア」は，食品スーパーのように，視聴者が短時間にせわしなく動いているような環境では非常に便利である。そのような場所では，視聴者は，どんなメディアに対しても，「チラッ」以上の注意を向けることはない。その短い時間の中で効果的に情報提供するには，メッセージの「迅速性」が求められる。多くのデジタルサイネージアドバイザーが，そうした環境では，消費者に対して，（邪魔になるだけの情報や，何の利益にもならない情報ではなく）参考になったり背中を押したりする情報を提供することを勧めている。別の言葉で言うと，仮に消費者が「私の邪魔をすると，大きな借りを作ることになる」と言ったとしても，「いや，何の問題もない。なぜならこれはあなたが欲しいものだから」と応じられるほどのコンテンツを，デジタルサイネージプロバイダーは用意しなければならない。

しかし，コンテンツ選定のもう1つの役割は，前述したようなさまざまな要素を組み合わせ，商品購入，イベント参加，クーポンの入手，あるいは賞金への応募など，アクションに結び付けるということである。

興味深いことに，バーチャルサイネージの事業者であるPrinceton VideoのCEO，サム・マクリアリー氏のインタビューからもわかるように，コンテンツ選定に対する考え方は，さらに一歩進んだものになっている。マクリアリー氏の会社は，実際のイベントがテレビ放映される際，視聴者がここには通常，広告が現れると考える位置を選んでデジタル処理による差し替えを行う事業を手がけている。同社は，FOXによってテレビ放映された野球のワールドシリーズが，日本，ラテンアメリカ，メキシコ，カナダに生中継された際，それぞれの地域ごとに異なるバックネット広告を放映した（図5.3）。彼の会社は，視聴者ならびに多くの利害関係者の必要性や目的に合わせ，サッカーフィールドのフェースオフサークルや，ホッケーリンクのサイドボードを利用して，似たような広告を行っている。

最後に，コンテンツの配置はほとんどの場合，ディスプレイといわゆるPOP（point of purchase; 購買時点）やその近くに，関連するメッセージを伝送する

図 5.3　野球中継の視聴者に関連の高い広告をホームプレートの背後にデジタル的に挿入［Video Imaging, © 2007］

ことを意味する。2005 年 9 月 25 日付『ウォールストリートジャーナル』の一面記事，"In a Shift, Marketers Beef Up Spending Inside Stores"（マーケティング担当者，店内で費やす時間の強化へシフト）からもわかるように，商品選択のポイントとなる店舗内の棚は，販売の現場の中でも最も購入を決定しやすい場所である。そのため，たいていの場合，視聴者に対して購入もしくは意思決定を促すのには，店舗内の棚に置かれたデジタルサイネージが最も有効である。

コンテンツに接触させるもう 1 つの重要な場所は POP であるが，小売業者はしばしば，POP で売られているチューインガム，ミント，キャンディ，雑誌以外の商品は，レジ以外の場所であらかじめ消費者に情報提供していないと，いくらレジ近くにコンテンツを出しても，遅すぎて効果がないことを認識している。

5.3　コンテンツのタイプ

6 つの項にわたって，コンテンツのタイプに関わるテーマを論ずる。そのうちの 5 つは，静止画（例えば，スライドや写真），アニメーション，ビデオ，データ，テキストという，ビジュアルコンテンツのさまざまなバージョンについてである。6 つ目の音については，使うかどうか，あるいはどう使うかについて基本的な問題が残る。繰り返しになるが，第 1 章で述べたように，コンテ

ンツのタイプは，計画過程においてコンテンツの目標と目的を特定すること，つまりコマーシャルなのか，情報提供なのか，経験を与え行動を引き起こすことが目的なのかを決定することと密接な関係がある。コンテンツの有効性を最大にするためには，どのような視聴者に対して，1日の中でいつコンテンツを流すのかを決める必要がある。

これらのさまざまなフォーマットをミックスさせることで，顧客に「驚き」を与える要素が加わる。それはまた，タイトなコストと時間を管理するのに役立つ。理想的には，デジタルサイネージベンダーは，これまでの伝統的なメディアの資産をサイネージに転用するだけでなく，視聴者や環境に関連の深い新しいコンテンツを開発することが求められる。Lars-Ingemar Lundstorm 著，*Digital Signage Broadcasting: Content Management and Distribution Techniques*（デジタルサイネージブロードキャスティング――コンテンツ管理と配信技術）にも触れられているが，技術面から付加される別の側面の複雑さ，例えば，標準的なフォーマット，質の高いコンテンツ規格，帯域効率の最大化も考慮する必要がある。

5.3.1 静止画

1つのディスプレイであっても，その画面上の複数の領域にさまざまなコンテンツが表示できるようにフォーマットされている。どのディスプレイも，写真やアートワーク，PowerPoint のデータスライドのような，いわゆる「静止画」を同時に効果的に表示できる。同時に表示されるコンテンツの形式としては，静止画と，次に述べる別の種類のビジュアルコンテンツのミックスがある（図 5.4）。

5.3.2 アニメーション

ウォルト・ディズニーをはじめとする先人たちがその黎明期から示してきたように，アニメーションは創造性を自由にする理想的な場所である。デジタルサイネージでは，同一画面上の異なる領域に他のメディアが一緒に表示されるアニメーションは，さまざまな視聴者の興味を引くだけでなく，魅了し，何らかの行動を起こさせる（図 5.5）。

図 5.4　静止画が表示されているデジタルサイネージ ［Jimmy Schaeffler, ⓒ 2008］

図 5.5　インドのデリーにあるホテルのデジタルサイネージで表示されているアニメーション ［Jimmy Schaeffler, ⓒ 2008］

5.3.3　ビデオ

　デジタルサイネージにとって最も重要なメディアは，おそらくビデオだろう (図 5.6)。というのも，最近のビデオは世界的に見ても非常に自然で美しい表現力を持っているからである。しかし，高品質なビデオは高価であり，しかも，自宅のテレビのようにあまりにもリアルな映像にしてしまうと，デジタルサイネージのコンテンツとしては，興味や関心を引かないどころか退屈でおも

図 5.6　複数のタイプのビデオコンテンツを表示している壁面デジタルサイネージ［Visual Century Research, ⓒ 2007］

しろくないことになりかねない。これが，デジタルサイネージ業界関係者，特にコンテンツ制作担当者にとって別のジレンマとなる。

5.3.4　テキストデータ

政治・社会ニュースやスポーツニュース，株価情報などのテキストデータは，スクリーン下部のティッカー部分に流れるように表示されることが多い。テキストデータは，他のタイプのコンテンツと並べると，多くの情報を比較的安価に伝えることができるので，設置されたディスプレイの有効性を最大限まで高めるのに役立つ（図 5.7）。しかし一方で，リアルタイム更新と，データフィードの関連づけという課題がある。さらに，テキストデータを使うには，別のタイプのコンテンツ以上に，コンテンツを運用する専用のインフラが必要になる。

5.3.5　その他（文字，オブジェクト，ロゴなど）

5 番目のタイプのビジュアルコンテンツは，よく使われるロゴである。比較的使用頻度は低いが，スクリーンいっぱいに書かれた文字，数字，図表や，他の目新しい要素と組み合わせて使われる。ロゴとその使い方は非常に重要で，特に場所や商品，サービス，イベントの告知にはたいへん有効である（図 5.8）。

図 5.7　ニューヨークのタイムズスクエアにあるデジタルサイネージに表示されているテキストデータ［Jimmy Schaeffler, © 2007］

図 5.8　カリフォルニアの高速道路脇のデジタルサイネージに表示されたロゴ［Jimmy Schaeffler, © 2008］

5.3.6　音

　デジタルサイネージにとっての理想的なオーディオ環境を考えるとき，いくつかの重要な課題がある．1つ目は，人々はたいていの場合，見るより前に音を聞いて気づくため，音は（すべてではないが）ほとんどのデジタルサイネー

ジにとって非常に重要な要素となることである。2つ目は，オーディオとビジュアルのメッセージがマッチしていることが必須だということである。

しかし，これらの基本的な課題は，店内の別のシステムに合わせて音響を用意し，適切な音声案内を適切なタイミング（そして適切な場所）で，必要としている視聴者に届けることとは別のことである。

デジタルサイネージ初期のカレ・ドーソン氏のような先人たちは，何度もループが繰り返される音は大部分の顧客には効果があったが，そうした音が従業員をイライラさせ，生産性と職場環境の悪化をもたらしたため，その後まったく使われなくなったことに気がついた。その他の例では，2つ以上の音響システムが設置されているにもかかわらず，1つ以上のスイッチをオフにしたり，（その他の場所では複数の音響システムが使われていても）特定の場所では1つの音響システムしか使われない技術を導入したりしている。

5.4　消費者の滞留時間

滞留時間とは，視聴者がディスプレイの前で過ごす時間のことをいう。つまり，治療室の待合場所にいる患者の滞留時間は1時間以上になるし，食料品店で泣き叫んでいる子供2人をつれた母親の滞留時間は数秒以下かもしれない。

滞留時間は，コンテンツを考える際，極めて重要な要素である。滞留時間を考慮に入れず，視聴者にまったく無関係で効果のないコンテンツを見せることは，関係者にとってはお金の無駄使いであるし，おそらくさらに重要なのは，顧客の時間を無駄にすることである。また，滞留時間には，ある特定の視聴者がどの日のいつごろいるのかが密接に関連するということに加え，多くの場合，視聴者は常に流動的で変わりやすいということを理解しておく必要がある。つまり，朝，あるメッセージをある場所で視聴者に見せて，それが功を奏した（さらに利益を生んだ）としても，まったく同じコンテンツを夕方に見せるのはナンセンスである。例えば，週2回のペースでドラッグストアを訪れる視聴者がいたとすると，2回目の訪問時に同じコンテンツが流れていたら，そのデジタルサイネージはまったく効果がないか，少なくとも顧客の興味・関心を引いて具体的な行動を起こさせることは難しい。

顧客の滞留時間に関するまったく新しいレベルでの議論は，消費者がテレビ広告をスキップするために DVR を使っているという事実であり，Princeton Video のような仮想広告のデジタルサイネージ事業者は，そのことをよく理解している。彼らは，アメリカンフットボールのテレビ放送用に，仮想のファーストダウン・ラインやスクリメージ・ラインを表示するデジタル機器を開発し，それらのライン画像に広告を組み込むことを始めている。つまり，広告を見る視聴者の滞留時間は人為的に拡張されている。そして，昨今よく使われる手法は，スポーツアリーナなどでも行われているが，流れている番組中に次の番組の宣伝を画面の下部で点滅表示するというものである。

5.5　コンテンツの未来

業界観測の多くは，技術の必然的な進歩とともに，映画マイノリティレポートに描かれたようなシーンが現実になるとの意見を述べている。マイノリティレポートは，未来の米国における広告・製品とサービスの本質を示唆している。例を挙げると，コンピュータが視聴者の眼球をスキャンして読み取り，ディスプレイ上のコンテンツを視聴者のあらかじめ想定した製品や欲しいサービスに自動的に差し替えるというものである。しかし，マイノリティレポートに描かれたような将来ビジョンにもかかわらず，デジタルサイネージ業界が適切にデジタルサイネージを展開しない場合には，視聴者はデジタルサイネージのスイッチを切る（あるいは，広告代理店，小売業者が利用を止める）という最も効果的な方法で，反旗を翻す可能性が高いと言えるだろう。

このように，コンテンツの未来は，事前の入念な調査とその結果の適切な実行，そして，本書全体，特に本章で明らかにしたステップの積み重ねができるかによって大きく異なる。

第 11 章で詳述するが，世界中のディスプレイに表示されるコンテンツの制作と配信に大きな影響を与えるような，見込みがある発展は数多くある。画像認識技術が RFID のような個人を識別するデバイスと組み合わされると，その人の好みや興味・関心などを特定できるようになるだろう。そして，即座にスイッチが入り，利用可能なコンテンツが放映される（あるいは消費者がスイッ

チをオフにすることや，他のメッセージを選ぶこともできるかもしれない）。音声認識のデバイスは，消費者とデジタルサイネージのベンダー双方に，これまでより多くの選択肢をもたらすだろう。ある種のデジタルサイネージデバイスを利用すれば，コンテンツを携帯電話やPDAに転送して，消費者があとから見たり，購入したりすることも可能になる。タッチパネルやその他のインタラクティブなデジタルサイネージも普及し，発展していくだろう。3Dディスプレイや3Dコンテンツのような新しい技術も，高精細フラットパネルやコンテンツと同様に，ますます増えるに違いない。

業界のパイオニアの一社である，カナダのトロントを本拠とするAlchemy organization (St. Joseph Content Company のデジタルサイネージコンテンツの制作部門）のライル・バン氏は，その白書 "The New Madison Avenue Diet" で，それらのさまざまなアプリケーションは，世界中のデジタルサイネージに，未来だけでなく現在でも応用可能だと述べている。

> 購入を目的とした消費者はたいてい来店前にインターネットで製品について調べるので，購入を後押しするために，ネットの情報と店舗内の情報をうまくリンクさせておくことは有用性が高い。コンテンツの観点から言うと，デジタルサイネージは，消費者の要求や希望を満たす製品・サービスの選択を手助けすると同時に，テキスト情報はできるだけ少なくし，よりビジュアルでなくてはならない。同様に，そのコンテンツは，セールの終了，アップセル（上位商品の販売），クロスセル（商品の組み合わせ）を準備しているバイヤーにだけでなく，近くにいる販売員にも視覚的な手がかりを与えるものでなければならない。

デジタルサイネージとそのコンテンツさえあれば，誰もがどんなことでもできるという考え方はナンセンスである。他の「道具」と同じように，どんなにすばらしいデジタルサイネージのコンテンツでも，限定的なことが（限られた人に，限られた時間内で）できるにすぎない。したがって，デジタルサイネージを展開する企業は，デジタルサイネージがすべての部門の期待と要望をかなえてくれるわけではないことを，事前によく認識しておくべきである。

おそらく，コンテンツの未来を担うのは，GPSと生体認証技術であろう。そ

うした技術は，今後さらに視聴者個々に対応し，満足させるような進化を遂げなくてはならない。事実，単にバッジかカードをスキャンし，消費者のこれまでの購入履歴，すなわち追加の広告や販売促進を可能にするマーケティングデータを読み出すデバイスは，すでにさまざまな事業者が利用している。ライブ中継の場合には，スポーツ観戦をしている人は，各人が見ている試合のチームや選手の比較や予測に関するデータを入手することができるようになるだろう。

　繰り返しになるが，結局これらのデバイスは，邪魔になる度合いよりも役立つ度合いが大きい場合にのみ（ROIが設定されているならROIの観点からも），長期にわたって成功を収めることができるだろう。第11章では，未来のデジタルサイネージの可能性とその利用方法に関して，さらにまとめて詳しく解説する。

第6章

誰がデジタルサイネージを使うべきか

デジタルサイネージの目的は，メッセージを制御することにより周囲の状況を制御することである。

ローラ・デイヴィス・テイラー[1]

それなりの数の人々が集う場所であれば，適切に設置されたデジタルサイネージによって伝えられる適切なメッセージは，たいてい視聴者に便益を与えるであろう。初めのうちは，そのメッセージを受け取り，アクションにつなげる視聴者は少ないが，長期的に見れば，非常に多くの人を動かすことができる。それに加えて，デジタルサイネージの展開から恩恵を受ける事業者は，有名ブランドのマーケティング担当者から，広告代理店，小売業者，聖職者，システムインテグレーター，投資家，旅行代理店，機器のメーカーおよび販売店，さらには，放送局や多チャンネル放送オペレーターといった事業者まで多岐にわたる。

どのようなテクノロジーやデバイスあるいはコンテンツのフォームにも，その開拓，発展成長，展開において，斬新な言い方をするならば「惑星が一直線に並ぶ」ときが来る。それらのテクノロジーやコンテンツには，そのときが早々に訪れるものもあれば，遅れてやってくるものもある（永遠に来ないものもある）。デジタルサイネージにおいては，このタイミングは2005年直後あたりに来た。大型や小型の薄型ディスプレイ，配信も簡単で即時に変更可能なコ

---

[1] Laura Davis-Taylor：*Lighting Up the Aisle: Principles and Practice for In-Store Media*（通路をライトアップ――店内メディアの法則と実践）の著者。

ンテンツ，高精細なコンテンツ，週末を狙った広告マーケットといった要素が揃うことにより，デジタルサイネージが急速な発展を遂げる土台が築かれたのである．それゆえ，第3章でも述べたように，今日ではむしろ，デジタルサイネージから利益を得られないのは誰か，という疑問のほうが適切なくらいである．

6.1　デジタルサイネージ導入の基本条件

　デジタルサイネージの世界に足を踏み入れるには，まず初めに，一握りの必須条件を満たしている必要がある．

　いちばん初めに考慮すべきこととして，受容性の高い視聴者がいるかどうか（もしくは将来的に見込めるかどうか）が挙げられる．視聴者については，今日では，エンドユーザー／顧客と従業員などの2種類に分けて考えることが多い．

　次に，資金調達も重要事項である．高品質のデジタルサイネージであれば，少なく見積もっても数千ドルは必要であるし，大きなプロジェクトであれば，長期的に考えると何百万ドル，何千万ドルというコストがかかる．第3章，第10章では，このようなコストや留意事項について重要な点を概説する．

　次の必須条件は，視聴者に伝えるべき重要なメッセージがあるかである．ここで言うメッセージは，もちろん幅広い対象を指している．宗教書の一節から，小売店もしくは広告主の「今すぐこれを買えばあなたはラッキー」という類いの宣伝文句，診療所での「ここでの待ち時間を最大限に有効活用しましょう」という類いのお知らせ文まで，さまざまなメッセージが考えられる．最終的な投資規模に適うメッセージがどのようなものであるかは，デジタルサイネージを始める組織・個人それぞれによって異なるだろう．

　最後に，組織的な取り組みへと展開させることも大切である．これはすなわち，日々の業務を十分にサポートし，デジタルサイネージのプロジェクトを立ち上げて継続させていく人々が，自分の周囲にいるということである．ここでの重要な判断基準は，組織の文化が革新的なマーケティング，コミュニケーションや情報伝達・教育手法に受容的かどうかである．あるいは逆に，自分の組織がそうあるべきかどうかを考えてもよいだろう．もし，今行っている視聴

者とのコミュニケーション，マーケティング手法がもはや効力を失っていたり，陳腐化していたりする場合には，思った以上にその組織はデジタルサイネージ導入に向いているかもしれない。

6.2 追加条件

あなたの組織・ロケーションがデジタルサイネージ導入に向いているのか，それを考えるうえでのヒントは，ターゲットとする視聴者が「拘束」されているかどうかである。ここで言う「拘束」とは，視聴者が列に並んでいたり，自由に動き回れない場所にいたりすることを意味する。立ち去りたければ立ち去れるという意味で，今時の視聴者が真に「拘束」されていることなどほぼないことに気づいている人々の間では，「拘束」という言い方には議論がある。別の言い方をすれば，このような議論から，視聴者が今そこにいる理由や，そこを立ち去る難しさの検討につながっていくとも言える。もし，視聴者がそこにいて，あなたが伝えようとすることを（メッセージという形で）受け取り，去ろうとしないなら，視聴者は「拘束」状態であり，視聴者についての基本条件において有利な状況を作り出せる。

そのほかにも，ロケーションを通りかかる人数の多さが挙げられる。ほとんどのメッセージにおいて，視聴者の数は多いほうがよい。とはいえ，ある特殊な視聴者がいる環境で，コンテンツもそのような視聴者にちょうど合うように作られるならば，それはまさにデジタルサイネージが希求するものである。

3つ目の条件は，視聴者の測定が簡単にできる場所があるかどうかだろう。これらの「追加条件」を1つ以上満たすならば，あなたもデジタルサイネージ導入に適している人々の一人かもしれない。

6.3 業種ごとの概説

デジタルサイネージにふさわしい人の図式を書くことは，単純なステークホルダーのリストアップにすぎない可能性がある。第2章ですでに言及しているものの，ここでは表題にあるように，望ましい形態を分類したうえで，代表的

なプレーヤーについて説明する。

　以下，デジタルサイネージの導入がすでに一般的になっているロケーションや組織について，その詳細を記述する。また，一般的でない，つまり将来的なデジタルサイネージのその他のプレーヤーとロケーションについても簡単に説明することにする。

6.3.1　広告代理店・広告主

　デジタルサイネージにおける最も重要なプレーヤーは，言うまでもなく大規模広告代理店とその広告主である（僅差で小売業者が続く）。本章の冒頭でも触れたように，今日の広告業界は，伝統的な印刷物や無料テレビ放送だけでなく，ケーブル放送，衛星放送，通信会社のテレビ広告モデルにおいても重大な転換点を迎えている。

　実際に，広告関連企業の幹部に尋ねてみれば，多くの人がここ10～15年の広告業界に「混沌とした」出来事が起こったと言うことだろう。例えば広告マネーは，地上波放送から，ケーブル放送，衛星放送，インターネットへと次第にシフトしている。そのうえ，全員でないにしろ，多くの代理店および広告主が，どのようなメディアミックスが効果的であるのか，かなり確信が持てない状況にある。

　現在の広告市場はいまだに従来型の広告・広告媒体が支配的であるが，魅力的な広告媒体が新たに現れた今，現行の広告ビジネスの妥当性を見つめ直す必要がある。だが，興味深いのはそれだけではない。

　そのほかにも，新しい情報機器が幅広く普及し，視聴者の関心が広告から奪われてしまっていると言える。米国では，地上波および多チャンネル放送で，広告スキップを行っている人がたくさんいる。これはデジタルビデオレコーダー（DVR）やMP3，ミュートボタンがもたらしたものであり，今後開発される機器や技術によっても，この傾向は続くだろう。1つだけ挙げるとするなら，DVRは中でも並外れており，メディアコンサルタント，アナリストを抱えるThe Carmel Groupの控え目な予測でも，2007年末までに，米国の約2,000万テレビ世帯，つまり5世帯に1世帯弱まで広まっているとのことである。DVRは広告主にとって致命傷になりうると同時に，恩恵にもなりうる。

というのも，調査によれば，DVR 利用者の多くは，パーソナライズされた，あるいは狙いどおりにターゲティングされた広告に対して好意的であることがわかったのである．重要な点は，デジタルサイネージと同じように，DVR 業界の意思決定権者が，導入・適応を適切に行い，データマイニングを活用し，パーソナライズやカスタマイズされたピンポイントな宣伝文句で DVR 利用者の心をつかめるかである．もしそれができるなら，デジタルサイネージと同様に，テクノロジーをうまく利用した，壊れてしまった広告モデルを復興させる一つの方法であると言える．

デジタルサイネージ関連のビジネス予測については，The Carmel Group の試算によると，技術分野と産業分野を合わせた全体的な収益は 2010 年末に 26 億ドルに達する見込みである．第 1 章で詳しく説明したように，2006 年の米国の広告支出は全体で 1,360 億ドルという試算がある（Nielsen Monitor-plus による）．全体規模がそれくらいであるので，屋外広告は 37 億ドル程度と目算され，その中でいわゆるデジタルサイネージ広告は 10 億ドル程度であろうと予測されている（Infotrends の試算による）．

広告代理店にとってみれば，まず一番に「では，クライアントの広告投資について，支出に見合うだけの価値を最大化する方法は何なのか？」という疑問が湧く．デジタルサイネージ広告は今，クライアントにとっての「広告の新たな扉を開く媒体」となる可能性が吟味されているところである．デジタルサイネージは，従来とは異なるタイプの視聴者にリーチすることができ，より多くのリーチ数も稼ぐことが可能で，今まで以上に効率的に広告を届けることができる．加えて，媒体の選択，媒体の用い方に柔軟性があるというメリットがある．これらの点が，他の新しい広告媒体とデジタルサイネージとを分けるポイントとして，以前から注目されている．

例えば，デジタルサイネージを用いれば，買物中の人に広告を見せることができ，説得してそこで買物をしてもらえる勝算も高い．買物リストにない広告商品ですら買ってもらえる可能性が十分にある．本書で言及するその他のポイントももちろん重要であるが，こういった購買ポイント近くでの販売促進広告は，収益を増加させるうえで非常に重要である．購買ポイント近くでのデジタルサイネージ広告の効果はそれだけではない．買物中の人が当初購買予定だっ

た商品の購買点数を増やしたり，さらには，予定していた商品から広告主の商品・ブランドに切り替えたりという（広告主や小売業者にとって）うれしい効果も期待できる。あるいは，行動が速いタイプの消費者に対して，予約販売により発売前の商品を特別価格で買うといった形の行動喚起ができる可能性も大いにある。これには，キャッシュフローを改善したり，先々発売される他の商品に消費者の予算が流れてしまうのを食い止めたりする効果がある。

　従来型の看板広告の費用や効率が悪いことに失望している広告主も，デジタルサイネージの導入に適している。特に定期的に，頻繁に広告を出稿している場合，ポスターや看板の印刷，配布，設置，損害補償，撤収，廃棄という一連の費用は，かなりの額になる。さらに，ポスターをさまざまな場所に配布しなくてはならないし，貼り替えにかかる時間も長い。また，紙などの廃棄物も出る。こういった理由からも，デジタルサイネージは十分に一考の価値がある。

　また，デジタルサイネージは，小売業において従業員が，商品，サービス，環境，同僚のスタッフ，そして何よりも顧客をより良く理解するためのツールとしても利用できる。

　例えば，営業時間外のアウトレットや従業員専用エリアで使っているデジタルサイネージを従業員のトレーニングや情報の提示に用いて，職場の快適さ，効率性のアップ，最も一般的には従業員のスキルを上げることを意図したツールとして使うことが可能である。情報を十分に得てスキルアップすることで，従業員のトラブルは減り（もしくは離職を防止でき），顧客サービスの品質向上や，顧客とのより良い関係の構築につながるはずである。商品知識，モチベーション，生産性，安全性やコンプライアンスについての周知，販売戦略や会社の方針，企業価値，ガイドラインの伝達ができることも，デジタルサイネージソリューションを採用する大きな動機になる。このような従業員向けのデジタルサイネージを，顧客向けのデジタルサイネージと同じコンポーネントとインフラで作り上げることが可能である点も加えると，デジタルサイネージの魅力はさらに増すことだろう。

JCPenney

　ニューヨークに本社を持つ JCPenney は，2006 年の第 1 四半期に次世代社員教育テクノロジーを展開しはじめた。JCPenney のデジタルサイネージネットワークは，全米およびプエルトリコの拠点 1,100 か所で，巨大な流通企業の従業員 15 万人以上をつないでいる。

　何千ものロケーションに規模を拡大したため，JCPenney はスタッフへの重要な訓練は，より費用対効果が高く，時間的効率も良い方法で行うことが必要だと考えた。そこで，ユタ州リンデンを本拠地とする Helius が提供する管理ソフトウェアを導入した。これは，衛星を通じて全ロケーションに同時に同一内容の訓練プログラムを，一括管理して配信できるというものである。

　遡ること 1996 年，JCPenney はインタラクティブな遠隔教育を実現する技術を活用し，いろいろな場所に点在している店の従業員に対して，必要な訓練を必要なときに受講させる環境を用意した。モニター脇に設置されたセットトップボックスに搭載された DVR タイプのストレージを利用して，従業員の都合の良いときに一斉トレーニングを同じ内容・同じ進め方で受けてもらうようにした。店舗の統括者は，「ライブ」の訓練模様を録音・録画して，別のシフトで働いている従業員と共有する必要はもはやなくなったのである。このシステムにより，各店舗において何が録音され，保持されているのかを中央で一括管理できる。従来の DVD もしくは CD ベースの「スニーカーネット」式情報伝達モデルに代わって，従業員が空き時間にオンデマンド研修室でプログラムを受けるというモデルになった。そのうえ，各人の訓練の進捗，試験の成績，プログラムの完了状況を自動的に記録する機能を用いれば，従業員の訓練の進捗を把握しておくこともできる。

　従業員の訓練は，指揮をとっていくうえで最も重要な取り組みの一つである。このシステム導入により，労力と不便さを最小化し，ROI を最大化できる。このシステムのソフトウェアでは，映像の IP 配信技術を用いている。Helius によれば，このソフトウェアは，流通管理よりも従

業員にフォーカスして，社内教育機能を補助し，インテグレーションとマネージメントを簡単に行えるようにするためのものである。

Orkin

ジョージア州アトランタに本拠地を持つ創業 107 年の Orkin は，害虫の駆除を専門に行う会社であり，この業界では全米トップを自負する会社である。Orkin は 2006 年半ばに，衛星通信を利用したインタラクティブなデジタルサイネージネットワークを始動させた。この新システムには，デジタルサイネージ業界の 3 社がキーとなる要素を提供している。まず，ニューヨークの France Telecom の子会社である Globecast が，衛星を用いた配信システムを提供した。また，カリフォルニア州サンノゼの One Touch System とユタ州リンデンの Helius が，デジタル映像を保存できるハードディスク内蔵の衛星信号受信機と，視聴者への応答機能を備えたソフトウェアを共同開発した。Orkin は米国とカナダの年間 170 万人近い顧客にサービスを提供するため，400 以上の拠点を持っている。

全米の Orkin の従業員 8,000 人は「バーチャル教室」へアクセスできるようになっている。これはいわゆるインタラクティブなビデオオンデマンド（interactive video on demand; IVOD）であり，（家庭によくある DVR のように）過去のプログラムを視聴したり，過去の放送を共有したりすることができる。この研修マネージメントシステムでは出席状況を記録でき，従業員は講師と直接やりとりできるわけではないが，リアルタイムで質問に回答したり，調査結果をすぐに見れたりする。このような情報が従業員の理解を助け，さまざまな職務の業績向上につながると考えられる。

多くの従業員は始終 PC にアクセスできるわけではないので，デジタルサイネージ用衛星放送ネットワークを用いて数百台のモニターにすべてのプログラムの映像コンテンツを配信している。

このシステムは，社員研修にかかる時間と財源の節約に役立った。い

まや新入社員は，新人研修をアトランタ本社へ受けに行ったり，研修講師が近隣地域に来るまで待ったりする必要はなくなった．Orkinと提携会社の試算によると，新人訓練に要する時間を半分に縮減できたという．

このOrkinのネットワークの「インタラクティブ機能」は，Q&Aに即座に対応するだけではない．(DVRのようにハードディスクで保存や再生をする) セットトップボックスを用いて，過去のセッションも見ることができる．

多くの異なる地域で着実に成長し，全米規模で大規模な会社をまとめる統率力を維持することに，このシステムは一役買っている．そのうえ，場所の違いに限らず，より少ないコストで，より多くの社員に対して，より多くの機会に社内教育を実施し，それを最高水準に維持することができるのである．

ビデオオンデマンドの機能があることで，着任してすぐに新たな専門家を育てるためのトレーニングを始めることができる．従来のシステムでは，仕事を始めるのに必要な業務スキルを教えるのに6〜8週間ほどかかっていた．一方，IVODシステムを用いれば3〜4週間しかかからず，約50%の期間で済む．訓練は支店へライブで放送され，また，オンデマンド用にデジタル録画される．従業員たちは社内でいちばん優秀なインストラクターから，一貫して均一なトレーニングを受けることができるのである．また，このシステムを使って，良い知らせ，緊急の知らせ，会社幹部からの特別アナウンスなどを届けることもできる．

ピッツバーグ小児病院

Mayo clinicがパイオニアである領域に，別の新たな大規模医療機関が加わった．2007年半ばに，著名な医療機関であるピッツバーグ大学医療センターにあるピッツバーグ小児病院は，デジタルサイネージネットワークシステムを導入し，病院の患者とその家族，スタッフ，訪問者とのコミュニケーションや教育の効率化を図った．

> まずは，院内のさまざまな共通エリアにおいてコンテンツを表示させることから始めた。標準的なディスプレイを用意するだけでなく，患者用のテレビチャンネルを用意し，この病院について，院内の施設について，患者体験全般についての情報提供を行った。システムはこの病院特有のニーズに合わせてカスタマイズされている。情報を素早く伝達すること，関係者全員に行き渡らせることが，病院とスタッフのいちばん肝心なモチベーションだった。

6.3.2 小売業者

ここまでは広告主の視点で議論を進めてきたが，その中で小売業者の重要性も浮き彫りになってきたと言える。実際に，デジタルサイネージにおいては，小売業者は広告主に匹敵するほど重要な存在である。小売業者は広告代理店に影響を与え，デジタルサイネージ市場を盛り上げてきた実績があるし，これからもそうだと考えられる。したがって，デジタルサイネージ業界にとって，広告代理店よりもむしろ小売業者が重要であり，その成功が重要である。

デジタルサイネージが小売業者のためだけのものではないことに疑問の余地はないが，小売業者の支持を得られなければ，デジタルサイネージ業界の大きな成長は見込めない。大部分の小売業者には，デジタルサイネージを成功に導くための基本的あるいはそれ以上の条件が揃っている。たいていの場合，小売店には，関連性が高く役立つ情報には敏感な視聴者がいるものである。また，小売業者はそれなりのROIが期待できれば，十分な投資を行うこともできる。また，顧客に何かを買いたいと思わせるに足るメッセージもある。さらに，デジタルサイネージのシステムを適切に運用・管理することさえできれば，大幅に販売を拡大することもできるのである。

そのうえ，小売業者の多くは，2, 3秒というごく短い時間だが（だからこそコンテンツは短くて質の高いものにすべきである），拘束できる視聴者を持っている。最後に，小売業者は（例えばアイ・スキャナのような）測定装置を用いたり，モニター調査や電話もしくはインターネット調査を通じて，効果の測定を正確に実施できる立場にいる。

なお，本書で言う「小売業者」には，何らかの販売したい物がある主体のほぼすべて，少なくとも製品を販売する組織／個人を含む。

ショッピングモールの広告ネットワーク

　北米の買物客を引き付けようと，地元のショッピングモールのオーナーである Simon Properties，General Growth Properties，CBL Properties，およびその他の独立系の開発会社が，北米の広範囲をカバーするデジタルサイネージ広告ネットワークを作り上げた。

　この新システムを最初に取り入れたのは，テキサス州の有名な Houston Mall だった。ソフトウェアの管理は，「IPTV のビジネスソリューションで世界を牽引する」と自負するユタ州リンデンの Helius と，インドネシアのジャカルタを本拠地とする広告ソリューションプロバイダーの PlasMedia Production が請け負った。

　デジタルサイネージ展開のゴールは，広告主のメッセージを，最も効果的な方法により，最も影響力を発揮する場所（すなわち POP）で顧客に提示することである。例えば，商品紹介や特価品の宣伝をし，その販売場所を知らせることである。デジタルサイネージは店内に戦略的に配置され，ターゲティングされた動的なメッセージを表示することができる。こうして，顧客がショッピングをしている間に，ショッピングモールや店舗からのメッセージを聞いてもらうことができるのである。

　このシステムは特殊な形のディスプレイを使い，うまく顧客の関心を引いている。ディスプレイはデジタルサイネージプレーヤーにより制御されるが，設定作業を簡略化するために，携帯電話向けの IP ネットワークを用い，定期的にアップデートを行う仕組みになっている。この「位置ベースのメディアネットワーク」と呼ばれるシステムが，ショッピングモールのオーナー，店舗のオーナー，顧客に魅力的なメリットをもたらしている。

広告の内側

図 6.1 と表 6.1 は，今日の米国で起きている広告の変化と，上位 10 社の広告主を表している。これらの図表は，米国における広告費の規模と重要性を示すのみならず，インターネットやニッチなマーケットへのシフトを示している。

図 6.1 に示すように，Nielsen Monitor-Plus によれば，米国の広告費総額は 2006 年第 3 四半期末に 5.1% 上昇している。全米のケーブルテレビは 1.3% の上昇である。一方，地方紙とネットワークラジオがどちらも低下していることに注意されたい（−3.8% と −2.9%）。勝ち組は，インターネット（+40.2%），スペイン語のテレビ（+16.6%）である。

そのうえ，AT&T や Verizon のような通信会社がシェアを上げている。これら米国の 2 大通信会社は，上位 10 件の広告主の中で 2005 〜 2006 年の伸び率が

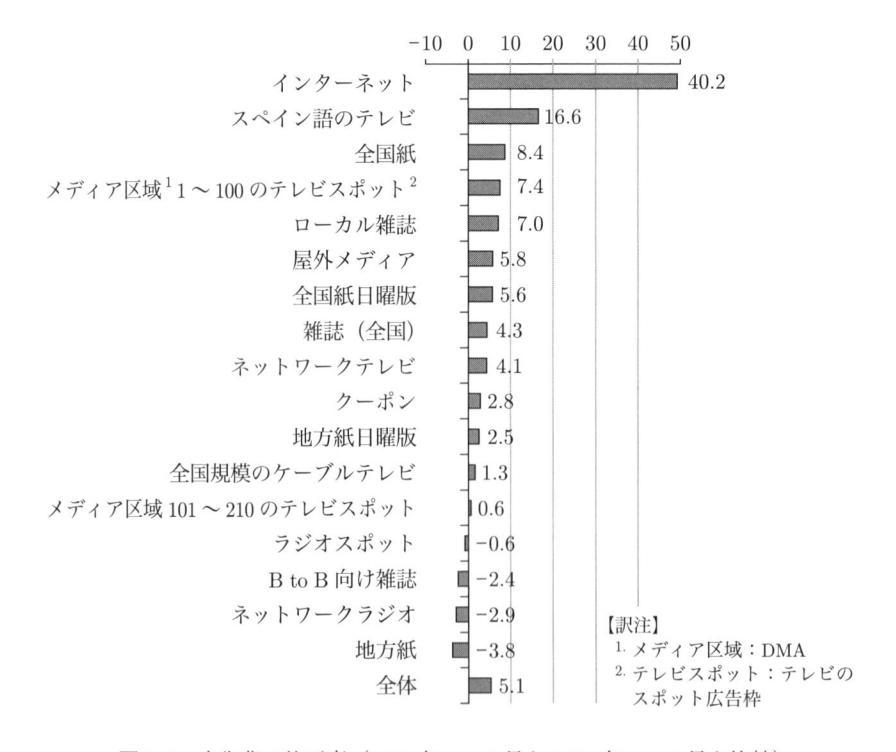

メディア	伸び率(%)
インターネット	40.2
スペイン語のテレビ	16.6
全国紙	8.4
メディア区域[1] 1 〜 100 のテレビスポット[2]	7.4
ローカル雑誌	7.0
屋外メディア	5.8
全国紙日曜版	5.6
雑誌（全国）	4.3
ネットワークテレビ	4.1
クーポン	2.8
地方紙日曜版	2.5
全国規模のケーブルテレビ	1.3
メディア区域 101 〜 210 のテレビスポット	0.6
ラジオスポット	−0.6
B to B 向け雑誌	−2.4
ネットワークラジオ	−2.9
地方紙	−3.8
全体	5.1

【訳注】
[1]. メディア区域：DMA
[2]. テレビスポット：テレビのスポット広告枠

図 6.1　広告費の伸び率（2005 年 1 〜 9 月と 2006 年 1 〜 9 月を比較）

表6.1 広告主ランキング上位10社（2006年1〜9月）。広告費の多さによる米国の広告主上位10社を示す。広告費は，以下のメディアより見積もったものである：ネットワークテレビ，ケーブルテレビ，テレビスポット，シンジケーテッドテレビ，ヒスパニックテレビ，全国／地方雑誌，ネットワーク／スポットラジオ，屋外メディア，FSI（CPGのみ），全国／地方紙（ディスプレイ広告のみ），全国／地方紙日曜版。[Nielsen Monitor Plus]

	（百万ドル）	2006年対2005年増減率（%）
P&G	2,582	4.10
General Motors Corp	1,774	−14.90
AT&T	1,307	47.70
Ford	1,260	12.60
Daimler Chrysler	1,146	−3.60
Time Warner	1,045	−10.60
Verizon communication	1,025	24.90
Toyota Motor Corp	975	13.90
Altria Corp	960	0.00
Walt Disney	920	2.60
全体	12,993	4.30

最も大きい。AT&T（+47.7%）は2006年の広告費に13.1億ドルを費やし，3位につけている。Verizonは7位であり，広告支出は10.3億ドル（+24.9%）であった。

6.3.3　放送局と多チャンネル放送事業者

第9章に示すように，デジタルサイネージ業界の中には，メキシコのTelevisaのような放送局が，事業項目およびROIビジネスモデルにデジタルサイネージを加えようとする動きがある。地方にスタジオを持っている場合，通信サービスプロバイダーは，そのコンテンツ制作能力をデジタルサイネージのビジネスに活かすことができ，有利な立場にある。特にローカル局はどの地域であれ，これに当てはまると言える。実際には机上で考える以上に難しいだろうが，今日のテクノロジーをもってすれば，地域の広告主向けにローカルコンテンツを作るにあたり，ローカルアクセスや「地域性」はもはや必須ではない。

いまや衛星やインターネットを用いて大規模ファイルのやりとりが可能になり，地方の広告主とコンテンツ制作会社は，必ずしも互いの顔が見える関係を築かなくてもよくなったのである。このような傾向の例として，ノースカロライナ州の放送局 Capitol Broadcasting の子会社 Microspace のデジタルサイネージ事業参入の例が挙げられる。

　ローカル，地域，全国ネットの放送局はまた，デジタルサイネージ分野におけるネットワークオペレーターとして影響力を持つ立場にいる。そのような会社は，デジタルサイネージの中心的要素，つまりソフトウェアやハードウェアといったインフラに非常に近いからである。また，意識していない場合もあるだろうが，放送局や多チャンネル放送事業者には，すでにその分野の知識がある。コンテンツの配信に使う，あるいは実際にコンテンツになる関連機器やソフトウェアは，購入またはレンタルすることができる。ネットワークオペレーターとして，特に多数のディスプレイ設置場所を管理している放送局や多チャンネル放送事業者は，デジタルサイネージ事業への参入により大きな利益を得ることができる。

　すなわち，ローカル局や多チャンネル放送事業者（例えば，ケーブルテレビや，電話，映像サービスを提供する会社）は，簡単にデジタルサイネージの潮流に乗ることができる特別な立場にある。そのような会社がデジタルサイネージ業界の先駆者たちに教えることは実に多く，互いに多くを学び合うことができると考えられる。

6.3.4　法人ユーザー

　法人ユーザーもまた，デジタルサイネージを2つのまったく違う方法で効果的に活用できる，特殊な立場にある。1つ目は，本章の事例紹介で触れたように，社内で社員向けに使う方法である。コストと時間のかかる研修や教材の代わりとして，デジタルサイネージにより社員にコンテンツを見せるのである。衛星やインターネットを通じて，数百もの場所にビデオ教材を配信して社員教育を行えば，何百人もの社員が使うはずだった旅費を浮かすことができ，大きなコストダウンができる可能性がある（このような例として，第8章の事例紹介を参照していただきたい）。加えて，まとまったコストダウンが可能となれ

ば，より多様・高頻度にコンテンツを用意することが社内的に認められる可能性も出てくる。

2つ目は，デジタルサイネージを小売業者と同じように使う方法である（法人ユーザーも商品を持っている）。例えば，大規模ホテルチェーンの法人ユーザーであれば，商品情報の提供や，情報提供，教育，エンターテインメントのためのツールとしてデジタルサイネージを利用し，ホテルと顧客を直接つなぐこともできる。

このような2つの異なる使い方のキャッチコピーを考えるなら，「お客様にはロビーで，社員には食堂で，効果的な情報提供を！」といったところだろう。

6.3.5　公共系ユーザー

公共系ユーザーも，法人ユーザーの利用基準（加えてデジタルサイネージ事業への参画基準）から大きくは離れていない。なお，本項の例では，「公共系」ユーザーと呼んでいる対象として，学校などの教育機関，公的サービスなどの提供機関，治安・救急機関を含むこととする。

このような公的機関は，多くの場合，視聴者数も大規模である。そのような視聴者に対し，日常生活を向上させるメッセージを伝え，習慣にしてもらうこともできるし，場合によっては楽しんでもらえるかもしれない。公共系ユーザーであるがゆえに，どんな規模であれ投資の可否は俎上に上がるだろうが，適切な企画を行えば，多くの場合はリソースを投じることができるだろう。言うまでもなく公共系ユーザーには視聴者に伝えるべき重要なメッセージがあり，法人ユーザーと同じく，デジタルサイネージシステムを導入する理由は十分にある（図6.2）。また同様に，視聴者のデジタルサイネージの受容性をテストすることもできる。

6.3.6　教育機関

国の管理下にない教育機関においても，デジタルサイネージには確かな将来性がある。公立・私立を問わず，大学，専門学校，高校は，デジタルサイネージにより，興味を持ってくれた生徒，保護者，管理者，広く言えば市民に，重要なメッセージを伝えることができるというその可能性をすでに知っている。

図 6.2 米国西部の交通機関において，連邦政府機関により運用されているデジタルサイネージ［Jimmy Schaeffler, © 2008］

こういった視聴者は何千人オーダーの場合もあるし，大都市においては何万人オーダーという規模も期待できる。

さらに言えば，教育機関は財政的に安定している場合が多く，デジタルサイネージのような新しいテクノロジーへと投資先をシフトすることについて検討できる立場にあるだろう。教育機関にも，前項の公共系ユーザーのように，視聴者に伝えるべき重要なメッセージがある。また，最適なコンテンツを最適な時間帯に最適な視聴者に見せることができれば，組織的なデジタルサイネージの導入も期待できる。例えば，共有スペースにいる生徒や，休憩室にいる教師，校舎のまわりを徒歩や車で通りかかった地元の人たちも，（必ずしも「拘束」時間が長いとは言えないが）受容性の高い視聴者と考えられる。また，教育機関においても他のユーザーと同様に，デジタルサイネージの効果を測定することが可能である。第3章では，米国西海岸における2つの教育機関のデジタルサイネージの写真を紹介している。

6.3.7 サービス業およびエンターテインメント産業

世界中のほとんどの人にとって，外食，旅行，その他何らかのサービスを受ける時間は，生活のかなりの割合を占めるだろう。北米や欧州，またアジアや南米でも，サービス業は一大産業である。業界においてデジタルサイネージが

どのような位置を占めるようになるか，熟慮しなくてはいけない。

　サービス業は，概ねどんな業種であれ，視聴者の興味・関心を喚起しやすく，また期待できる視聴者数も多い。資金面からも好適であるし，伝えるべきメッセージもあり，そのメッセージを学習し，展開する熱心な従業員もいる。加えて，デジタルサイネージの効果を測定可能な環境にすることもできる。図 6.3 および図 6.4 に示すように，デジタルサイネージ導入に効果があるサービス業のロケーションとして，レストラン，ホテル，モーテル，喫茶店，コンビニエンスストア（有名チェーンなど）が例として挙げられる。ロビー，展示場，レセプションセンターなどは，パーソナルな，視聴者に合わせたメッセージの見せ方（あいさつ文の変更など）ができ，魅力的なロケーションと言える。磁気 ID や RFID バッジを身につけていれば，その人に合わせてカスタマイズされたコンテンツを提示することもできる。リアルタイムのニュース，各種情報，指示，案内図の提示といったものがサービス業における代表的なコンテンツの例として挙げられるが，これらはごく一部でしかなく，ほかにもより多様な応用が考えられる。

図 6.3　あるアジアのホテルのロビーにおいて，ホテル関係のイベントを知らせるコンテンツを表示しているデジタルサイネージ
[Jimmy Schaeffler, ⓒ 2008]

図 6.4　顧客や従業員とのコミュニケーションを図る，ホテルのロビーのデジタルサイネージ［Jimmy Schaeffler, ⓒ 2008］

6.3.8　交通機関

　サービス業界のニーズに強く関連しているのが，交通業界およびそこでの視聴者のニーズである。交通機関もまた，一般的にはデジタルサイネージの展開における4つのポイントを満たしている。すなわち，(1) 視聴者の受容性，(2) 資金，(3) 伝えるべき重要なメッセージ，(4) 組織の受容性である。加えて，交通機関においては視聴者が極めて多く，狭い空間に閉じ込められている場合が多い。また，視聴者のデジタルサイネージへの反応の管理・測定を巧みに行うことも，たいていの場合は可能である。

タクシー，地下鉄，バス，電車

　ニューヨークでは何万ものタクシー，上海では何千ものバスに，デジタルサイネージが導入されている。これらは，今までになかった新しいデジタルサイネージの使い方の実証と言える。これらのロケーションもまた，明らかにデジタルサイネージのラインナップに加わる場所である。多くの場合，デジタルサイネージが適切かどうかの判断よりも，関係者全員の合意を得ることのほうが問題は大きい（図 6.5）。

空港

　世界中の空港も，デジタルサイネージにとって理想的な場所である（図 6.6および図 6.7 を参照）。だからこそ，デジタルサイネージ業界の一員として，業

図 6.5 アムステルダム駅プラットフォームの大画面ディスプレイ
[Jimmy Schaeffler, ⓒ 2008]

図 6.6 米国の空港における典型的な到着便案内表示 [Jimmy Schaeffler, ⓒ 2008]

界の発展に向けて先進的役割を担っていくべきだと考える．ここで再度,「やるべきことをきちんとやれば，デジタルサイネージに好適」と実証されるであろうことを強調しておく．これはすなわち，何億人もの移動中の視聴者のニーズを把握すること，デジタルサイネージ成功に適う資金を用意すること，それらのニーズに適ったコンテンツを質の高い形で提供すること，である．また，使える指標はすべて使ってでも，空港およびデジタルサイネージ関係者にこの取り組みの価値を認めてもらうことが大切である．

図 6.7　シャルル・ド・ゴール空港（パリ）のデジタルサイネージ
[Jimmy Schaeffler, ⓒ 2008]

6.3.9　ヘルスケアサービス事業者

　先に述べた 4 点を基準に判断すると，ヘルスケアサービス業界も小売業と同様に，デジタルサイネージに適していると考えられる。この業界がデジタルサイネージ導入を十分に後押ししてくれると期待されているのは，このためである。

　ここでは，ヘルスケアサービス事業者に広範な業種を含め，診療所，美容室・ネイルサロン，動物病院，マッサージ店，スパ，療養所などを指すものとする。

　ヘルスケアサービス事業者における視聴者は，役立ちそうな関連メッセージに対しては受容性が高いのが普通である。例えば，診療所や病院の待合室を考えてみよう。これらの施設は，資金的にも恵まれていることが多く，デジタルサイネージのようなものが効果的だとわかれば，継続的に投資することができるだろう（図 6.8）。

　ヘルスケアサービス事業者には，健康の維持・促進に役立つ情報という，伝えなくてはならない重要なメッセージがある。これは多くの視聴者にとって，最も重要なメッセージに違いない。加えて，繰り返すが，適切にデジタルサイネージシステムを管理・運営すれば，ヘルスケアサービス事業者の担当者は，この取り組みを組織的な規模に一気に拡大できる可能性がある。

図 6.8 診療所における典型的な患者・スタッフ向けのデジタルサイネージ [emebaVet, ⓒ 2008]

ヘルスケアサービス事業者が持つ要素はそれだけではない。ヘルスケアサービス事業者の視聴者は「拘束」されている場合が非常に多く，しかもその時間がかなり長いという特徴がある。英国 Baby-TV の試算によると，診療所における妊婦の待ち時間は平均 1 時間以上だという。また，ヘルスケアスタッフの数もそれなりに多く，かつ受容性も高いことが考えられる。さらに，スタッフが直接視聴者に質問したり，施設内で調査を実施でき，質の高い効果測定も可能である。

6.3.10 礼拝所

第 9 章で取り上げる国や文化の多様性と同じように，礼拝所もその多様性ゆえ世界的にデジタルサイネージを発展させていくだろう。その他の地域でもしばしばそうであるが，特に北米では一口に礼拝所と言っても多様なものがある。

礼拝所のエントランスで流れる音楽もまた，多様である。テクノロジーもそのような道をたどるであろう。数年前であれば，集会（情報提供，教育，行動の場）におけるニーズをテクノロジーが満たすなどとは考えられなかった。しかし現在では，礼拝所もそれを求めている（図 6.9）。

Technologies for Worship 誌で 2007 年に行われたインタビューにおいて，元 Alchemy 幹部のライル・バン氏は，宗教センターでのデジタルサイネージの利

図 6.9　スペイン・バルセロナの教会のデジタルサイネージ。この例のように，礼拝堂もまたデジタルサイネージに適した場所なのである。このデジタルサイネージは主に，音もなく控えめに，訪れた観光客に情報を提供する。[Angelina Ward, © 2008]

用法について語っている。バン氏は，上方に設置された大型スクリーンで賛美歌の歌詞を表示したり，大きな教会で後方にいる信者のために牧師の説教の光景をライブで放映したりするなどの活用法の可能性について，次のように述べている。

> パンフレットを持ってテーブルに着き，聖書勉強会の入会書類にサインする代わりに，教会はフラットパネルディスプレイを用意し，未来の参加者に，入会するとどのような感じかを実際に見てもらうことができる。宣教師グループの活動を集会の参加者に紹介したいのならば，コストや手間をかけてニュースレターを送るのではなく，システムを構築して，ボタン一つで宣教師グループの映像をオンデマンドで見せることができる。（デジタルサイネージ）技術の最も重要な側面は，一つは，教会の活動をその壁を越えて広げられることだと思う。かつて，カセットテープの登場により，場所と時間に関係なく説教を聞くことができるようになった。映像と音声に関して，デジタルサイネージは同じことを可能にする… これまで教会からは手が届かなかった場所にまで。

6.3.11　その他の業種

　デジタルサイネージ参入に適している企業には，現在デジタルサイネージに関係しているメーカーも含まれる．これらには，第2章で紹介した，携帯端末，インタラクティブ，タッチパネル，RFIDのプロバイダー，ISP，衛星事業者，ケーブル事業者，通信事業者，無線通信事業者のような企業も含まれる．また，従来型のビルボードや屋外設置物の提供者，キオスク端末業者，フラットパネルディスプレイ（と関連ハードウェア）提供者，システム構築者，ソフトウェア供給業者，店舗用什器提供者，デジタル印刷業者，オーディオ・ビジュアルの専門家，エンドユーザー，バイヤー，ロケーションオーナー，インテグレーター，ネットワーク構築を目指す優良企業，店舗・売場のコンサルタント，メディアディレクター／プランナー，メディア測定・測定指標の専門家，そして最後に，特に投資機会を求めるクライアント，銀行，ベンチャーキャピタルである．

　今後特におもしろくなってくるのは，どのようなデジタルサイネージのディベロッパーが現れ，適応力を発揮し，デジタルサイネージ事業に適した業界／組織となっていくかであろう．

第7章

デジタルサイネージの構成を決める

> オーナーシップについては，どのモデルも賛否両論がある。それゆえ，前もってどのモデルが適切かを決めておくことがどれほど重要であるか，いくら強調しても足りないくらいである。自分自身や自社の時間を節約できるだけでなく，経費を削減し，面倒なことにイライラしなくて済む。
>
> アドリアン・ヴァイトマン[1]

　デジタルサイネージシステムの導入を考えているならば，主なアプローチは2つある。1つは，いわゆる「ターンキー」アプローチであり，ロケーションオーナーが自らすべてを行う，もしくは，ある単一の会社がロケーションオーナーまたは管理会社から委託を受け，デジタルサイネージシステム全体の構築や運用を担う方法である。この"Do it yourself"タイプのモデルでは，全工程を一貫して遂行し，ロケーションオーナーや管理会社は，単に場所使用料の課金のみを行うように見える。2つ目のやり方は，ターンキーとは逆で，ロケーションオーナーまたは委託を受けた第三者が，各部分でそれぞれ個別のパートナー会社とともに計画，導入，運用を行うアプローチである。とはいえ，どのようなアプローチをとろうとも，重要なのは，いつも頭の中でより大きなビジョンを描いておくことである。

　デジタルサイネージシステムの選択（より正確に言うと，この章では，デジタルサイネージシステムのコンポーネントの選択を指す）のステップには，本

---

[1] Adrian Weidmann : *Lighting Up the Aisle: Principles and Practices for In-Store Media*（通路をライトアップ――店内メディアの法則と実践）の著者。

書で，特に第4〜6章，第8章，第10章で推奨する，キーとなるステップも当然含まれる。

デジタルサイネージへの投資を考えているならば，どの推奨ゴールを目指すのかを検討し決断を下すために，自分自身と自組織をよく見つめる必要がある。そのうえで，その目標を達成するには，自分たちですべてやる方法と，すべて／一部を他社に任せる方法の，どちらが最善の方法なのかを考えてみるとよいだろう。

このような運営上の課題と合わせて，第8章でも扱うが，さまざまな収益モデルを調査するなどの財政上の課題にも取り組むべきだと考える。デジタルサイネージシステムのコンポーネントには非常に高額なものも多々あるため，計画立案の重要性は明らかである。

さらに，第三者によるターンキーソリューションを選択する場合には，それは視聴者に届けるコンテンツに対する，自分たちの裁量権の大きさを決めることにもなりかねない。もし，そのような制御を非常に重要と見なすならば，最終的には，すべてでないにしろ大半を自社で実施する方向になるかもしれない。加えて，システム運営者にも十分に投資し，自社のデジタルサイネージ担当者の育成にもそれなりの予算を割こうとするだろう。また，デジタルサイネージのシステム自体も自社で購入する（もしくは出資先を見つける）ことになるだろう。

7.1 ターンキーソリューションの採用

デジタルサイネージの導入にあたり，ハードウェア，ソフトウェア，運用のそれぞれのパートについて，その選定および進捗状況を自社で注意深くモニターしておくことには利点がある。おそらく最大の利点は，それらが制御可能であることである。もし，自社の社風，方針や組織構造が，一部のパートを他社が取り扱ったりアクセスしたりすることを良しとしないなら，すべてを自分たちでやる（つまり自分たちがターンキー提供者になる）という選択肢もありうるだろう。この場合，導入計画および実際の作業をうまく行うためには，デジタルサイネージについて多くの下調べや勉強が必要となることを覚悟してお

いたほうがよい。

　それよりも，「ターンキー」と言えば，デジタルサイネージ導入に関することすべてを1社に任せることを指す場合が多いだろう。明らかに，円滑に運用を行うという点では，第三者にデジタルサイネージの運営を任せたほうがうまくいく。自社とその第三者との間に，概ねすべてのプロセスを通して信頼と十分なコミュニケーションがあれば，なおのことである。さらに言うと，組織文化的なつながり，あるいは，少なくとも互いの組織文化的な規範の理解が役に立つ。

　加えて，ターンキーとなる会社の選定作業として，その会社が十分なリソースと経験を持っているかどうか，信用のおける会社かどうかを確認する必要がある。これにはちょっとした下調べをするとよい。信用照会や財政状況を調べたり，上層部に会ったりするとよい。また，経験を重視すべきである。特に，経験知のある客観的な第三者の見解や意見は重要である。インターネットが急成長した時期にこの作業はしばしば軽視され，その結果，思い起こすのも嫌になるような，二度と繰り返したくない経験をし，教訓を得たものである。

　明確に述べると，本節で言及している後者のモデルでは，自社は前面には立たず，おそらく収入を集め，目に見える部分は第三者に任せる形をとっている。第三者は打ち合わせと選定を行い，デジタルサイネージを運営することになったベンダーを管理監督する。この方法は概してよりコストがかかるのだが，その道に詳しく実践にも長けた誰かに任せることで得られる心の平安を考えれば，コストをかける価値も十分あるだろう。

　次のGas Station TV（GSTV）のケーススタディでは，この会社の興味深い側面を垣間見ることができる。GSTVはさまざまなベンダーと手を組むことで，全米の数千のガソリンスタンドにおいて，給油機の両側というかなり珍しいロケーションにデジタルサイネージを導入した。

Gas Station TV

　GSTVは，全米のガソリンスタンドの給油機や，コンビニエンスストアに備え付けたディスプレイを，IP（Internet protocol）ベースのデジタルテレビネットワークにつないだものである（図1参照）。「拘束」さ

れた（しばらくの間，今いる場所で，今やっていることにかかりきりになる，という意味で）消費者は，給油に平均 4.5 分の時間を費やす。ガソリンを入れている間，GSTV で見られるチャンネルは 1 つしかない。リモコンもなければ，DVR もなければ，ながら操作をする PC もない。ガソリンスタンドの利用者はディスプレイに表示されるものを見るしかないわけである。

図 1 顧客の車から見た GSTV の様子 ［Gas Station TV, ⓒ 2007］

　GSTV は，有名全国ネットから，厳選したニュースやエンターテインメント・コンテンツ，地域の天気予報を提供する。こうして，おそらくどんなメディアとも違う形で，顧客を引き込み，「動き回っている」消費者とマーケッターをつなごうとしているのである。コンテンツは，CEO であるデヴィッド・ライダー氏が言うところの「極めて理想的で拘束された視聴者」向けに編成される。また，それをエリアや時間帯に合わせて仕立て上げることも可能である。

　GSTV のコンテンツは，具体的には ESPN からのスポーツ，ABC-TV network からのニュースおよびエンターテインメント，AccuWeather からの天気，加えて自社制作の地元のイベント情報などからなる。GSTV では，消費者に最も適切なコンテンツを届けるため，エリア・時間帯によるブランドターゲティングを提供している。また，コンテンツ自体も，あるロケーション，ある時間帯にターゲティングされている。例え

ば，ファーストフード店であれば，時間帯によるターゲティングを用いて，モーニング，ランチ，ディナーのメニューや，深夜帯向けメッセージを時間帯ごとに分けて宣伝することができる．加えて，天気情報は 1 日当たり複数回更新され，場所ごとに変えられる．

　GSTV は現在，300 都市において 5,000 面以上を展開している．展開先には，ニューヨーク，ロサンゼルス，シカゴ，フィラデルフィア，サンフランシスコ，アトランタ，ダラス，ヒューストン，デトロイト，タンパなど，トップクラスのメディア市場である都市も含まれている．展開先のロケーションは，Chevron, Conoco-Phillips, Citgo, Exxon-Mobil, Murphy USA, Shell, Speedway, Valero, Sunoco の厳選したガソリンスタンドである．2008 年の終わりに，ライダー氏は，GSTV の展開先は（先ほどリストアップした 10 都市に 5 都市を加えた）トップ 15 のマーケット区域における主要なガソリンスタンドの 12,000 面以上へ広がるとの予測を明らかにした．

　GSTV は広告主向けのビジネスを加速させ，参加ガソリンスタンドの収益を増加させることが証明されたツールなのだと，ライダー氏は強調する（詳細は www.gstv.com を参照）．

　興味深いことに，GSTV は自身を単に「メディア企業」と表現し，デジタルサイネージネットワークを中核的資産と捉えている．GSTV がデジタルサイネージ事業を展開するに至った最大の誘因は，ライダー氏の言葉を借りると，「（デジタルビデオレコーダーのような）テクノロジー，500 チャンネルのケーブルテレビシステム，（テレビを見ながらの）PC の使用機会の増大が，人々のテレビ，特にテレビ広告の見方を変えてしまった．マーケッターは，この新しい環境下で視聴者が何の変わりもなくメッセージを受け取ってくれるとは，もはや期待できない．この現象によって，マーケッターがマーケティング対象にメッセージを届けるための，新たな放送受信場所向けの市場が幕を開けたのである」．GSTV は，本質的には，外を動き回る「ソファに居ない」視聴者にテレビを届けている．

　ライダー氏は，テクノロジーの力によって，マーケッターがグローバ

ルとローカルのどちらにも働きかけることができることから，デジタルサイネージに魅力を感じるようになった．ネットワークを全体的に使えば，多数の視聴者にリーチすることができ，一方では「各ロケーションのレベルまで狭めることも可能で，かつ従来のメディアよりもずっと効果がある」とライダー氏は付言する．GSTV は，2006 年 4 月の GSTV の立ち上げ前の 2005 年終盤に，デジタルサイネージ事業への参画を決断するため，テキサス州ダラスの 5 駅においてパイロット実験を実施した．この実験で，GSTV が視聴者の注意を引いたことと，ガソリンスタンドの利用体験を向上させ，売上も増加したと経営者が感じたことの両方が明らかになった．要するに，決定的に重要な 2 点を満たすと示されたと言える．

最近，デジタルサイネージの効果を調査するために，GSTV は各ガソリンスタンドと協働している．ガソリンスタンドはそれぞれ独自の評価基準を持っているが，一般的には，コンビニエンスストアにおける売上や顧客満足度調査といった基準に信頼を置いている．顧客調査について，GSTV では GSTV ネットワークの効果を評価するために，Nielsen Media Research を利用している．図 2 に Nielsen の GSTV 調査結果の抜粋を示す．

広告主にとっての GSTV の主要な恩恵は，コンビニエンスストアでの商品の販売促進である．GSTV の広告主にとって，GSTV はブランド認知，商品理解，および小売のプロモーションを促すものである．

現在 GSTV が採用しているデジタルサイネージシステムは，20 インチの液晶テレビを用いている．さらに，各給油機には，ある方向にのみ音を出す（「指向性」を持つという）音響機器が搭載されている．各給油機にはディスプレイが 2 つずつ設置されており，顧客はどちら側にいても十分に GSTV を見ることができる．標準的なガソリンスタンドには給油機が 6 つあるので，1 スタンド当たり 12 面のディスプレイが設置されている計算になる．

GSTV のデジタルサイネージは，衛星通信により遠隔からの操作やコンテンツの配布が可能である．代表的な衛星通信サービス事業者である

GSTVの視聴状況

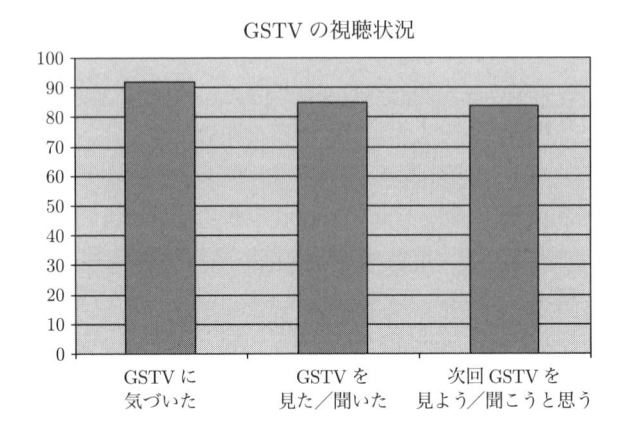

（棒グラフ）
- GSTVに気づいた: 約92
- GSTVを見た／聞いた: 約85
- 次回GSTVを見よう／聞こうと思う: 約84

GSTVネットワークに対する態度
（調査中にGSTVを見た／聞いた人のうち）

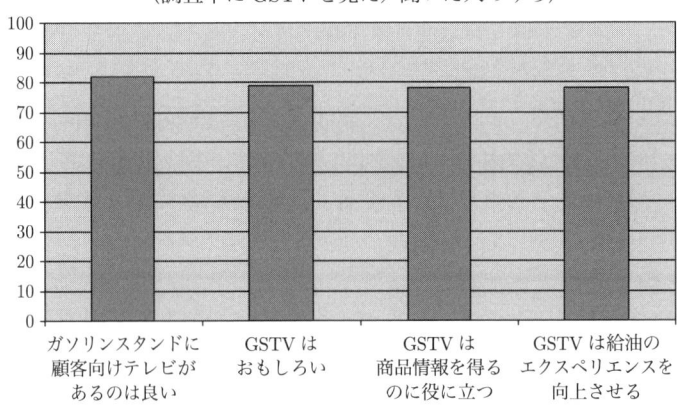

（棒グラフ）
- ガソリンスタンドに顧客向けテレビがあるのは良い: 約82
- GSTVはおもしろい: 約79
- GSTVは商品情報を得るのに役に立つ: 約78
- GSTVは給油のエクスペリエンスを向上させる: 約79

図2 Nielsen Media Research 調査（2007年8月実施）
［Gas Station TV, Nielsen］

HughesNetは，GSTVのインフラスキームの中で重要な位置を占める。このネットワークでは，コンテンツ別にターゲットを絞ることもできる。もちろん，このデジタルサイネージは広告用途で用いられることも多い。

　ライダー氏は，GSTVは主にターゲティング広告に利用されていると総括する。

> 　ライダー氏がまず注力すべきだとしているのは，「… どのようなデジタルサイネージ事業会社も，第三者の広告主から収入を得られる環境を作り，広告主が媒体を買いやすくすること」である。そのために，陳情活動やその他の支援運動で業界規則を動かすことや，業界団体への参加が必須であるならば，GSTVはそのような活動を支持する。GSTVはこの目的で，OVAB（Out-of-Home Video Advertising Bureau）（訳注：2010年にDPAA（Digital Place-based Advertising Association）に名称変更）へ加盟した。また，全米の何千というガソリンスタンドにGSTVを導入したことに対して何の否定的な反応もなかったとライダー氏は述べているが，それもまたうれしい驚きである。
> 　図2からは，GSTVの早期のデジタルサイネージへの投機が成功だったことが示唆される。回答者はGSTVの総合的な好ましさについて，10点中7.6点をつけている。

7.2　システムを段階的に作り上げる

　デジタルサイネージシステムの企画，選定，構築，運用，拡張を，オーナー／運用主体として行うことには利点がある。しかしながら，調査，比較検討，面接，契約締結といった多くの作業を自ら行う必要があることに注意されたい。それゆえ，第10章で述べるようなステップを踏んで，本腰を入れて企画・進行プロセスを進める必要があるだろう。さらに，各構成要素のサプライヤーごとにこのステップが必要となる場合も考えられる。典型的な作業として，技術面では，ハードウェア（ディスプレイ，再生装置，サーバ，コンピュータ，ケーブル，必要ならばアンテナ），ソフトウェア（コンテンツ管理ソフト，ディスプレイに表示するためのコンテンツ再生ソフト），インストール作業，維持管理，測定において，それぞれの候補を吟味する必要がある。
　加えて，繰り返しになるが，この迷路を抜け出すにあたり，訓練を重ね，習熟し，かつ熱心な従業員が自社に十分いるかを再確認したほうがよいだろう。

7.3　信頼性

　この難題を解く重要なポイントとして，最後に「信頼性」を取り上げることにする。デジタルサイネージのビジネスは比較的新しいので，信頼性について十分に注意を払うことが重要である。デジタルサイネージ事業の古参の企業も，まだ本格的に取り組む局面には至っていないからである。デジタルサイネージの導入が適切なものになるかどうかは，事前計画と実際の導入工程の適正評価が左右する。

　例えば，コンテンツベンダーの選定に失敗した場合，コンテンツの品質が悪かったり，契約した提供サービス内容でなかったりすることも考えられる。もしも画面が消えてしまえば，クレジットカードシステムが停止したくらいの大損害を受けることすらありうる。

　ハードウェア選定の例も挙げよう。Wirespring CEO のビル・ゲルバ氏が指摘していた，社内コミュニケーション用のデジタルサイネージ導入における，ソフトウェア管理サービスを例に挙げる。このケースでは，食堂や休憩室に置かれた大型で目を引くプラズマディスプレイが信頼できる選択かもしれない。導入システムの規模によっては，オーナー／運用会社は，管理・制御をローカルかリモートのどちらで実施するかを選ぶことだろう。逆に，オーナー／運用会社がメーカーだった場合，購買ポイントでの広告表現を高めるために，従来型の看板，POP 広告に加えて，軽量・小型の液晶ディスプレイをつけたいと思うかもしれない。後者の場合には，ウェブベースのインターフェースを用いて，コンテンツを中央で管理・制御したほうがよく，こちらのほうが信頼性が高いと考えられる。

　広範囲に位置するスーパーの果物売場に特売広告を配信することを考えてみよう。果物は腐りやすいので，すぐに売って消費してもらわなければならない。コンテンツがタイミングよく適切に配信されなければ，コストに見合わないだけでなく，果物の損失をも招くことになる。どのようなデジタルサイネージネットワークにおいても，何も表示されない画面こそ最も価値のないものである。

　HughesNet のジェフ・ビクスラー部長は，「社内データ網の管理者に匹敵す

るくらい，細心の注意を払う会社と仕事をしたいと考えているか？　それくらい事は重大なのである．導入が当初の計画どおりに進んでいる場合は，たいてい，映像やその他の表示コンテンツが社内データ網と同じくらいに丁重に取り扱われている」．

さらに今日では，視聴者の多くが，携帯電話のような新しく登場した機器をより一層重要視するようになった．同様に，デジタルサイネージ事業者や（一部の）視聴者にとっては，適切に運用されたデジタルサイネージシステムが必需品となってきているのかもしれない．

7.4　成功要因

デジタルサイネージシステムの計画・導入の際には，意思決定にあたっていろいろな選択肢や検討事項に直面する．最後に，それについて補足する．

- 一括か，もしくは複数のベンダーかを選定する前に，視聴者および自社にとってのゴールを定義すること．
- 視聴者のための選択をすること．ここで言う視聴者は，ある環境，ある時間において，何かの活動をしている．それゆえ，店舗内のデジタルサイネージを考えているならば，何か他の映像やデータ，PowerPoint のスライド，写真，アニメーションのほうがより適切と思われるときに，インターネット，携帯電話，テレビベースのコンテンツに焦点を合わせるべきではない．
- 店舗内のデジタルサイネージと，その他の広告，すなわち店独自の，あるいは広告主からのブランディング広告，商品・サービスのメッセージとを融合させること．
- 好ましいサプライヤーを選定するための調査に時間を割くこと．すなわち，デジタルサイネージやその関連分野（例えば，財務報告，ブログ記事，アナリストの説明，ウェブサイト，報道発表など）を取り上げた書籍や雑誌・新聞記事を読むこと，発展しそうなデジタルサイネージ業界の業界団体を調べること，種々のカテゴリーのサプライヤー候補，およびその実績と宣伝内容を吟味すること，展示会に出かけて受賞者をチェッ

クしたり，講演者やその他の専門家との人的ネットワークを広げたりすること，ベンダー側の担当チームと提案内容について議論するまとまった時間を確保すること，ベンダーが提供するものがどのようなものなのか，またどの部分をアウトソースするのか，第三者と提携して実行するのかをきちんと理解すること，などである。

- コンサルタント，特に技術サイドのコンサルタントを雇うことを検討すること。ビジョンや，視聴者への思い，組織を理解したうえで，すぐに解説・助言してくれて，ベンダーやアプローチを推薦してくれるようなコンサルタントがよい。
- ベンダーが提案した金額の根拠を理解すること（例えば，利幅，業界の慣習や規範，競争価格，導入費用，この類の製品・サービスの市場がどこへ向かっているか，など）。
- 何かおかしいと思ったら反応すること。意識的に懐疑的になること。
- ベンダーの実施内容を継続的に管理すること。あなたがコストを負担している場合は，なおのことである。
- 目標達成を示してくれる適切な測定方法とデータを確保すること。これは将来の計画立案のためである。デジタルサイネージ導入に関するすべてが，将来を見据えたものでなくてはならない。
- 非常に重要な3点，自社のニーズ，視聴者のニーズ，両者のニーズを満たすコンテンツをいつも念頭に置くこと。

第8章

ビジネスモデルと利益

> デジタルサイネージシステムの投資収益率（ROI）を評価するとき，われわれが取り扱っているビジネスモデルをしっかりと認識することが不可欠である。そのビジネスモデルは，会社のゴールと戦略に同期していなければならない。そのビジネスモデルが ROI のスピードと重要性を決定づけるのである。
>
> ザヴィエル・オリオールズ[1]

　デジタルサイネージの目標が設定されたら，費用対利益の見直しをしなければならない。マクロな観点では，ROO[2] とは，「利益に対するコスト」としてのデジタルサイネージの効果を測定する，車輪のようなものである。車輪のスポークが ROI のような具体的なゴールを表すのである。加えて，より収益に直結しないゴール（ブランディング，マーチャンダイジング，消費者ロイヤリティ，従業員のトレーニング，雰囲気，消費者満足度，企業イメージ）がデジタルサイネージの費用対利益の効果を測定する指標として活用されるのである。

　費用対利益は，ROO/ROI，そしてビジネスモデルを決定する際の最も重要な経済的方程式である。デジタルサイネージを展開している企業が求めている

---

[1] Xavier Orriols：スペイン・バルセロナの Visual Century Research 創業社長。

[2] デジタルサイネージ業界用語の ROO（return on objectives）とは，ライル・バンとローレン・モイアが主流にした表現である。これは彼らが作成した "The New Madison Avenue Diet"（新マディソンアベニューダイエット）という白書で解説されている。本書の著者は，それとは異なる "return on deployment"（リターン・オン・デプロイメント）という表現を代わりに使用することを検討したが，最終的には ROO という表現がデジタルサイネージの展開の効果を測定するには適していると判断し，ROO を使うことに決めた。

目標や ROI を達成するために，どれだけこのプロジェクトに投資をしなければならないのか，たいていの新たなデジタルサイネージプロジェクトは，初期段階でこれらの重要な 2 つの要素を明確にしなければならない。このような取り組みを行わなければ，初期段階の苦労，エネルギーと投資の浪費，または，失敗を招くことになりかねないのである。

ほとんどのデジタルサイネージ展開は，ROI の指標が実際の商業的展開から派生する，利益追求型のシステムである。これらのプロジェクトはたいてい，広告代理店，小売業者などで企画され，かつ導入されたプロジェクトの産物である。これらの指標は，一般的な経済の表現で測定されているために，数値化しやすい。この章では，利益追求型モデルに関連する ROI に焦点を絞って解説を行う。

会計士は ROI を，非常に簡単かつ一般的に認知されている以下の公式により定義している。

$$投資収益率 = \frac{投資益 - 投資コスト}{投資コスト}$$

言葉で述べると，この数式は「ROI は，投資益から投資コストを引いたものを，投資コストで割ったものに等しい」と表現される。

しかし，興味深いことに，デジタルサイネージ業界では，すべてのデジタルサイネージのプロジェクトが利益追求型の公式に当てはまらないということが，過去からの認識である。代わりに，多くのデジタルサイネージの展開は，収益以外の目的で実施されることもある。例えば，非営利の地方病院が，デジタルサイネージを患者または従業員への告知と教育のために活用することもあり，こういった場合，数値的に測定することは困難である。また，地域の教育機関が地域とのコミュニケーションを効率化するために，デジタルサイネージを活用するケースもある。これらの例では，金銭的な観点で ROI を測定することは不適切である。しかし，デジタルサイネージを活用することによって，周辺の顧客や使用者の認知度を向上することに貢献したかを測定することは適切である。

この場合のより適切な指標は，デジタルサイネージ業界でも使用されはじめてきた表現 "ROO" である。そして，この指標は基本的に測定することは困難

であるが，これらの効果と成功度を評価する方法もあり，過去の結果のみならず，これが将来的にどのような効果を生むかを算出することも重要である。

それに加え，利益追求型のビジネスにおいても，小売業のマネージャーにとっても，多くの場合ROOのほうがより適切な指標である。なぜならば，多くのブランドマネージャーやマーチェンダイザーは，デジタルサイネージが店舗全体の環境に及ぼした効果を，十分なROIと見なしているからである。

8.1　目標に対する利益率

ROOとは，すべての新たなデジタルサイネージのプロジェクトの初期段階において設定されたゴールに対する指標である。

広義には，これらのゴールには以下の指標が1つ以上含まれている。

- 投資収益率
- ブランド力の強化
- 販売の増加
- 従業員教育
- 顧客情報，教育，アクション，および満足度
- 雰囲気

上記のとおり，すべてのデジタルサイネージ展開で，ROIが明確に測定できる，または定義できるわけではないかもしれないが，ROOは含まれている。なぜならば，いくつかのデジタルサイネージのシステムは，利益以外のゴールを持っているからである。このような場合では，他のデータ，例えば顧客満足度アンケートや従業員の生産性調査などが，より適切な指標である。まさに，この種のROOはデジタルサイネージの中長期的効果を測定するときに創造力を要するのである。

それはさておき，今日のデジタルサイネージのほとんどは，利益追求型の商業団体によって推進されているため，この章の残りはそれらの団体がどのようにROIを測定しているかに焦点を当てて解説を行う。

8.2　投資収益率

「払ったものには払ったものだけの価値がある」という格言は，デジタルサイネージ業界には適さない。なぜならば，デジタルサイネージをしっかりと管理するには，利益分岐点，ROI，これら以外の効果にも目を向けなければならないからである。利益追求型の企業家または企業は，コストと効果の間のバランスに目を向けなければならない。利益は，デジタルサイネージシステムの追加のサポートに引き当てられ，それがその成長を支える資本を創造するのである。逆に，商業領域におけるどのソリューションも，減価償却するスピードより速く価値を増やしていかなければならない。さもなければ，そのシステムは資産ではなく負債へと変わってしまうからである。

ROIを考えるにあたり，これから説明する2つのビジネスモデルのどちらが良いのか，もしくはその2つの混在した3つ目のビジネスモデルが良いのかを見ていきたい。ここでは，どのモデルがROIをより効果的に測定するかを示す。こちらの公式は2004年に出された白書に記載されたものである。

8.3　ビジネスモデル

デジタルサイネージを導入した企業が気づくことは，初期コストが多く発生することである。これは，画面やサーバ，その他ハードウェアへの投資，またはその設置費用にある。また，ソフトウェア側では，管理，コンテンツに費用がかかる。実際に，オリジナルのコンテンツを作成するコストは非常に大きい。

しかしながら，それらの初期費用が投入されたあとは，たいていの場合，コストが時間の経過とともに下がり，逆に利益が上がっていく。この章でカバーされる主要な2つのビジネスモデルは，デジタルサイネージシステムの管理と導入を行っている企業が，図8.1に記載されているデジタルサイネージにおけるコンテンツのバリューチェーンをどのように運用しているかを解説している。したがって，運用会社[3]またはネットワークオペレーターがバリュー

---

[3] デジタルサイネージシステムを開発または導入することを決める企業は，この場合において運用ステークホルダーと呼ばれる。

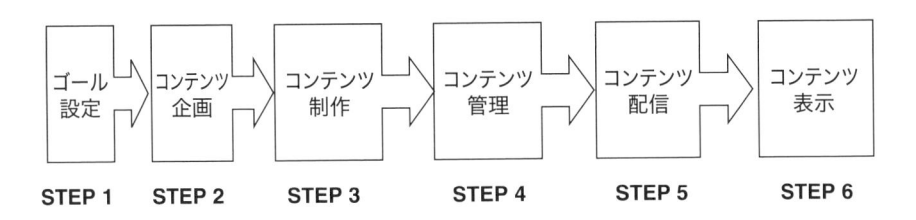

ゴール設定	→	コンテンツ企画	→	コンテンツ制作	→	コンテンツ管理	→	コンテンツ配信	→	コンテンツ表示
STEP 1		STEP 2		STEP 3		STEP 4		STEP 5		STEP 6

図 8.1 デジタルサイネージにおけるコンテンツのバリューチェーン
[Jimmy Schaeffler, ⓒ 2008]

チェーンにおけるすべてを実行する場合のコストと，バリューチェーンの1つまたはいくつかのコンテンツをアウトソースした場合のコストとは異なる。

一般的には，コンテンツ管理の役割は，バリューチェーンにおいて技術側（デジタルサイネージビジネスにおけるハードウェア側）とクリエイティブ側（コンテンツ開発のソフトウェア側）の間における重要な橋渡し役であると理解されている。表現を変えると，コンテンツマネージャーとは，車において，ハードウェアであるエンジンと創造的なソフトウェアである車輪をつなげる，トランスミッション的な役割を果たす。

8.3.1　ROIビジネスモデル1：コンテンツ開発者と所有者のモデル

最初のビジネスモデルは，デジタルサイネージの分野で最も一般的な運用ステークホルダーが，自分のコンテンツを活用して，売上増加，ブランド構築，コミュニケーションの向上を図るモデルである。運用ステークホルダーは，コンテンツの作成，管理，配信に投資をする。このデジタルサイネージのビジネスモデルを展開する際の一般的なゴールは以下である。

- ブランド強化
- コスト削減（アウトソースするROIビジネスモデル2とは対照的に）
- 売上増加
- 店内での顧客活動の活性化

図 8.2 は，1つ目の主要なデジタルサイネージビジネスモデルを図示してい

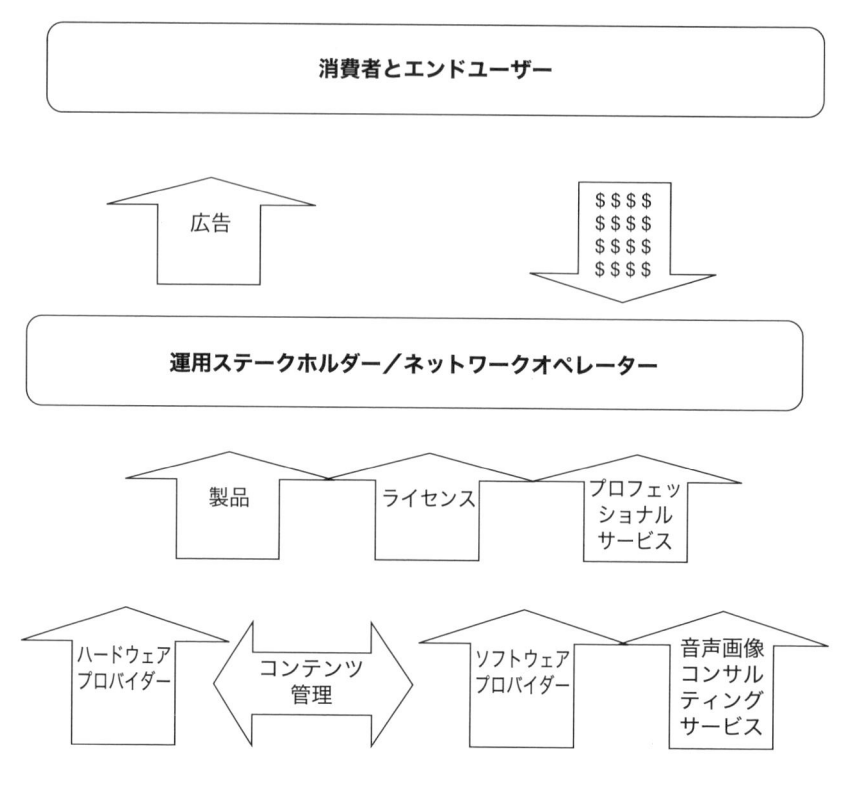

図8.2 コンテンツディベロッパーとオーナーのビジネスモデル [Jimmy Schaeffler, ⓒ 2008]

る。このチェーンのいちばん上には消費者がいる。このシステムにおいて，彼らがいちばん重要なプレーヤーであり，彼らのためにすべてのことが行われる。これは，消費者の反応が重要であるだけでなく，消費者が商品を買うことによって，このビジネスモデルを経済的な成功に導くためである。

図8.2の中央にある運用ステークホルダー（例えば，広告代理店や小売店団体）は，その下にいる関係者やプロセスと協力しながら，コンテンツを制作し，消費者にコンテンツを提供する。この図にあるように，満足した顧客はデジタルディスプレイに表示されているコンテンツによって動かされる。商品やサービスにお金が費やされるが，これが消費者に望まれていた行動（または反応）の一つの形である。費やされた金額が，このビジネスモデルにおける最も重要

なROIの指標である。

図8.2は，このビジネスモデルにおける主要な部品と関係者を表示しているとともに，上から下に動く時間軸も示している。運用ステークホルダーの明確化の次のステップとしては，下の段に書かれている目標であり，それに続くのは，上段にある消費者へコンテンツを提供するステップである。この結果として，ステークホルダーの資本が増え，このモデルが促進される。

しかし，上段にあるコンテンツが，最上段に位置する受け手，つまり消費者に届けられる前には，技術側とコンテンツ側がしっかりとコミュニケーションをとれるように，運用ステークホルダーがコンテンツの開発を管理しなければならない。これは，適切なハードウェアとソフトウェアのプロバイダー，音声画像サービスプロバイダーを見つけ，適切な製品，ライセンス，サービスがタイムリーに，的確かつコスト効率的に届けられなければならない。

こちらのビジネスモデルは，ROIビジネスモデル2にある広告スペースの貸出のように，第三者からの収入は期待できない。運用ステークホルダーは効率性と管理性の向上を目的に，自らコンテンツを管理することを求め，他社がステークホルダーのデジタルサイネージシステムを活用することによる収入は求めない。

図8.2にあるように，運用ステークホルダーが自らシステムのハードウェア，ソフトウェア，導入，運用保守の費用，またコンテンツ作成，管理，配信の費用を賄っている。この場合においては，ROIとはデジタルサイネージ広告を通じて得られた追加の収入から，これらの導入に関わった費用を差し引いたものである。

ヨーロッパのリテール銀行

この事例はヨーロッパに拠点を置く金融機関のものである。これは，コンテンツの開発者と所有者が同一であるROIビジネスモデル1の一例である。この銀行は，ヨーロッパ大陸でビジネスを展開している。また，中南米にも支店を出している。図1は，この銀行の支店にある6面のデジタルサイネージ画面を示している。

図1 ヨーロッパのリテール銀行のデジタルサイネージ
[Visual Century Research, ⓒ 2007]

　銀行が自らコンテンツの企画，開発，導入と支払いを行っている。対象は銀行の顧客であり，従業員の教育用にも使われている。高解像度のプラズマスクリーンが各支店に展開されていて，ヨーロッパにある本部からリモート管理されている。すべての支店は本社と，転送速度 1Gbps の LAN で接続されている。

　このデジタルサイネージシステムを導入した際に，この銀行は複数の目標を設定した。まず1つ目は，顧客向けに待ち時間のコンテンツ配信，2つ目は，顧客向けにサービスと製品の紹介，3つ目は，銀行のブランド力強化である。あとになって，このデジタルサイネージシステムが従業員の教育に役立つことも判明した。

　明確にいうと，銀行は，ハードウェア，ソフトウェア，コンテンツ作成，システム展開，運用保守に係るコストをすべて負担した。そして，この費用は莫大だった。しかし，ROI ビジネスモデル1の下で，2年間で投資を回収できた。この ROI 分析は，ブランド強化，顧客満足度，従業員の知識レベル向上というソフト面の利点を考慮した。そして，運用者はシステムを完全に管理するために，第三者からの広告収入を犠牲にした。

8.3.2 ROIビジネスモデル2：広告リースモデル

ROIビジネスモデル2（図8.3）は，ステークホルダーが外部からコンテンツを追加することによって収入を得るモデルである．これは，ステークホルダー／広告主と，その先のクライアントとの両方を支援する共生の関係である．旅行センターやショッピングモール，イベント会場を通じて，より多くの視聴者へのリーチを望んでいる広告主が，このモデルに惹かれる．同様に，現地スポットの所有者または運用管理者も，これらのシステムを開発することに関心を示す．例えば，このビジネスモデルを活用して，大きな空港が広告主のクライアントに向けて，情報または教育関連のコンテンツを配信するケースのことを指す．図8.3は，このサイネージモデルを代表するプレーヤーまたはプロセスを表している．

図8.3では，依然として消費者がこのチェーンの中でいちばん力を持っている．なぜならば，広告主またはそのクライアントがこのビジネスモデルにより多くの投資をするかどうかは，消費者の反応に左右されるからである．だが，消費者を囲んでいる線は破線であり，これは，このビジネスモデルにおける直接的・経済的な影響の欠如を示す．その代わり，このチェーンでは，広告主がいちばんトップにいる．なぜならば，このビジネスモデルを経済的に支えているのは広告主だからである．

図8.3は，ビジネスモデルを構成する主要な部品とプレーヤーを示しているとともに，上から下へのROIビジネスモデル2の時間軸を表している．チャートのいちばん下には，1番目のステップであるゴールの明確化があり，最後のステップである消費者へ提供するコンテンツが書かれている．その消費者は，理想的にはその商品またはサービスを購入する．

このモデルを動かす経済的な潤滑油が何であるかという観点で見ると，ROIビジネスモデル2では，明らかに広告主とクライアントの支出である．表現を変えると，このROIビジネスモデル2では，主要なビジネスドライバーは，メディアバイイングを行う広告代理店を介して得られる広告収入である．このモデルは，消費者がコンテンツに満足して認知しているという仮説の下で成り立っている．そうでなければ，このモデルは破たんし，広告主は不満であり，広告に対し金を支払わなくなる．

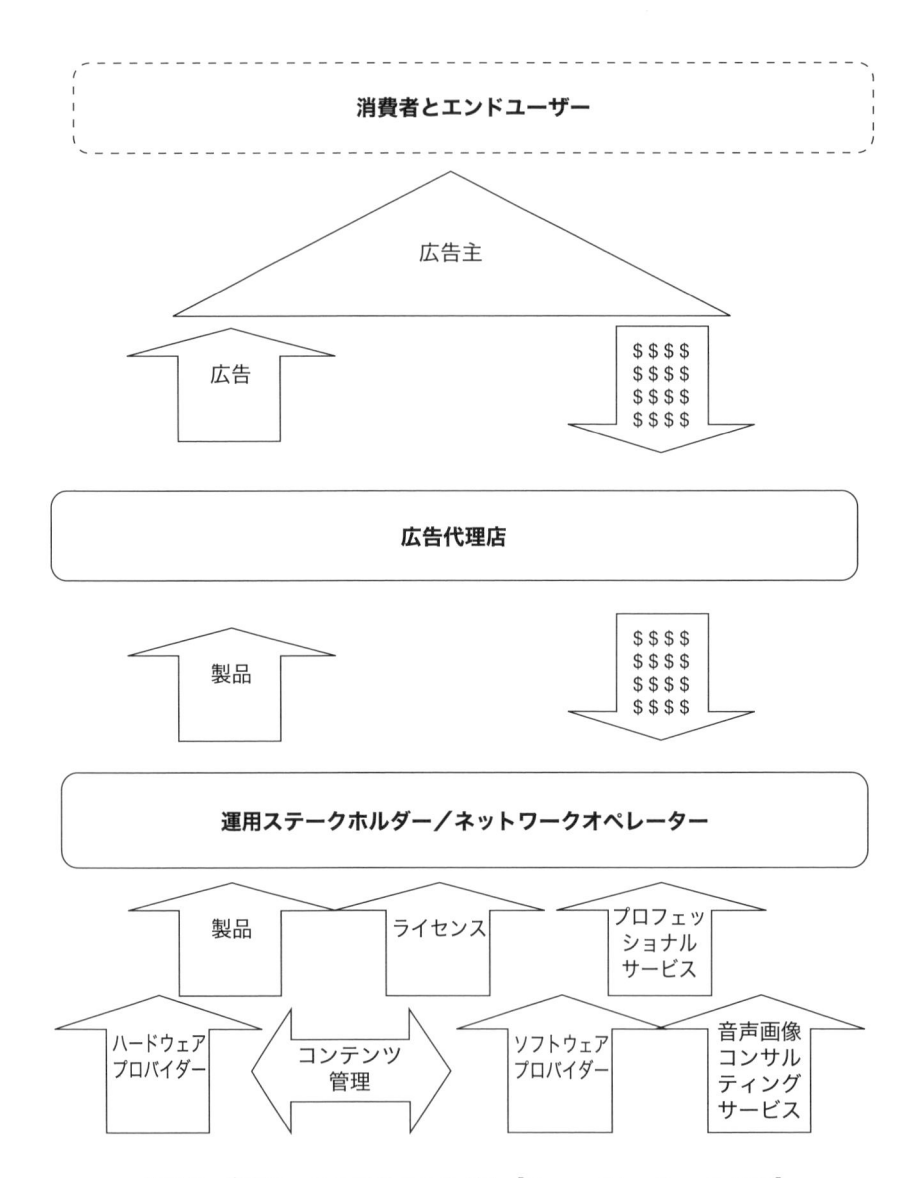

図 8.3　広告リースのビジネスモデル［Jimmy Schaeffler, ⓒ 2008］

図 8.3 に示したように，運用ステークホルダーは ROI ビジネスモデル 1 と同様なステップをとり，前もって，新たなデジタルサイネージシステムを設置する。そして ROI ビジネスモデル 2 では，ステークホルダーは追加のステップをとる。そのステップとは，メディアのプラニングとバイイングを行う広告代理店経由でクライアントに対して展開していくステップである。それに対して，広告主は広告代理店経由で支払いを行う。それと同様の流れで，お金がステークホルダーにたどり着くのである。これがこの共生的な経済的関係の基盤である。

このデジタルサイネージ ROI ビジネスモデル 2 では，ステークホルダーは第三者の広告主に対して，システムの一部もしくは全部の支払いを要求する。実は，システムやその関係によっては，その第三者である広告主が事前に初期費用を支払うこともある。第三者である広告主がすべての費用を負担する背景は，両者で利益を共有（シェア）するところにある。そして，これらの利益とは，ブランド力の向上，売上向上，消費者認知度の向上を指す。それに加え，デジタルサイネージの展開による相対的な収益という利点もある。

ROI ビジネスモデル 2 と次に紹介する 3 に共通することとして，高品質な効果測定のツールが不可欠だということがある。理想的には，配信が測定できるものを指す。これらのデータがなければ，過去の実績を含め，将来の見通しを立てる評価基準が欠如する。ROI はコンテンツに非常に大きく依存しているため，業界専門家は，より改善された ROI を取得するために，場所ごとにコンテンツを適宜カスタマイズすることを推奨している。

ヨーロッパの空港

旅行者は通常，空港に長時間滞在するために，広告主や小売店から見て非常に良い対象である。多くの旅行者は，次のフライトを待つ間に楽しみを求めている。多くの人たちは買物が好きである。この空港は，施設内の消費者に対してデジタルサイネージを活用する有利な条件が揃っていることに気づいていた。この空港は年間 4,000 万人が利用している。ヨーロッパの 100 以上の航空会社では売場スペースが 10,000 平

方メートルもある。

図1と図2は，ROIビジネスモデル2を活用した2つ別々の事例である。

図1 空港のデジタルサイネージ（エントリーエリア）[Visual Century Research, ⓒ 2007]

図2 空港のデジタルサイネージ（出発ゲート）[Visual Century Research, ⓒ 2007]

この空港の事例は，ROIビジネスモデル2の広告リースモデルをうまく活用した例である。

空港の経営層は目標を定義した後，前払いで広告代理店と広告主との契約を締結した。

初めに，ラウンジに100台のプラズマスクリーンが導入された。そし

て，それは1年以内に1,000台に拡大した。この空港では，15社，15カテゴリーに対して広告を配信した。すべての広告主は，自分たちの広告が1つのスクリーンに毎時間6回表示されることが保証された。すべての広告主に対して，空港から定額の料金が請求された。

　これらのスクリーンは1日20時間，365日放映され，消されていた時間は午前2時〜6時だった。コンテンツの半分はニュースや旅行情報で，残りの半分は広告だった。1つの広告が20秒であった場合は，1時間ごとの広告のコマが90コマになる。最終的には，1日に1,800コマが365日展開する。

　この投資に対するROIは8か月で回収できた。前述のとおり，向こう4か月で新たに900台のスクリーンを展開するために，収益の一部が使われた。この例は，デジタルサイネージシステムの商業的な展開における短時間でのROI回収の一例である。

8.3.3　ROIビジネスモデル3：ハイブリッドモデル

　ROIビジネスモデル3は，ハイブリッド，つまり融合されたデジタルサイネージのビジネスモデルである。これは，「コンテンツ開発者兼所有者」モデルと「広告リース」モデルを組み合わせたものである。商業的なデジタルサイネージモデルの展開を行っている企業にとっては，このビジネスモデルが最も魅力的なモデルである。ROIの回収が短時間で実現するとともに，システムのリスクとコストを共有できるところが魅力である。ただし，共有するという概念は，時にはステークホルダーがコンテンツを制御できる能力を犠牲にしてしまう。

　このモデルでは，ブランド促進のコンテンツが，情報コンテンツと組み合わされることが多い。ヨーロッパのスーパーマーケットでの事例は，このハイブリッドモデルの要素をうまく導入している。もちろん，前述の銀行と空港の事例も，ROIの重要性をしっかりと説明している。

ヨーロッパのモール／スーパーマーケット

このデジタルサイネージ展開の事例は，店舗内のテレビネットワークのものである。ここでは，明らかに違うビジネスモデルを組み合わせたビジネスモデルの ROI が見られる。そのため，これは，ハイブリッドデジタルサイネージ・ビジネスモデルと呼ばれている。このハイブリッドモデルでは，1つのステークホルダーが所有・管理しているシステムの要素と，一部もしくは全部が広告主によって支払われているビジネスモデルの要素が合わさっている。

図1 モール／スーパーマーケットのデジタルサイネージスクリーン［Visual Century Research, ⓒ 2007］

このデジタルサイネージシステムのコンテンツは，音楽ビデオ，商品情報，PR で構成されている。これらの機能の狙いは，価格競争が激しい市場における差別化である。初期段階においては，主要店舗でしかプラズマテレビは展開されなかったが，最終的には数百ある全店舗に展開された。テストプログラムが実施される場合は，同じ地域内でシステムが導入されている店舗と，そうではない店舗の比較をする。コンテンツは消費者を狙って，店内，モール内の購入場所，またはその近くで配信される。これは非常に重要であり，POPAI の予測では，75% の購入は店舗で決まる。コンテンツは適宜更新され，早急に更新することも可能であった。さらに，地域ごとにコンテンツをカスタマイズすることも可

能であった。これらのシステムを構築しているソフトウェアとハードウェアは非常に複雑であった。なぜならば，各店が平均6フロアあり，スクリーンで配信されるコンテンツは，そのフロアに陳列している商品と一緒である必要があるからである。すべての店舗，すべてのフロアのコンテンツ選択と配信は，1か所で管理されていた。しかし，売り出しなどの情報に対応できるように，個別の店舗の従業員が臨時的にテキストを追加することができるようになっていた。全般的に，このスーパーマーケットは新商品の情報，キャンペーン，店内イベントの告知を行うために使用していた。広告主は投資をしたのとともに，このビジネスモデルを支援した。約50%の配信時間は広告主へ売られていた。スーパーマーケットの地上階では，化粧品会社が多かったために，この比率は85%だった。このハイブリッドモデルでのROIの回収は，約1年だった。

あとは，広告の配信回数を測定できるツールも非常に重要であった。これがなければ，広告主たちは自分たちの広告が実際に配信されたかどうかの確証が得られなかった。デジタルサイネージ業界が成長するためには，測定ツールと課金システムが正確に連動していることが不可欠である。

8.4 テストケース

デジタルサイネージの専門家は，デジタルサイネージで展開する際に最も費用がかかる活動を検証することを推奨している。これらの専門家のおそらく全員が，大型のデジタルサイネージの展開においてテストケースを実施することを勧めるであろう。全体的に大規模な展開と同様に現実的なゴールと慎重な計画が，このテストケースのために設定されるべきである。そして，重要なのは，このテストケースが稼働することを観測し，あまり早い段階で成功または失敗の判断を下さないことである。基礎となるデータが不足している場合は，後々，コンテンツやハードウェア，またスケジュール変更の判断をすると

きに難しくなるであろう．ある程度の時間このテストケースが稼働したら，人の流れ，店舗の売上，そして従業員と顧客の満足度に，どれだけ効果があったかを測定すべきである．この期間は，実施されるモデル，管理者，関わっているパートナー，その他複数の基準によって異なる．このテストケースは，わりに短い期間で展開することが可能である．特に関係者たちの間でリスク評価が行われ，早い段階で効果が出ている場合，重要なことは，テストケースでは以下の質問に対する答えを出すことである．

(1) どれだけのスクリーンが必要か？
(2) どのようなコンテンツが表示されるべきか？
(3) コンテンツはどのように表示されるべきか？
(4) 誰が対象であり，正しく影響を受けているのか？

　一言で言えば，テストケースは，デジタルサイネージの展開の背景にある，重要な質問への答えを提供するものである．つまり，ステークホルダーが設定している肝心な目標が達成されているかどうかである．最終的に，その答えがもしもということであるならば，その計画を破棄するか，テストケースをやり直すか，より大きな展開に進めるべきである．

　テストケースでは，さまざまな手続きを検証することが推奨されている．したがって，顧客の待ち時間によってコンテンツの回転時間を設定するために，さまざまな指標を測定すべきである．検証期間と場所の数は導入者が決めるべきであるが，業界の推奨では，片手で数えられる程度の場所，期間は1～2か月である．当然，この段階では，ハードウェア，ソフトウェア，そしてさまざまな運用のチューニングが行われる．このデジタルサイネージの導入に対する消費者，そして従業員の反応も重要である．また，ビデオカメラアンケートやその他のテストで得たデータが，広告主やステークホルダーがデジタルサイネージを展開する際に提供される．最後に，検証段階は，得られた情報をもとにして長期的なシステム展開を考えるための最適のタイミングである．

デジタルサイネージの ROI

　ビル・ゲルバ氏のサイトである www.billgerba.com には，ROI やテストケース，およびデジタルサイネージの展開の効果測定について，有益な情報が掲載されている。また，検索エンジンを活用して「デジタルサイネージ，ROI」を検索すれば，重要な情報が見つかる。そのほかに，雑誌 *Digital Signage Today* には，"Digital Signage and ROI: How to Maximize ROI on Your Digital Signage Deployments"（デジタルサイネージと ROI：デジタルサイネージ展開の ROI をいかに最大化するか）が掲載されている。

第9章

世界のデジタルサイネージ

　大型小売業の経営者がすべての店舗の顧客へメッセージを直接出している姿を想像してほしい。小売業と消費者の関係が一気に縮まるであろう。企業内において，経営者が地域を問わずすべての従業員向けにメッセージを出した場合も，同じ効果が発揮される。小売業者は，すでに先進的なITインフラを持っているのである。既存のプラットフォーム上でデジタルサイネージを構築するのには，そこまで多くの費用はかからない。むしろ利益のほうが大きい。小売業のリーチできる人の数は驚異的である。これが，市場の動いていく方向であろう。

ジョー・ロッシ[1]

　欲しい場所で，欲しいときに，デジタルサイネージを通じて情報が発信される新たな媒体が，世界中で台頭してきている。小売業と金融では，それは販売場所での広告である。地域では，街全体での情報発信である。企業では，社内の情報ネットワークである。

キース・カールソン[2]

　デジタルサイネージの世界を見ると，それは市場の活性化に貢献するのみではなく，実際にどのようなデジタルサイネージが世界中で展開されているかを見ることができる。それに加え，海外の同業者がどのような取り組みをしてい

---

[1] Joe Rossi：アジア，英国を拠点とするグローバルなデジタルメディアの小売ネットワークイネーブラー，Digital View 社の香港におけるマネージングディレクター。
[2] Keith Carlson：Mediatile Company 創業者／CEO。

るかを見ることもできる。

　アジアでは通信業における最新技術の導入が先行している．例えば，アジアは初めて小型携帯電話とデジタルテレビが採用された地域である．そう考えると，アジアはデジタルサイネージ発展の強い基盤であるに違いない．さらに，ヨーロッパと北米のデジタルサイネージを比較すると，ヨーロッパが先を走っている．さらに，中南米やアフリカでも，デジタルサイネージが誕生している．この章では，文化によって，デジタルサイネージの配信側と受け手が変化するさまざまな国でのデジタルサイネージの事例を紹介する．今後，アジア，ヨーロッパ，中南米，そしてアフリカも，デジタルサイネージが発展していく地域となっていくだろう（図 9.1）．

　デジタルサイネージ業界を最も支えているグローバルな団体である POPAI は，デジタルサイネージについて調査をしている．これは，HughesNet や Publicis によって援助されている．この種の情報として初めての調査内容は，POPAI のウェブサイト www.popai.com で閲覧することができる．

　最後に，非常に大切なことであるが，経営者が新たな国に進出する際，また，そこでデジタルサイネージを展開する際に，その文化を理解することは重要である．つまり，米国の企業がインドの首都デリーで新たなデジタルサイネージのシステムを展開する際には，言語と文化の違い，そしてビジネス判断をする

図 9.1　高速道路脇の商業デジタルサイネージ［Jimmy Schaeffler, ⓒ 2008］

際の基準の違い（例えば，財務，マーケティング，技術，ハードウェア，ソフトウェア，運用，測定）を考慮することが不可欠である。例えば，米国に拠点を置く NPO が，デリーの政府によって，禁煙を促進するように依頼を受けた場合，インドの人々は有名人による広告に大きく影響を受けるため，有名人を採用するといったことである。そのほかに掲載されるコンテンツの判断材料としては，地元の宗教，性別ごとの好み，感情の大切さ，地元の数値，地元政府，海外の影響である。そして，言うまでもなく，正しい地元の業者を採用することも重要である。地元と密着することと，事情に精通している企業を見つけることが，成功と失敗の間の大きなカギとなる。

9.1 アジア

アジアは，デジタルサイネージにおいて最も大きな機会を持っている。なぜならば，中国とインドで20億の人がいるからである。また，インドネシアも2億人で，人口では世界4番目である。したがって，この地域は潜在的に，デジタルサイネージのコンテンツに影響を受けやすい多くの人口を保有している。それに加え，アジアは地域が広く，20か国以上あり，個別の機会もたくさん秘めている。国によって規制や社会性が異なるために，1つの国でできなかったことが他の国でできる可能性もある。

9.1.1 インド

オーストラリアのデジタルサイネージ企業の Future Media India は，インドの6つの都市で，約35店舗に対して1,000台のスクリーンのデジタルサイネージシステムを展開した。これは1週間で200万人によって閲覧される。想定される小売店は，Pantaloons，Big Bazaar，Food Bazaar である。メディアでは，インド小売業初の店内テレビネットワークシステムとして取り上げられている。Future Media の社長パルハオ・ダスグプタ氏は，店内でのブランド認知度が向上すれば，消費者の購買意欲も高まるとしている。

国民銀行でもデジタルサイネージの導入が検討されているが，先に，地元の民間の銀行で導入が開始されている。デジタルサイネージの費用はテレビコ

マーシャルに比べて低いため，まず金融機関からデジタルサイネージが導入されていくであろう。

　デジタルサイネージを導入していく組織としては，政府，そして教育機関も挙げられる。なぜならば，インドは識字率が低く，健康情報や緊急情報を提供するには，音声動画が必要だからである。また，最近は，インドの企業人は早い段階でのROIの回収を求める傾向が顕著である。それは，政府，教育，金融機関のように，ROIよりROOが先に評価される業界でもあるからである。最近，インド初の社内デジタルサイネージが，グンバイとアメダバード間の電車で導入されている。そのほかに，空港，ショッピングモール，高速道路，劇場でのデジタルサイネージの展開も予想される。2010年，コモンウェルスゲームでは，デジタルサイネージを活用したキオスク導入が展開される予定である。設置場所には，売店，待合室，トイレ，階段が挙げられている。コンテンツとしては，ニュース，映画情報，企業メッセージ，広告が挙げられている。図9.2の写真は，ハイデラバッドにあるノボテルホテルの廊下のデジタルサイネージである。この画面では，イメージ動画と，宿泊客・従業員向けの動画が放映されている。このデジタルサイネージの後ろには一般的な看板もある。

図 9.2　インドのホテルのデジタルサイネージ［Lloyd Guiang, ⓒ 2007］

9.1.2 中国

インドから北西に何千キロメートルにわたる中国は，人口的にも地域的にもデジタルサイネージプロジェクトの機会が多くある。初期段階では，主要な交通機関や都市が対象である。中国本土の南東沿岸にあるマカオには世界最大のカジノがあり，デジタルサイネージが複数の個所に設置されているとともに，メインの入口では巨大な屋外 LED が 24 時間 365 日放映されている。

『ウォールストリートジャーナル』にジェームス・アレディ氏が 2007 年 11 月 1 日に書いた記事では，上海にある地下鉄の駅 100 駅に展開されている 4,000 枚のスクリーンが取り上げられた。ペプシとスターバックスの合弁では，中国の田舎の女の子を主役としたドラマのようなビデオが 40 日間連続配信されている。その動画は "subopera"（地下鉄ドラマ）と呼ばれ，地下鉄の乗客 220 万人に閲覧されている。電車が駅に入るたびに，Wi-Fi 経由で新たなビデオが社内サーバに配信され，そこから各車両にある画面へ配信される。下の字幕には，地下鉄の騒音，その他の情報が表示されている（図 9.3）。

このドラマコンテンツは，デジタルサイネージにおける新たな試みであって，ドラマと中国の市場におけるコーヒー飲料のキャンペーン広告とを融合させている。上海の会社の経営者であるジェイソン・ジアン氏は，この新たな試みを「広告は退屈を破った」と語った。地下鉄が配信しているその他のコンテ

図 9.3　subopera の 1 シーン。上海の地下鉄では，毎日数百ものデジタルサイネージに表示される。[Gobi Partners, © 2007]

ンツには，緊急情報，電車のダイヤ，サッカー，ファッション，広告がある。この試みで，今日まで約 400 万人がオンラインで広告とドラマの混ざった動画を閲覧している。

図 9.4 は，数百万人の乗客に見られている地下鉄のデジタルディスプレイの一例である．この画面には米国のアメフト選手が写っており，複数の国の企業がコンテンツ調査に関するメッセージを出している．中国本土では，今後，公共のバスで 33,000 画面のデジタルサイネージプロジェクトが展開される予定である．VisionChina Media がこのプロジェクトを推進していて，次の事業を展開するために新たな投資を求めている．

図 9.4　上海の地下鉄のデジタルサイネージ　[Gobi Partners, ⓒ 2007]

9.1.3　日本

インドや中国でデジタルサイネージが展開されている場所へ，日本でもようやくデジタルサイネージが入りはじめている．しかし，驚くことではないが，日出づる国の技術者たちは，さらにデジタルサイネージの技術を発達させている．世界有数の通信会社である NTT コミュニケーションズは，2007 年に八重洲の地下街にあるビアホール，キリンシティで，「香るデジタルサイネージ」の検証を行った．レモン味やオレンジ味のビールを連想させ，気分の高まる香りが，ディスプレイから放出されていた（図 9.5，9.6）．

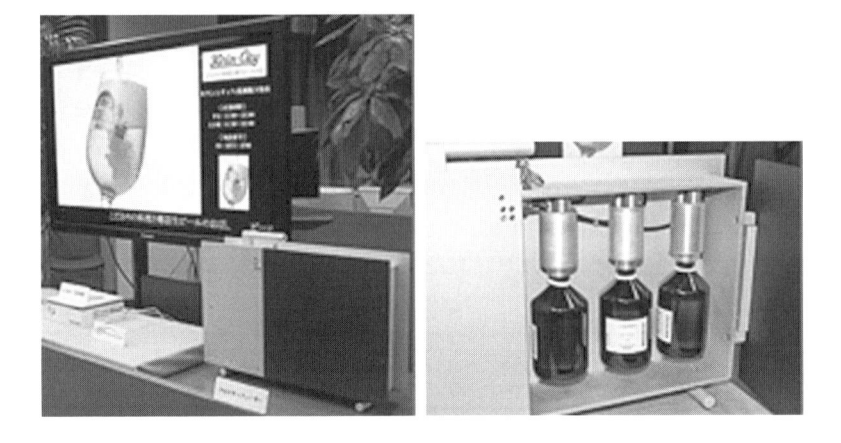

図 9.5　キリンビールと共同で実験が行われた「香るデジタルサイネージ」［NTT Communications, © 2007］

図 9.6　「香るデジタルサイネージ」の機器構成［NTT Communications, © 2007］

日本におけるその他の最先端デジタルサイネージの一例として，三菱電機が開発した 3,400 のディスプレイをシームレスにつなげるプロジェクトがある．2008 年に公開されるこのディスプレイは，高さが 2 メートルで直径 7.5 メートルであり，2,700 万ピクセルの画面で閲覧者を囲むものである．三菱電機は今後，この技術を博物館や交通センターで使用することを考えている．

9.1.4 台湾

台湾では，Cayin Technology が 1,500 店舗あるファミリーマートで，32 インチのスクリーン 3,000 台のネットワークを展開している．コンテンツは，ニュース，コマーシャル，生活情報，テキスト情報，広告である．各店舗に 2 つのスクリーンがあって，1 つは店内向け，もう 1 つは店外向けに設置されている．

9.1.5 フィリピン

フィリピンと中国のマクドナルドでは，商品情報，特別な情報，広告が配信されているプラズマや LCD 画面が，列待ちの顧客の目を釘づけにしている．フィリピンでは，Scala & Globaltoronics のシステムが，マニラの都市部からセブ島まで展開されている．100 店舗以上のマクドナルドに展開されているコンテンツは，視聴者の来店数に合わせて週に 2 回更新される．

9.1.6 シンガポール

シンガポールでは，テルアビブに本拠地を置く C-nario が，マクドナルド向けに SMS で制御されたデジタルサイネージシステムを 127 店舗中 67 店舗で展開している．店内での体験を向上させることを目的とした地域密着型のこのシステムは，来店者の携帯電話からメッセージを入力し，42 インチのスクリーンに表示することができる．来店者は，配信されているコンテンツに対するチャットも可能で，テキストベースの広告を出すこともできる．週末には，5 時間にわたるスポーツの試合を高解像度で見ることができる．広告配信の時間帯は，待ち時間に合わせて露出を最大化するよう調整することが可能である．デジタルスクリーンを介してクーポンを請求できる顧客には，キオスクからクーポンが印刷される．また，ポイントや景品もレジで受け取ることができる．

ナンヤン工科大学では，食堂や事務室にデジタルサイネージシステムが設置されている．コンテンツとしては，学校行事，講演，授業に関する情報がある．

9.1.7　マレーシア

マレーシアでは，クアラルンプール・コンベンションセンター内の水族館や，プトラジャヤのアラマンダショッピングセンター，マレーシア観光局，カユレストランに，デジタルサイネージシステムが導入されている．

9.1.8　ニュージーランド

ニュージーランドの調査データによると，オークランド国際空港にデジタルサイネージシステムを導入したことによって，免税店の売上が 19% 上がった．空港内で配信されているコンテンツは，発着便に合わせて組み込まれている．

9.2　ヨーロッパ

図 9.7 は，アジアとヨーロッパの架け橋であるトルコにおける著者の家族らの古い市場での写真である．背景の右側を見ると，ひっそりとデジタルサイネージがある．新たなデジタルサイネージのプロジェクトとしては，アウ

図 9.7　イスタンブールのバザー．右側奥にデジタルサイネージのディスプレイがある．[Jimmy Schaeffler, © 2008]

ディ，Aral，オランダ鉄道，ポーランドの薬局，ルーマニアの小売業と銀行，ノルウェーの Shell，リトアニアの Hansa Banki，ノルウェーの Telenor と DnB Nor Eiendom，イギリスの IKEA がある。

9.2.1 イギリス

デジタルサイネージの独特な例として Baby-TV が挙げられる。病院や診療所でコンテンツを配信しているシステムである。2007 年の IBC 会議で，Baby-TV の創始者であるゲイビン・アンダーソン氏のプレゼンテーションでは，以下の優位点が発表された。Baby-TV は，(1) ターゲットが明確であり，(2) 無駄がなく，(3) 産婦人科医院という独特な環境に独占的に提供され，(4) 中長期的かつ寡占的な販売機会をパートナーに提供し，(5) 広告主へ市場へのルートを提供する。2008 年の第 1 四半期で，Baby-TV はイギリスの 100 の病院へ配信されており，現在も拡大中である。統計では，イギリスとウェールズの新生児 65 万人のうち 85% の親の目に触れると見込まれている。このビジネスモデルは，広告収入と，Baby-TV のスクリーンとサービスに対する定期収入で支えられている。広告主は，地元の企業もあれば，全国展開している企業もある。例えば，Johnson's, Fisher Price, NHS, Unilever, Quinny, Maxi-Cosi, Baby Einstein が挙げられる。ゲイビン・アンダーソン氏は「テレビと異なって，このデジタルサイネージでは，誰が，どこで，なぜ，どのような気分で見ているかがわかる」と言う。

その他のデジタルサイネージの事例としては，Tesco, Spar, Woolworths, The Mall が挙げられる。さらに，再活性した Life Channel もヨーロッパで有数のデジタルサイネージネットワークである。

表 9.1 は，イギリスに本拠地を置く Avanti Screenmedia が，Spar, Woolworths, The Mall 向けに展開したデジタルサイネージで学んだことをまとめた表である。

Tesco でのデジタルサイネージの事例は，模倣すべきではない先進事例の一つである。初期の開発者たちは技術に着目し，顧客のニーズや関心に焦点を絞らなかった。Tesco の新しい代理店 Dunnhumby は，この観点において，ハードウェア，ソフトウェア，コンテンツ管理に変更を加えた。

表 9.1 Avanti Screenmedia が, Spar, Woolworths, The Mall 向けに展開したデジタルサイネージから学んだこと [Avanti Screenmedia, ©2008]

	何がされたか	何をすればよかったか
The Mall	600 の大きなプラズマスクリーンを導入	大きなスクリーンの数を減らすべき
	全国レベルの営業網	地域ごとの営業網, 手数料ベース
	毎日のコンテンツ更新	購買を喚起するようなコンテンツに
	3 年契約	5 年契約
	リース契約	広告収入モデル
Woolworths	48 店舗のうち 12 店舗でトライアル	64 店舗のうち 20 店舗でトライアル
	1 年間	半年
	6 チャンネル	3 チャンネル, より高い ROI
	15 スクリーン	12 スクリーン
	2.3% の売上向上	店舗選定の改善
	第三者またはサプライヤーからの広告収入なし	もっと早い段階で, 変更を求めるべき
Spar	200 店舗展開	1,000 店舗展開
	1 年間で展開	9 か月で展開
	3 チャンネル	2 チャンネル, 商品カテゴリーの強さに合わせる
	5 スクリーン	画面サイズは重要ではないので, プラズマスクリーンを導入しない
	広告収入なし	5 秒につき 1 ユーロを請求する
	3.6% の売上向上	新たなサプライヤーをより早く加えることにより, 改善の余地あり

9.2.2 ドイツ

POPAI でデジタルサイネージ部門の部長を務めるフェービン・ケラー氏によると, ドイツは特に 2008 年から 2009 年の間に大規模なデジタルサイネージネットワークを展開する態勢を整えているようである. 2007 年は大規模な全国チェーン店で, 新しいデジタルサイネージの展開が多く見られた (例えば,

Edeka，Metro Group，Postbank）．それに加え，2008 年は展開が決まっているプロジェクトがある．その一つは，ドイツ最大の人口である Postbank が開始し，800 店舗で 100 万人以上に毎日閲覧される PostbankTV である．Postbank はドイツ初となるデジタルサイネージの大型展開である．また，ドイツ最大のスーパーマーケット Edeka は，初期フェーズで 400 店舗，最終的には 2,500 店舗に展開し，1 日 3,000 万ビューを得る予定で，Postbank を超えることが予測されている．ケラー氏が思うには，ドイツの市場でデジタルサイネージが発展する最大の課題は，最適なコンセプトとコンテンツ戦略の立案である．

9.2.3　スイス

スイスでは今日，約 20 のデジタルサイネージネットワークが稼動している．サードパーティのマーケティング団体である Goldbach Media AG（スイスでは広告販売のリーディングカンパニーと言われている）が，2003 年から新しいデジタルサイネージメディアをうまく仕掛けていると，POPAI のケラー氏は述べている．

9.2.4　オランダ

オランダのユトレヒトにある金融機関の Robobank は，適所にデジタルサイネージネットワークを持っており，ここ数年にわたって運用している．Robobank はオランダのリーディングバンクであり，900 万以上の法人・個人の顧客を持っている．この銀行は，オランダ全域に 1,300 以上の支店を持っている．世界の他の場所と同様に，このデジタルサイネージは，社員教育や案内，消費者への広告やプロモーションに焦点を当てている．通常 Robobank はプラズマスクリーンを銀行内や ATM の近くに設置している．それぞれのスクリーンでは，銀行の商品やサービスを少しずつ見せている．作成されたコンテンツは，ADSL のインフラにより本部から各拠点に配信される．2007 年後半，Robobank は数百ものデジタルサイネージディスプレイを設置したと発表した．スイスの Neo Advertising は，最近ドイツの POSTV に買収されたが，270 か所に約 9,000 のオンラインのフラットスクリーンを設置する，オランダ最大のインストアデジタルメディアネットワークとなった．多くのディスプレイ

が壁掛け型のフラットスクリーンであり，小売電気売場で同じコンテンツを見せているが，約300の出口に設置されている数千のスクリーンが依然として印象に残る。POSTVは，彼らのデジタルサイネージが4週間に600万人以上の買物客にリーチすると主張し，それがオランダ最大のリテール向けデジタルサイネージネットワークを作っている。ネットワークの広告主には，キヤノン，Gillet，Heineken，ノキア，サムソン，ユニリーバが含まれる。全国的なドイツの小売業者Vodaphone，MediaMarkt，Makroがそのシステムを利用している。

　デジタルサイネージは，公共の場で見ることがほとんどである。図9.8は，アムステルダムの中心部にある地下鉄に設置されているデジタルサイネージである。

図9.8　アムステルダムの中心部にある地下鉄に設置されているデジタルサイネージ［Jimmy Schaeffler, ⓒ 2008］

9.2.5　クロアチア

　ヨーロッパ南東のクロアチアにあるAlpe-Adria Bankは，ザグレブで集中管理されるデジタルサイネージシステムを展開し，60の支店と姉妹会社に対して金融商品や広告のコンテンツを配信している。今の展開は，ザグレブ，スプリット，リエカとオクシオにて展開されたテストケースである。使用されているのは，富士通の42インチのプラズマテレビである。

　図9.9は，ヨーロッパの都市にある雑貨店のレジ付近に設置された小型デジ

図 9.9 南ヨーロッパの金物店にある小さなデジタルサイネージディスプレイ［Jimmy Schaeffler, ⓒ 2008］

タルサイネージである．このタイプの小さな画面は，ヨーロッパのみならず，世界の他の地域でも増えていくと予想される．

9.2.6 ロシア

ロシアの人口は約 1.4 億人である．約 15 年前の共産主義の崩壊以降は，自由経済の開放によりデジタルサイネージの多くの可能性を秘めている．ロシアにおけるデジタルサイネージは，まだ誕生したばかりである．したがって，デジタルサイネージの機会は今後多分にある．

Ramstore というハイパーマーケットでは，店内広告を中心としたデジタルサイネージネットワークが展開されている．初期のテストケースは，モスクワ，サンクトペテルブルク，クラスノヤルスク，カザン，ロストフ，ポドルスク，ゼレノグラードで行われた．コンテンツには，商品情報，動画，広告，地域情報，ニュースがあった．コンテンツは週ベースで更新された．複数年かけて何千台のスクリーンの展開が見込まれている．Platt Retail Institute の所長ステーブン・キース・パラット氏は，「ロシア革命」と題した記事に，2007年 10 月にロシアを訪問した際のデジタルサイネージの事例を取り上げている．Nepkpectok スーパーマーケットでは，広告を配信する簡単なデジタルサイネージを展開している．スクリーンはレジに並んでいる顧客からも見えるよ

うに工夫して，商品棚に置かれている．電気店の Texhonapk 店内には，フラット画面のスクリーンが設置されている．また，Gentleman Farmer は，5〜10秒間の商品紹介をレジの後ろに設置された画面に表示している．

9.3　その他

　中南米では，空港の免税店に広くデジタルサイネージが展開されている．サウジアラビアでは，国内の有数の銀行で最近デジタルサイネージが展開された．

9.3.1　メキシコ

　メキシコの放送局 Televisa も，デジタルサイネージビジネスを始めている．同社は，メキシコ国内のウォルマート 300 店舗に，1 店舗当たり 21〜28 台，合計で 5,000 台のディスプレイとタッチパネルのキオスク端末を設置している．Televisa は Wal-Mex Network と呼ばれる同社のシステムに，広告用コンテンツだけでなく，小売店に特化したオリジナルコンテンツを供給している．フロリダに本拠地を置く Wirespring が，ソフトウェア管理システムの提供を行っている．2006 年 9 月の報道発表によると，来店客は店舗でより楽しい体験ができるだけでなく，より賢く買い物ができるようになる．広告主にとっては，従来の POP 広告だけでなく，自社の商品の売場をさらに目立たせる機会を新たに得ることができた．コンテンツは，店舗形態ごとに展開されて，薬局のある店舗向けには，独自のチャンネルが提供されている．Wirespring の CEO のビル・ゲルバ氏は「中身よりもイメージが重要視されるこの業界において，放送局である Televisa はデジタルサイネージとキオスク端末の組み合わせによって，店舗という場所に調和するメディア環境を作り上げ，確固たる地位を築いている」と言う．

　そのほかの事例としては，Wegener が，Satellite Store Link へ卸している 1,200 台の銀行向けデジタルサイネージシステムがある．こちらの対象は，顧客と従業員である．2007 年 5 月に出されたプレスリリースによると，デジタルスクリーンは本部にあるネットワーク管理センターから一括管理されるため，従業員が管理・操作しなくとも正しく稼働する．

9.3.2 ブラジル

ブラジルでは，フランスに本拠地を置くデジタルサイネージ会社のPRNが，ブラジル企業のCerejaと合弁で，2007年中に，100店舗のCarrefourスーパーマーケット向けにデジタルサイネージシステムを導入した。2007年11月のプレスリリースによると，42インチ画面が店舗内の特定の場所に，19インチ画面がレジに，壁面ディスプレイが電気製品コーナーに設置される。Carrefourに来店する顧客数は1か月に2,700万人である。2006年の後半には，同様のデジタルサイネージシステムが30店舗のCasa & Videoで展開された。主なコンテンツは，内部で作成されたものや広告であった。

9.3.3 サウジアラビア

国際商業銀行300支店中40支店に，(1) 従業員とのコミュニケーション効率化，(2) 企業イメージの向上，を目的にデジタルサイネージが展開された。プレスリリースによると，従業員の商品・サービスに対する理解度が高まり，顧客へのサービスも向上した。顧客の商品・サービスに対する知識が増えることにより，売上の向上も見込まれている。42インチの画面では，テキストやグラフィック，静止画，動画が放映されている。顧客向けコンテンツとしては，金融サービス，プロモーション，関連するニュース情報が提供されている。

9.3.4 アフリカ

Tactile Technologies，Mediatile，Vodacomが合弁で，アフリカの銀行，小売業，薬局，広告主，メディア，ホテル向けに，IP配信されるコンテンツとオールインワンパッケージを展開してる。2007年7月のプレスリリースによれば，「Mediatileのデジタルサイネージソリューションは，電源を入れるだけで簡単に構成され，複数の個所へ展開することが可能である。Mediatileのディスプレイは，Vodacom Mobileの3G-GPRSサービスを利用してインターネット経由で接続され，セキュリティが保証されたウェブベースのポータルから一括管理される。Mediatileのディスプレイには19，32，42，47インチのサイズがあり，タッチ機能もある。そのほかには，既存の5インチのディスプレイから巨

大な屋外電光掲示板に接続できる，コンポーネントプレーヤーも提供されている」。

第10章

どこで,どのように,デジタルサイネージの検討を始めるか?

> デジタルサイネージのプロジェクトは,その他のアプリケーションシステムのプロジェクトと構造は類似している。しかしながら,典型的なシステム開発のライフサイクルや看板プロジェクト,マーチャンダイズの戦略に加え,収入と他のステークホルダーの利益に焦点を当てることが,重要な追加要素である。
>
> ライル・バン[1]

> 顧客の要求や期待と,ビジネス目的に対するソリューションの両者を調和させることが重要である。ビジネスの目的を分析し,それと顧客の目的が調和することを確認してから,公共の場に技術を導入する際の,環境やロケーションに固有の問題を特定することが大切である。
>
> ブライアン・アーディンガー[2]

新たにデジタルサイネージを検討する前に,「恐れるな」「下準備をせよ」[3]という,2つの重要なメッセージを思い出す必要がある。まず,(1) ネットワークの現実的な発展と開発に合わせて初期の目標と計画を設定し,(2) 定量的なテストまたはパイロットプロジェクトを実施して,(3) さらなるネットワークの成長に向けた課題を検討し,その解(またはその一部)を探ることが,長期

---

[1] Lyle Bunn:Bunn Company 戦略アーキテクト。
[2] Brian Ardinger:Nanonation ビジネス開発担当部長。
[3] 2つのアドバイスは矛盾したものではないことに注意されたい。

的な安心（と利益と成功）に非常に役立つ．さらに，「汝の視聴者を知れ！」という言葉を肝に銘じるべきである．

新たな開発や活動を始める場合はいつもそうだが，特に，金銭的・時間的・人的に大きなリソースを使う場合には，事前調査，準備，デューデリジェンスをしっかり行うことが重要である．したがって，本章はこのような作業を始めるのにたいへん重要で，役に立つ．本書は広い読者を念頭に，デジタルサイネージ産業のコアとなるビジネス面に焦点を当てている．初心者は，(1) ゴール，(2) 視聴者のニーズと特性，(3) デジタルサイネージが設置される環境，を決定することが重要である．

デジタルサイネージ設置に伴う一連の作業は，以下のような要因で変化する．すなわち，誰がそれを行うか，事業者が何を欲しているか，どこにデジタルサイネージを設置しようとしているか，誰に対して影響を与えようとしているか，である．とはいえ，図 10.1, 10.2 に示すような，いくつかのデジタルサイネージの基本的なステップがあり，これをほぼすべてのデジタルサイネージの新規参加者に適用してみるとよい．これらのアクティビティの順序（包含関係も含め）は，機材，ニーズ，視聴者が異なれば，それらに適合するように調整できる点に注意する．

検討すべき重要な領域として，コンテンツ制作，配信，ハードウェア選定，テクノロジー，価格・資金戦略，効果測定，そして最も重要な視聴者のダイナミクスがある．

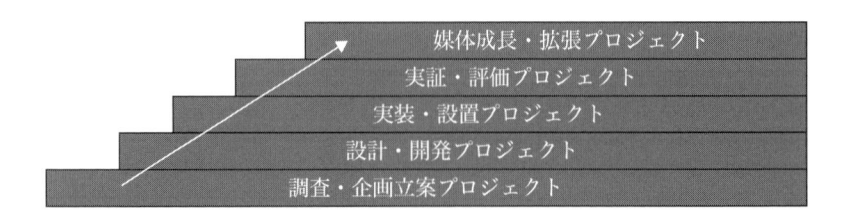

図 10.1　広いスケールでデジタルサイネージ事業を評価するために，何を考慮すべきか？［Jimmy Schaeffler, Ⓒ 2008］

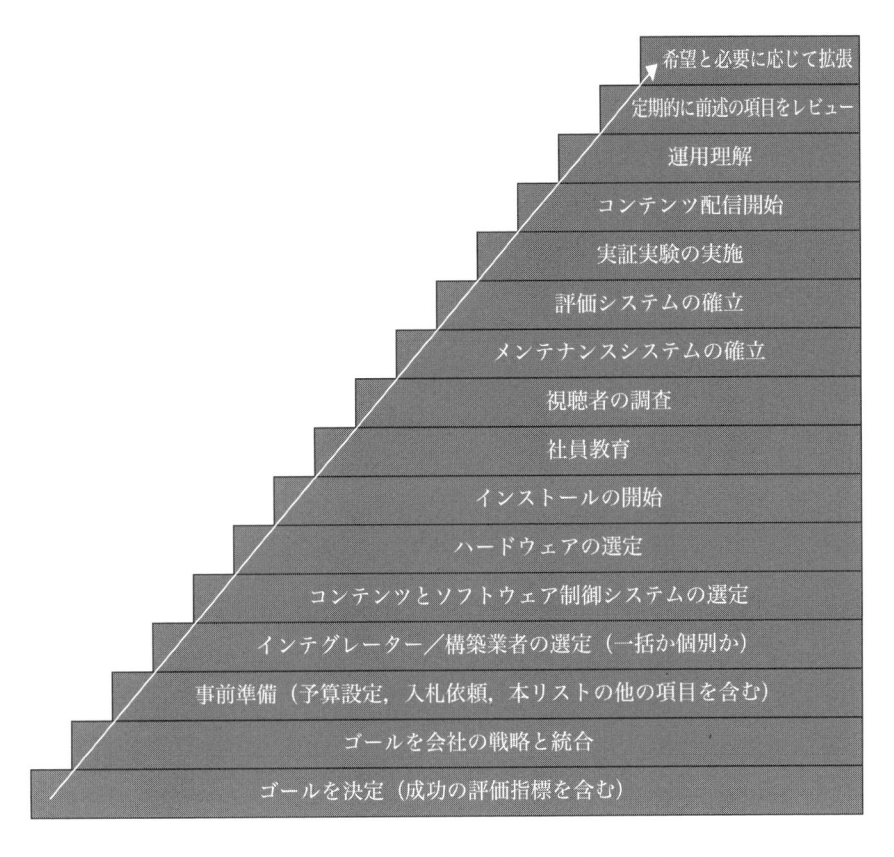

(階段図、下から上へ)
- ゴールを決定（成功の評価指標を含む）
- ゴールを会社の戦略と統合
- 事前準備（予算設定，入札依頼，本リストの他の項目を含む）
- インテグレーター／構築業者の選定（一括か個別か）
- コンテンツとソフトウェア制御システムの選定
- ハードウェアの選定
- インストールの開始
- 社員教育
- 視聴者の調査
- メンテナンスシステムの確立
- 評価システムの確立
- 実証実験の実施
- コンテンツ配信開始
- 運用理解
- 定期的に前述の項目をレビュー
- 希望と必要に応じて拡張

図 10.2 デジタルサイネージ実装を評価する際の詳細なステップ
[Jimmy Schaeffler, ⓒ 2008]

10.1　どこから始めるか？

　本章では，デジタルサイネージプロセスにおいて，相対的に独立した3つの重要な初期段階，(1) プロジェクト着手・開発段階，(2) 実証段階，(3) 将来的な成長段階，について述べる。これらは，デジタルサイネージを追加しようとしているすべての事業者が成功確率を大きく高めるために，必ず実行しなくてはいけないプロセスである。本章の大部分は第1段階の説明にあてる。

10.1.1　第1段階：プロジェクト着手・開発

　デジタルサイネージプロジェクトを進めるために，ゴール設定，計画策定，設置に向けたコンテンツ・環境・テクノロジーの評価を行う。

　まず本書を読むことから始めよう。3つの重要な段階を学ぶために，本章に加えて，デジタルサイネージのハードウェア，ソフトウェア，インストール，保守，評価指標，および将来のデジタルサイネージのレビューについて述べている他の章を読んでほしい。少なくともネットで調査をしよう。デジタルサイネージの会議に参加しよう。デジタルサイネージ業界（と今後の方向性）をよく知っている人々と話ができる良い場である。さらに，出かけたときは，実際に運用されているデジタルサイネージを自分の目で見るために足を運ぼう。デジタルサイネージを設置した人に，デジタルサイネージの仕組みに関する話を聞こう。ゴールを設定したら，開発計画を確立する正式なプロセスを開始しよう。

ゴール設定，ゴールの定義，開発計画

　デジタルサイネージの新規参入者は，彼らのビジネスにデジタルサイネージを導入する動きを始める前に，新しいメディアに関して多くのことを見聞きしているだろう。それが広告会社であれば，プロセスの中で，彼らのクライアントと共同でゴールと提案する顧客体験の本質を見極める必要があろう。また，それが小売業者，商店，モール，コンビニエンスストアなどであれば，プロセスの中で，典型的にはブランド，商品，プロダクト，広告メッセージに焦点を当てるだろう。さらに，他のビジネスを行っている事業者（例えば，宗教法人や病院などの非営利組織）の場合でも，本章はガイドになるだろう。ゴール設定の直後，またはゴール設定の前に（あるいは同時に），視聴者にとってのゴールを設定し理解することは，非常に重要である。

❐　ゴール設定

　ビジネスゴールは次の大きな問いから始まる。われわれ（または，われわれのクライアント）のビジョンステートメントは何なのか？ これが，デジタルサイネージ設置（すなわち，実験的な展開と，その後のより大規模なデジタル

サイネージのモデル展開との両方）の全体スコープを定義する重要な原動力となる。

典型的には，ビジョンステートメントは非常に短く好感が持てるものがよい。例えば，1, 2 行で「情報を伝え楽しませるコンテンツを作る」といったものである。社内または社外のステークホルダーは，この準備段階で，彼らの考え方と調和を図るために議論に参加することが求められる。社内の情報システム部門と人事部門に，この初期段階で見識とニーズを提示してもらうよう働きかけてもよい（彼らのいずれか，または両方がデジタルサイネージのシステム予算に対して資金提供する予定がある場合は特に）。ビジョンステートメントを書き出すことは悪い考えではないだろう。IP ベースのデジタルサイネージプロバイダー Helius[4]の CEO であるマイク・ティペット氏が示唆しているように，常識にも思えるが，「デジタルサイネージのゴールはビジネスに役立つと確信する」という重要な手順を忘れてはいけない。

会社（またはクライアント）に特化したゴールもあるだろう。ビジョンステートメントを越えて，ビジョンステートメントの成功をもたらすために，具体的に何が必要だろうか？ 製品やサービスの売上が増加することか？ コストを下げることか？ 従業員の離職率を下げることか？ 店内のブランディングの体験を改善することか？ 消費者の理解や満足度を確認するためか？

デジタルサイネージのビジネス面の関心において，真のゴールは何だろうか？ まず手始めに，デジタルサイネージで視聴者にどのような効果を与えたいかを考えるべきである。より重要なこととして，誰を真の視聴者と見るか？ デジタルサイネージは視聴者にどのようなインパクトを与えるべきなのか？ 視聴者はデジタルサイネージシステムに何を求めていると考えるか？

新しいデジタルサイネージシステムを位置づける前に，システムの真のゴール（おそらく，短期，中期，長期のゴールという形になるだろうが）を決定しなくてはならない。そのあとで，視聴者またはエンドユーザーのゴールを評価し，決定すべきである。

計画プロセスで検討すべきもう 1 つの重要な項目として，成功のマイルス

[4.] 2008 年初めに，Helius は HughesNet に買収された。

トーンの設定方法，つまり何をもって成功とし，いつの時点でどのように測定するかがある。第 8 章で特定したような要素，すなわち新たな収入，ブランディングの向上，待ち行列・時間の感覚的削減または実際の削減，インタラクションの速度向上，商品認知度の向上，コスト削減，そして最も重要であるが，投資収益率 (ROI) と呼ばれる目的対効果 (ROO) はすべてゴールになりうる。

新たな ROI における収入として，売上の上昇，売上手数料，広告売上，ディスプレイ設置ロケーションのレンタルまたはリース料収入，新しい商品・サービスおよび抱き合わせ販売の売上に占める比率などがある。加えて，不要になる印刷や看板のコスト，廃棄される印刷物の減少，従業員の不要なポジションの廃止（DVD や CD の配送など），広告放映保証の改善，クリエイティブ開発に対する初期投資の効果最大化，鮮度が重要な商品・サービスに対する迅速な（したがって，より効果的な）マーケティング，従業員とのコミュニケーションのために同じデジタルサイネージシステムのインフラを使うことで減少する従業員の訓練費用といった領域で，削減するべきコストは見つかるだろう。

伝統的な看板のコストに対して，デジタルサイネージが実際のコスト削減につながることに注意すべきである。伝統的な印刷や看板を使った場合，米国の中規模の都市にローカライズした広告プログラムの費用の見積もりは 50 万ドルであるが，移設可能なデジタルサイネージを同じ地域で使った場合の費用は伝統的な看板の 30%，すなわち 15 万ドルと見積もられる。言い換えると，12 か月間の平均的な削減コストは 75% 以上である。

業界リーダーのライル・バン氏は，初期開発のステップの多くに対してそれぞれ優れた分析を加えた記事を，"Planning Your Digital Signage Network"（デジタルサイネージネットワークの計画）というタイトルで www.signindustry.com に公開している。

デジタルサイネージのゴール設定

Digital Signage Group のスコット・スタントン氏は，「(ゴール設定プロセスに) 必要なのは，システムの初期コスト，長期的な運用コスト，適切なメッセージを配信するためのシステム能力のバランスをとることだ」と "Digital Signage Resource Directory" の中で要約している。

◻ 視聴者にとってのゴールの設定

図々しいと感じるかもしれないが，デジタルサイネージのビジネスに踏み込もうとする人には，顧客の仕事を引き取る覚悟が必要である．そのためには，店舗や別の種類の場所にどんな人がやってきて，何に興味を持っているかを，何年もかけて調べる必要がある．最近，人々または人々の集団を正確に評価する唯一の方法はサーベイだと，多くの人が信じている．すなわち，アンケート調査や観察によって，視聴者の定量的な特性や動機を正確に理解することを目的としている．このような方法をとることで，視聴者は何者で，何を欲しているか，必要としているかを伝えてくれる．

ビジネスのゴールが視聴者のゴールと融合したり，一致したりすることがよくある．これはもちろん好ましいことである．小売業者にとってのゴールは商品を売ることであるが，小売業者の視聴者のゴールは小売業者のそれと一致し，同じ商品を買うことである．この第1段階からゴールに向けて分析を進めていくと，新規参入者と視聴者のゴールに関して，同じような種類の疑問が繰り返し現れることになる．

自身のゴールとターゲット視聴者のゴールを設定したら，そのゴールを達成するためにコンテンツとテクノロジーを調査する段階になる．意図的にそうするのだが，最初に言及する項目はコンテンツである．この業界で豊富な経験を持つ Business Development for Nanonation のビジネス開発担当部長のブライアン・アーディンガー氏は，2006年8月15日の DigitalSignageToday.com の記事 "Expert Advise: Never Start With Technology"（専門家からのアドバイス：技術から始めるな）において，「プランナーは，最初のマイルストーンとして視聴者を理解することに注力すべきであり，その次に，視聴者のニーズにマッチしたコンテンツ，そして，それを実現するためのテクノロジーに焦点を当てるべきである．ハードウェア，ソフトウェア，ネットワーク，システムインテグレーションは，準備プロセスの中でも一般的に最後のほうに来る」とアドバイスしている．

開発計画

ゴールを設定することと，コンテンツについて検討しプランを作ること，これらが，最初のデジタルサイネージの設置に向けて全体開発計画を立案する

うえで，最初に行わなくてはならない 2 つのステップである。これらのステップのあと（結局は同時に行うことも多いが）で通常検討する項目には，一括または個々のパーツ，システムの選定・調達に向けたソリューション，および，これらのパーツおよび全体システムの運用，支払い方法がある。理想的には，この開発計画は着手段階から実証実験プロジェクトの終わりまでの期間をカバーしていることが望ましい（さらに，デジタルサイネージをより大規模にしたり，高度にしたりしていく成長段階までをカバーしていると理想的である）。

　開発計画で重要なのは，さまざまなマイルストーンを設定することである。多くは「成功のマイルストーン」として分類される。このようなステップ・バイ・ステップの手順を踏むことで，たいていの場合，資金の供給や支出を抑えることができ，プロフェッショナルかつ十分計画されたペースでプロジェクトが進んでいるかどうかを確認できる。マイルストーンは，一般的には，契約の整備（例えば，ソフトウェア・ハードウェア供給者，土地やロケーションオーナー，さまざまなシステムパートナーとの契約），資金および金銭的なリソースの調達，設置，さまざまなテクノロジーの初期テストなどである。経験豊富なデジタルサイネージ設置業者の多くは，初期段階の開発計画の一部として，堅実なビジネスプランと財務プランを実行してみることを勧める。

　ビジネスプランおよび財務プランの重要な要素として，実行可能な予算を組むことがあり，この段階において，デジタルサイネージのステークホルダーと必然的に意見を交わす，良い対話の機会になる。完成した準備予算は，より大規模なプロジェクト計画の一部になる。第 8 章では，デジタルサイネージプロジェクトの財務面からの実務的な見識について，より詳細に述べている。

　初期段階の予算は，ハードウェア・ソフトウェアの費用，（あるのであれば）広告やその他からの期待される収入，キャッシュフロー，期待される利益を含む。さまざまな支出項目を含み，この段階で稼働，法務，運用の費用，広告費用（例えば媒体資料と手数料），効果測定の費用（例えば視聴者による監査），ブランディングの費用などのレビューが行われる。収入源としては，広告，売

上上昇に伴う特別手当，社内コンテンツ制作，マーケティングや効果測定データの制作，クーポンの買い戻しが含まれるかもしれない。典型的な「収入」ではないが，例えば，50以上のロケーションに衛星で配信している従業員教育プログラムを，デジタルサイネージシステムでも配信することで（2つの異なる用途で使用することになる），販売ツールの印刷にかかる費用や高価な対面での教育訓練の費用を削減できる。

同じように，典型的な費用も調査し計画しておく必要がある。費用としては，運用，管理，コンテンツ調達，ネットワーク整備などの「通常」の項目が含まれる。

開発計画を詳細化していくと，検討すべき他の項目として，視聴者のデモグラフィック属性の把握，ディスプレイのレイアウト，切り替えの頻度，在庫リスト，料金表，広告売上，媒体資料などがある。

デジタルサイネージシステムを適切に設置するために，一般的に必要となる15のステップを以下に示す[5]。

(1) 開発計画の作成
(2) 財務計画の作成
(3) ビジネス計画の作成
(4) 正式に現場を調査
(5) 予算作成
(6) 十分な資金を調達
(7) 実行可能なビジネスモデル／ROO／ROIの特定
(8) 特定の作業をする経験豊かなコンサルタントを活用
(9) 設置，メンテナンス，効果測定，修理，耐用期間の適切な計画
(10) 既存システムと新しいデジタルサイネージシステムの適切な調和
(11) 高品質のハードウェア，ソフトウェアを選定（用心に用心を重ねて，多

---

[5]. Laura Davis-Taylor & Adrian Weidmann 著，*Lighting Up the Aisle: Principles and Practices for In-Store Media*（通路をライトアップ——店内メディアの法則と実践）には，このリストに類似した16の提言が含まれている。さらに，オンラインで入手できるWirespring Technologies の "The Top 13 Deployment Mistakes ... and How to Avoid Them"（設置ミスのトップ13とその回避策）には「やってはいけないこと」リストが載っているので，この分野でさらにガイドが必要な人は参照してほしい（www.billgerba.com）。

少高くても信頼性が高く頑健なハードウェアを取得する）
(12) 最初のバージョンの実装はシンプルに
(13) すべてのシステムが完全に信頼性が高いと仮定せず，バックアップを考慮
(14) 視聴者を「行動を起こすための引き金」に誘導
(15) 参加者，従業員とエンドユーザーである視聴者が，システムを批評（そして改良）することを許容する積極的な手続きを提供

コンテンツの評価

　第5章では，一般的なデジタルサイネージのコンテンツの，大きな空きスペースを埋める実際的で簡便な方法を概説した。この段階で解くべき問題は，コンテンツの入手元，コンテンツの種類，および，コンテンツを誰が制作し，誰が最終的に決定するか，視聴者のニーズに最も適合するコンテンツは何であるかである。コンテンツの費用，特にコンテンツを入手して使用するためのライセンス費用に注目し，できるだけ早期に予算に盛り込む必要がある。コンテンツの入手元は，社内のファイルから，無数に存在する静止画・動画素材供給会社を含む外部プロバイダーまで幅広い。加えて，高速道路や一般道路脇といった屋外でコンテンツを流すのであれば，市や州，場合によっては政府機関との調整を早くから始めることを勧める。

　WirespringのCEOであり，デジタルサイネージ業界のエキスパートと認められている人物であるビル・ゲルバ氏は，ブログ（www.billgerba.comを参照）を頻繁に更新しており，コンテンツのトピックに多くのスペースを割いている。彼はコンテンツの重要性を「ターゲットとする視聴者の理想や嗜好に合致するようにカスタマイズされたコンテンツを使うことで，広告主は販売のチャンスを拡大できるだけでなく，ブランドイメージを強化したり，買物の体験を全体的に向上させたりすることができる」とまとめている。

　業界のパイオニアであり，SCALAの副社長であるジェフ・ポーター氏は，コンテンツ配信の別のキーポイントに関して「サイネージは，動きがあって，価値があり，アピールするものでないといけない。テレビではない，ウェブでもない，サイネージなのだ」と述べている。

環境の評価

デジタルサイネージ環境の評価は，3つのコアとなる部分からなる．視聴者，会社と従業員，そして実際にデジタルサイネージを設置する物理的なロケーションである．別の見方をすると，サイネージの物理的なロケーションと，スクリーンを設置，運用，評価する人が，評価の対象と言える．

☐ 視聴者

デジタルサイネージ環境の一部として，視聴者を再び詳しく検討する必要がある．会社および従業員と視聴者はどのような関係にあるのか？ 同じ視聴者がどのくらいの頻度で来店するのか？ 特定の視聴者はいつごろ来店するのか？ 入ってきたとき何を探しているのか？ 店の従業員に何を期待しているか？ 本章の後続の節では，（より大きなデジタルサイネージ環境の一部としての）視聴者に関する問題と懸念事項をより詳細に述べる．

☐ 会社と従業員

デジタルサイネージのディスプレイの背後に存在する会社として，ロケーションオーナー，あるいは媒体オーナーがいる．この会社は1社である場合も複数の場合もある．構造的に分離していても，組織としての会社およびその従業員は，視聴者や物理的なロケーションとは（関連するが）切り離して評価すべきである．従業員がハッピーで顧客のニーズと調和している状態を保つことが，すべてのデジタルサイネージのロケーションにとって重要な側面である．

☐ 物理的ロケーション

屋内外の既設ロケーションの主要なものといっても，さまざまな種類の物理的な場所がある．映画館のような場所で視聴者および従業員がデジタルサイネージに期待することと，5万人規模のスタジアムの視聴者や従業員が期待することとでは，まったく異なる．フロアプランや店舗スペースのプランなど，ロケーションごとに異なる特性と，視聴者および従業員の重要な側面を調和させながら，論理的かつ柔軟な調整を行うことで，求められている目的を達成することができる．

テクノロジー調査

　発展途上の新しいデジタルサイネージシステムに関するテクノロジー調査は，上述した他の調査のあとで行われ，他の調査をサポートする方法の一つとなることが理想である．結局，テクノロジーには，ソフトウェア，ハードウェア，ネットワーク，システムインテグレーションなどの重要な要素が含まれる．

　したがって，例えば，スペースに最も適したディスプレイの種類，見た目の美しさ，適切な解像度と輝度，時には軽さや薄さに注意が払われるであろう．また，あるタイプのコンテンツをあるタイプの視聴者に届けたいときに，既存のディスプレイを使ってうまく表示できるかに注意が払われる場合もある．一日のうちの決まった時刻や，あるコンテンツを流している時間帯に来訪する視聴者，または，一日の中で異なるコンテンツを流す必要がある時間帯に注意が払われる場合もあるだろう．

10.1.2　第2段階：実証プログラム

　開発計画が整ったら，開発計画に従って設置に向けて動きだそう．そのためには，実証プログラム，すなわちテストプログラムを実践するのがいちばん良い．少数のディスプレイや，ロケーションが1か所しかない小規模な構成だとしても，ほとんどのデジタルサイネージの専門家が実証プログラムを勧める．実証実験システムを1か所のロケーションに設置し，デジタルサイネージを設置したロケーションと，設置していないロケーションで売上などの統計データをとって比較するが，理想的な実験方法である．

　実証プログラムを実施すると，設備が本当にどのようにマネタイズされるかを知ることができる．また，ハードウェア・ソフトウェアのサプライヤー，ロケーションオーナー，媒体社，コンテンツプロバイダーとの契約がうまく機能しているかの見通しも与えられる．

　期間的には，例えば5店舗のプロジェクトであれば，1〜2か月のテスト期間がちょうどよいだろう．今後も同じハードウェア，基本的に同じコンテンツ（システム管理用と表示用のコンテンツ），同じインフラを，長期間または常設のシステムとして運用する予定であれば，実証プログラムは従業員や顧客に新しいデジタルサイネージシステムをお披露目する良い機会になる．実証期間

中，典型的に用いられる効果指標としては，視聴者の想起する可能性，売上の向上，ブランディング体験の向上，そのほかにも視聴者に対するインパクトや行動喚起の尺度がある。

実証プログラムは，実施チームがバグを取ったり，システムをチューニングしたり，メッセージを改善したりするのにも役立つ。より大規模なシステムが機能するかを検討するうえでも良い方法である。

効果測定

視聴者行動の測定は，デジタルサイネージプロジェクトのすべての段階で重要であるが，実証段階に割り当てられた期間は中でも最も重要だろう。インターネット調査や，質問表を用いた対面調査といった手段で検証できるが，最近では，ロケーションに設置したカメラや効果測定機器を用いて，視聴者の何らかの反応を測定する方法もある。ここには，デジタルサイネージのコンテンツに目を向けたかどうかといった，視聴者の視線の動きが含まれる。このようなデータがあると，例えば出資者，広告主，ロケーション提供者などからの信頼が得られる。

10.1.3　第3段階：将来的な成長

計画段階および実証プログラムを通じて，われわれ自身のプロジェクトの成功にとって，パズルの特定のパーツがどのように重要かを学ぶことができるだろう。すべての基本的なパーツの機能や重要性の関係がより明確になってくる。ハードウェア，ソフトウェア，設置，メンテナンス，効果測定はうまくいったか？　コンテンツは視聴者の行動の動機づけができたか？　暮らしに役立ち，環境の雰囲気に調和しているか？　視聴者はその関連性に気づいたか？　われわれのゴールを達成しているか？　実際には，さらに多くの問いに対する答えが全体的に，または部分的に得られているだろう。それらの答えがデジタルサイネージ開発を次の段階へと導く。

最初に実証プログラムで測定され，その後の展開でも測定される，着実で信頼できるデータを過小評価してはいけない。実際，第8章で示したように，ROOが明快なROIを含んでいないとしても，視聴者とコンテンツの効果測定

を試みるのは良い考えである．少なくとも，将来的な改善に対するベンチマークを測定することができる．第 11 章では，将来のデジタルサイネージの可能性と応用について，より包括的で詳細なリスト化と説明を行う．

10.2　いつ開始するか？

　デジタルサイネージのスターティングポイントの定義は，とてもシンプルである．視聴者に届けたいメッセージの価値を向上する取り組みが必要になったときが，開始すべきときである．いくつかのステップ，例えば，本書を読んだり，付録にある他の参考文献を攻略したり，ビジネスをよく知っている人と話をしたり，いくつかのデジタルサイネージの会議に参加するなどのステップを踏みながら，新規参入者は実際の設置に近づいていき，本節で議論した 1 から 3 の段階へとつながっていく．

　本書の中心的な読者は，放送事業者，多チャンネル放送事業者，および関係する他の通信関連事業者である．こういった読者層にデジタルサイネージが提供する好機について言及する．ある放送オブザーバーは「コンピュータがより高度になり，デジタルサイネージビジネスに参入することがより容易になる．これは多角化の良い方法である」と述べた．加えて，Capitol Broadcasting の CEO であるジム・グッドモン氏は「われわれはコンテンツをすでにたくさん保有しているし，基本的な設備や，キープレーヤーである広告代理店や広告主を熟知している．デジタルサイネージに取り組む大きな意味がある」．グッドモン氏の会社の子会社である Microspace は，デジタルサイネージを初期から開発してきたパイオニア企業の一つである．

　ほとんどの広告会社（やそのクライアント）は，新しい広告媒体であるインターネット広告，モバイル広告，デジタルサイネージ広告にリソースをシフトしていくことの重要性を疑わないだろう．テレビの分野において広告が氾濫する昨今の状況の中，ブランドのプレゼンスを維持する強力な手段としてデジタルサイネージを見る，広告ビジネス内外の専門家は多い．本書では，なぜこのようなことが起こり，このプロセスにどのように参加するかを示すことを目的としている．古いビジネスの格言にあるように，ストレスにさらされるビジネ

ス環境においては，未来に向けた保険として多様化を目指したほうがよい。現在のデジタルサイネージ開発の先にある将来の展開については，第 11 章で焦点を当てるが，番組内のプレースメント広告のようなものは，未来に向けた一つの波として挙げられる。

> ### リテール銀行
>
> ミシガン州を拠点とする銀行の事例をケーススタディとして検討する。パートナーはテネシー州を拠点とするマーケティング会社の StagePost であり，彼らは "Excelevision" と呼ぶデジタルサイネージのシステムを共同開発した。このシステムは，数百か所に及ぶ米国南東部リテールバンキングのロケーションにいる従業員と顧客に対して，マーケティング，研修，社内情報をリアルタイムに配信することに焦点を当てた。コンテンツは，36,000 キロ赤道上空の SES Americom 衛星を介して配信される。新しいテクノロジーとコンテンツ配信ソリューションのバックボーンを開発したのは，ノースカロライナ州ローリーを拠点とする Microspace である。
>
> 銀行の顧客戦略は，（インターネットやインターネット取引を使うように勧めるのではなく）顧客が自らリテールバンキングのロケーションに足を運ぶように促すことである。実際，銀行としては，顧客が選んだ銀行のロケーションに 1 か月に数回足を運んでもらいたい。銀行は顧客が列に並んでいる（他の銀行でもよくある）待ち時間にデジタルサイネージのコンテンツを流すことで，顧客を退屈させたり，ネガティブな体験を与えたりしないようにした。
>
> 大画面テレビまたはプラズマディスプレイを通じた Excelevision の体験は，以下の 3 つの要素から構成される。
>
> - Excelevision ネットワーク：受動的で片方向の映像を用いて，銀行の商品・サービスのリテール広告を提供する。
> - 顧客向けラーニング端末：インタラクティブで双方向の体験を提供し，顧客は情報やサービスをリクエストできる。

- 従業員向けラーニング端末：従業員を遠くまで出張させるような非効率な方法をとらず，商品やサービスに関する研修コンテンツを銀行の各ロケーションに提供する。従業員はインタラクティブに学習でき，研修プログラムの修了時には対話型テストを受けることができる。さらに，本社のリーダーは即座に成績を知ることができ，双方向のフィードバックを行うことができる。

　この銀行のデジタルサイネージプロジェクトのキーとなる課題は，顧客に見てもらうコンテンツの更新にかかる費用を最適化することで，昔からある従来型の看板とコミュニケーションの問題を回避することである。以前は，表示するコンテンツをDVDで物理的に配送し，現場で従業員が入れ替える費用がかかっていた。また，DVDライブラリの数にはどうしても限りがあるため，定期的に更新できず，顧客や従業員が同じコンテンツを繰り返し見て倦怠感を覚えてしまうという問題もあった。このため，従業員が結局ディスプレイを切ってしまうアクシデントが頻繁に起こり，システムが無駄になってしまっていた。

　問題に対するソリューションとして，この銀行は衛星を使ったコンテンツ配信を始めた。衛星は任意の数（1つから数千まで）のロケーションに対するリアルタイム配信を可能とし，料金はシステムやロケーションの数によらず比較的安定している。実際，拠点数が増えるに従い，拠点当たりの料金は減少する。また，地上の通信システムは複雑であるため，システムの展開という点では，衛星配信のほうが地上システムよりも一般的に早い。さらに，衛星ベンダーは，従来の専用チャンネルを固定料金で課金し，臨時のオンデマンド型の利用に対しては利用に応じて課金することが可能である。料金体系を組み合わせることで，ユーザーは初期システムを柔軟に再検討でき，どのようなビジネスモデルが最も良いかを評価できる。

　さらに，この銀行では，デジタルサイネージの衛星配信が非常にセキュアで，既存の銀行ITインフラと別に運用できることを確認した。多くの衛星ベンダーはサービス品質保証を行っており，システムの信頼性には自信を持っている。メリーランド州ジャーマンタウンに本社を持

つ HughesNet は，コンテンツの衛星配信をベースとしたインフラを持つ，デジタルサイネージのプロバイダーの一つである。図1は，衛星を用いたデジタルサイネージのネットワーク構成を示している。この銀行の事例によれば，衛星を利用することで，帯域消費型のトラフィックにより既存の社内ネットワークに負担をかけることがないという付加価値を提供するとともに，地上配信システムでは多くの場合は難しかったコスト削減を実現している。

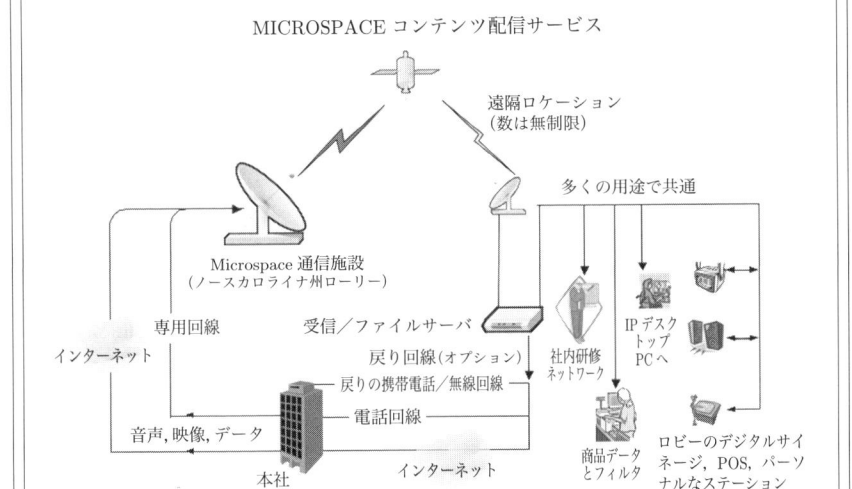

図1　衛星サービスは，デジタルサイネージネットワークへの効率的かつセキュアなコンテンツ配信に利用できる。[Microscope, © 2007]

第11章

デジタルサイネージの未来

> デジタルサイネージ業界を1980年代のケーブルテレビ業界,そして1990年代のインターネット業界と比較する人もいるが,テクノロジー企業,屋外メディア複合企業,世界最大の広告代理店は,まったく新しいメディアとしてデジタルサイネージに注目している。
>
> エリック・アノルド[1]

> これまでマーケティング担当者は,家の中でテレビを視聴したり,新聞や雑誌を読んだりしている人にリーチしようと苦心してきた。しかし,消費者の視聴・購読習慣には法則性がないので,広告主の多くは,時間がない消費者にリーチする最良の方法は,文字どおりすべての曲がり角で消費者の目を捉えることだと言う。
>
> ルイーズ・ストーリー[2]

　この本をここまで読み進めてきて,Timbuk 3というロックグループの少し有名な歌詞,"The future's so bright, I gotta wear shades"(未来はとても明るいから,サングラスをかけないと)を思い出さずにはいられない。比喩的な表現ではあるが,デジタルサイネージ業界にとって,業界ライフサイクルの現在の到達点から見て,正直この詞は少々誇張しすぎだろう。このことは,デジタルサイネージが急成長している北米市場,グローバル市場のいずれにも当ては

---

[1]. Eric Unold:Webpavement 共同創業者。
[2]. 2007年1月15日付『ニューヨークタイムズ』の記事,Louise Story 著,"Anywhere the Eye Can See, It's Likely to See an Ad"(どこを見ても広告が目に入るだろう)より。

まる。

　すなわち，北米およびグローバル市場において，デジタルサイネージの未来は明るいが，同時に不安要素もある。それには，最高レベルの「パラダイム問題」[3]を含んでいる。例えば，適切なシステムやコンテンツを開発できるかどうか，特に，安全性，無秩序，氾濫が問題になるような都市部の公共のエリアでも許容されるシステムを開発することが可能かどうかという点である。第3章，第4章，第9章では，これらの問題に詳しく言及した。

　実際には，メディアとしてのデジタルサイネージは，広告用途であれ非広告用途であれ，世界のほんの少数の部門で限定的にときどき使われるニッチなサービスにすぎないかもしれない。つまり，今あるポスター，POP，ラジオ，商品棚を使った販促のようなコミュニケーションソリューションの役目を引き継いだり，取って代わったりするものでも，テレビ，印刷物，ラジオ，インターネットのようなコミュニケーションチャンネルと競合するものでもなく，一般にはまったく受け入れられない可能性すらある（すなわち，一般に受け入れるキーメディアからは程遠いかもしれない）。

　しかし，「未来のデジタルサイネージデバイス」の候補を挙げてみるだけで，多くの観客は想像力が刺激されるだろう。実際，若者のほうが動画を制御するのに慣れているので，デジタルサイネージはたいへん有望なメディア（現代のコミュニケーションを苦境に陥れている広告の氾濫を打開するメディア）として目に映っていても不思議はない。

　これは，RFIDのようなデバイスがデジタルサイネージと結び付くと，デジタルサイネージに近づいてくる人を即座に特定できるようになるからである。看板が人に対して「反応」する，つまり個人またはグループに関連のあるコンテンツをデジタルサイネージに表示させることができるのである。新種のスキャナを使えば，名札やPDAについているバーコードやその他のメッセージを読み取ることで，同じコンテンツを個人のPDAに送信し，保存したり，あとで使えるように反応させたりすることができる。

　デジタルサイネージは，ニューヨーク市のタイムズスクエア付近で，例えば

---

　3. ここでは，"paradigm matters"（パラダイム問題）という用語を，これらの心配事が高いレベルの重要性を持つことを示すために意図的に用いている。

M&Mキャンディのようなブランドの特典に関する広告を出す。ユーザーは通りをディスプレイに向かって歩きながら，自分の持っているPDAをメッセージが流れている方向に向けたり，あるいはコミュニケーションポイントで振ったりすると，情報やコンテンツがPDAに伝送され，オンラインで簡単に特典を得るための情報をダウンロードすることができる。それが，いくつかのボタンを押したり，マウスを数回クリックしたりするだけで，シームレスに行える。

本書のためにインタビューや調査をした中で，Clear ChannelとMayo Clinicという大手2社は，楽観的な現在と明るい未来を代表する例と言える（Mayo Clinicのケーススタディは第1章で述べた。Clear Channelについては本章で触れる）。これらの大組織は持続可能なデジタルサイネージシステムをうまく構築している。実際，両者は同じように最高レベルの「パラダイム問題」に対処している。すなわち，環境に適したシステムとコンテンツを作るだけでなく，安全性，無秩序，氾濫が最大級の問題である公共の都市部でも許容されるシステムを構築している。つまり，Clear ChannelやMayo Clinicの事例は，グローバルなデジタルサイネージ業界を未来に牽引するものなのである。

Clear Channel Outdoor

バルビエリ・ヒューズ氏は，大手の放送メディア複合企業，Clear Channel Outdoorのグローバルディレクターである。ヒューズ氏は同社における彼の部門の役割を「屋外メディア担当」と表している。ヒューズ氏は，図1に示すようなデジタルサイネージの北米における2007年末の設置台数を100以上と見積もっている。「われわれは膨大で多岐にわたるポートフォリオを持ち，多くの主要なプラットフォーム（空港，商業施設，タクシー，街頭を含む）でテストを行っている」。

Clear Channelは，主要な都市のほとんどにデジタルサイネージを設置している。最新のリストはClear Channel Outdoorのウェブサイトwww.clearchanneloutdoor.comを参照してほしい。

Clear Channel Outdoorがデジタルサイネージビジネスに参入した最も大きな動機は何だったのか？ ヒューズ氏は，最も重要な責務はお金

図 1　通行量が多い高速道路脇にある Clear Channel Outdoor の
デジタルサイネージ［Clear Channel Outdoor, © 2007］

を儲けることで，そのために，資産の面積に対する利益率を高めることであると素直に言った。「われわれのゴールは，われわれの顧客の価値を創造すること，屋外メディアを成長させつづけること，一定レベル以上の面積比利益を出すことである。顧客に最も柔軟でターゲット可能な広告機会を提供したい，つまり即座に内容を差し替えたり，より多くのデジタルサイネージをターゲティングが可能な状態で利用したりと，今まで試してきたやり方でこの業界を拡大させていきたい。都市部を中心にネットワークを構築してきており，視聴者に対する効果という点で，テレビ，新聞，雑誌，ラジオと競っている」。大局的には，ヒューズ氏と Clear Channel は，デジタルサイネージビジネスの向かっている方向性に満足している。このビジネスをやめる唯一の理由があるとすれば，撤退を余儀なくされるような奇妙な法的な理由があるときだろう。

　Clear Channel がデジタルサイネージを最も気に入っている一つの側面は，伝統的なビニール製の看板をデジタルに置き換えることで，収益性の向上と，屋外広告のカテゴリーの拡張ができることである。ただし，すべてが完璧なわけではない。現在のデジタルサイネージ環境の変化について尋ねたところ，ヒューズ氏は次のように本音を語った。「設

置をより迅速にできるようにしたい。足かせなく公正に，合理的に看板を設置でき，厄介な地域の規制が少なくなることを望んでいる」。

　歴史的に見ると，Clear Channel がデジタルサイネージ市場に一歩を踏み出した理由は，ヒューズ氏によれば，テクノロジーの大部分が利用可能になり，より安価になってきたことだった。スタートアップの段階で，手続きに従った検証が行われ，それがうまくいったので，Clear Channel は適切な ROI が得られるとの結論を得た。ヒューズ氏は「われわれは進む準備ができていた」と締めくくった。今日，Clear Channel Outdoor のサイネージ設備の有効性はさまざまな方法で評価できるが，ヒューズ氏は競争上の理由から詳細は明かさなかった。

　Clear Channel は現在，主に屋外では LED ディスプレイを，屋内では液晶，プラズマ，プロジェクタを設置している。Clear Channel は英国でデジタルインクを最初に使った先駆者の一つである。ヒューズ氏は，新たなテクノロジーをより詳しく知りたいと思う読者やデジタルサイネージの初心者に，www.magink.com を参照することを勧めている。テストしている新しいテクノロジーとして，ヒューズ氏は Bluetooth と RFID 実証プログラムについて言及した。

　Clear Channel のデジタルサイネージでは，コンテンツの多くが屋外向けである（すなわちたいていの場合は広告を意味する）。多くはないが「時間指定や気温指定のスポンサー広告」も行っている（ヒューズ氏によれば，新たな「広告メディア」になるだろうとのことである）。屋内向けには，商業施設内の Clear Channel のディスプレイで，Yahoo! から提供を受けたコンテンツを使った例がある。

　Clear Channel Outdoor は高度なスケジューリングの仕組み（時間帯，平日／休日など，時間に基づく広告メッセージのターゲティング）を導入し，独自に社内向けプラットフォームの準備を進めているところである。ターゲティングは，通常，Clear Channel のクライアントの要求に基づいて行われる。ヒューズ氏によれば，彼の会社の役割はデジタルサイネージの広告スペースを提供するのみで，それ以外，特にコンテンツ領域は，クライアントが決めることと考えている。最近のデジタルサイ

ネージネットワークのほとんどがそうであるが，デジタルサイネージネットワークはインターネットを介して遠隔地から制御できる。Clear Channel は，サーバへのコンテンツ登録やスケジュール編成といったコンテンツ管理の支援も行っている。さらに，Clear Channel Outdoor のデジタルサイネージネットワークは，世界，国内，地域内，あるいは地域限定のターゲティング，さらには1つのロケーションに限定した配信や，1つのロケーションの特定グループのデジタルサイネージに限定した配信も可能である。

　プラットフォームに関して言えば，地域や世界規模の配信と放映を行うために，Clear Channel Outdoor では独自開発の専用プラットフォームを現時点では使っている。このシステムは，異なるベンダーの複数のソフトウェア管理プラットフォームを使って構成されている。しかし，Clear Channel はここ数年のうちに，世界規模でこれらを1つのソフトウェア管理プラットフォームに統合することを計画している。Clear Channel の協力会社には，さまざまな LED メーカーのほか，北米の Yesco や Daktronics，ヨーロッパの SCALA といった企業が挙げられる。

　小売店やサービス施設に設置されている Clear Channel の店舗内デジタルサイネージ機器（具体的には，商品プレースメントに関連するもの）について尋ねると，ヒューズ氏は，Clear Channel Outdoor はヨーロッパを中心に実施していると指摘した。Clear Channel Outdoor のクライアントは，デジタルサイネージの，主にターゲット広告の用途にフォーカスしている。また，ときどきブランド認知を構築したり生成したりするのにも使われる。「デジタルサイネージは，今ではたいへん柔軟性に富み，ターゲティング可能なので，うまく機能している。例えば Macys は，従来は柔軟性がないため屋外広告を使っていなかったが，更新が可能になったので Clear Channel Outdoor のデジタルサイネージを利用している。4週間単位でスケジュールを購入でき，うまくいくようになった」とヒューズ氏はコメントした。「デジタルサイネージは消費者行動に影響を与えるため，ヨーロッパでは，例えば，ある店から店内ネット

ワーク内の別のエリアに消費者を誘導するために使われている」と付け加えた。

法律や規制について話を向けると，ヒューズ氏によれば，Clear Channel Outdoor は標準化機関による技術標準の制定，提言，普及促進，研究，教育，ネットワークをサポートしている，とのことである。デジタルサイネージライフサイクルの現段階において「標準化は不可欠」と述べている。実は，この分野は Clear Channel にとって，デジタルサイネージビジネスに関わっている他企業よりも，おそらく関係がより深い領域である。なぜなら，多くの地方自治体は，Clear Channel Outdoor が設置できるデジタルサイネージを，良い意味でも悪い意味でも制御する立場にあるからである。ヒューズ氏によれば，「ビニール製のビルボードをデジタルサイネージに置き換える権利を得るために日々戦っている」。Clear Channel とそのまわりの人々の大きな不安の種は，法務当局がいつ屋外デジタルサイネージの包括的禁止を行うかということである。ヒューズ氏と Clear Channel Outdoor は，許可範囲が広がること，少なくとも案件ごとの審査による認可を希望している。

問題解決を図り，デジタルサイネージの利用を推進するために，ヒューズ氏と彼の会社は参入しているすべての市場においてプロモーションを行い，Clear Channel の広報チームを通じてこれから参入を予定している地方自治体と良い関係を構築することに専念している。Clear Channel Outdoor のクライアントが公共の屋外にデジタルサイネージを設置することに対し，特に否定的な反応があったかと尋ねると，ヒューズ氏が記憶している範囲では，ミネソタ州ミネトンカで，デジタルサイネージを許可する優先権が与えられたが，あとで上部機関に覆されたことがあると述べた。より多くのサイネージを許可する今の情勢は，明らかに Clear Channel Outdoor やデジタルサイネージの将来に向けて良い傾向だと（少なくとも北米では）ヒューズ氏は信じている。

本章の残りの部分では，未来を描く試みとして，デジタルサイネージの最も重要な構成要素について，いくつかの例を挙げて未来像を示す。最後に，さまざまなビジネス関連事項と重要な成長因子について検討する。

11.1 デジタルサイネージのインパクト

ある産業の未来を評価するには，展開する場所，そしてそれ以上に，展開する人に与える将来的なインパクトに焦点を当てることである。

11.1.1 広告代理店

広告代理店とそのクライアントである小売業者は，現在デジタルサイネージに関与している，あるいは今後関与することが当然期待される人々をリードする立場のステークホルダーである。そして，経済的に豊富な資金源を持ち，物理的に数が多いという点で，最も重要であろう。広告代理店だけをとってみても，この業界のプレーヤーは確実に，水晶玉を覗き込んで見えるデジタルサイネージの未来に歓喜するだろう。

インターネットと携帯電話を含むすべての広告の領域において，デジタルサイネージは両者と競合する可能性がある（おそらく両者と同時にではないが，それぞれと別々に競合することは十分にありうる）。デジタルサイネージのような新しい何かがそこにあるということ自体が，明るい材料であることに違いはない。

歴史が示すように，広告業界のライフサイクルでは滅多にないことであるが，広告代理店とクライアントが前向きに「デジタルサイネージは明日のすばらしいメディアだ」と本当に口にするかもしれない。実際，広告業界では，広告収入が，デジタルサイネージ，IPTV，モバイル，インターネットといった新しいメディアにすでに大きくシフトしている。

将来の開発

次のような将来型のデジタルサイネージの開発は，広告代理店に対して（必然的に小売業界のクライアントに対しても）特に希望を与えるものである。

- RFID（本章の後半で議論する）
- インタラクティブ（本章の後半で議論する）
- デバイス間ダウンロード（本章の後半で議論する）
- センサー活用：第9章で述べたように，日本のビールメーカーのキリンとNTTコミュニケーションズは，香りを出すデジタルサイネージの実験を，交通量の多い東京のあるエリアで行った。これは新しいパブリック広告の実験の例と言える。
- 360°「サラウンドビデオ」ハードウェアと，そのために特別に設計されたコンテンツ：多くのハードウェア設備（特にディスプレイ装置）の一つであるが，情報を提供する側の人も受ける側の人も，ディスプレイがメッセージを伝える（そして売り込む）ために役立つことを知り，興奮するだろう。
- シームレスなコンテンツ：ハードウェアの潜在能力がいくら刺激的であったとしても，コンテンツの役割はそれより重要である。繰り返しになるが，伝える内容と制作の出来という2つの観点で心をつかみ感動させるコンテンツから，情報提供者と利用者の双方は大きな恩恵を受ける。

広告業界のコミュニティにとって，デジタルサイネージのインパクトは最終的に非常に大きくなるだろう。なぜなら，うまくやればやるほどうまく機能するからである。その結果，広告代理店はクライアントのために，メッセージの配信に年間数十億ドルを使うようになるだろう。第3章で述べたように，メッセージ配信機能はデジタルサイネージの核となるレゾンデートルを突いている。すなわち「出したい人と視聴者の両方にとって重要であろうメッセージを伝える」ことである。

将来のロケーション

今は小売業界と，第1章，第3章，第6章で述べたような場所への応用に集中しているが，デジタルサイネージの活用は将来的に幅広い場所に広がるだろう。いくつかは大きく成長する可能性を見せている。特筆すべき例を以下に示す。

- 個々のショッピングカート：すべての店舗（または少なくとも大規模な店舗）において，即時に購買ログを収集し，購買を支援するためのデー

タ，その他の情報，広告，さらにエンターテインメント情報を提供する。
- 個々の車両：ダッシュボード，スクリーンシステムの一部として。
- 商用車両の中（および車両の上）：公共のタクシー，バス，電車，飛行機のシートまたは天井。
- トイレ，試着室を含む小売店舗の多様なスペース：試着室は追加の情報を取得するのに適した場所であり，トイレや試着室は購買を決定する重大な時間で，重要な場所である。
- トラベルセンター：到着，出発する顧客と出会うことができる。
- 行政や公共機関の施設：難しい手続きをより簡単にすることを目的として。
- 宗教施設：壁や天井から吊るされたディスプレイを介してだけでなく，座席後部に取り付けられたディスプレイ（最新の航空機に設置された乗客個別のテレビスクリーンとは違うが）。
- 床面：デジタルサイネージはフロアの面にまで拡大し，人が歩くとそれがトリガーとなって，消費者に向けて（かなり先の話ではあるが，特定の消費者に向けて）デジタルサイネージ機器が直接反応を返す。
- キオスク：究極のインタラクティブ性を持った独自のもの（後述する）。
- 想像できるすべての場所（デジタルサイネージを置くべきでないと明確かつ単純に判断できる場所は少ない）：実際，デジタルサイネージをグローバルに設置していくにあたっては，「とにかく想像せよ」という標語に従うしかないだろう（しかし，適切に設置すること，すなわち，結果として視聴者がメッセージを楽しいと感じ理解してもらえることと，デジタルサイネージの関係者としてわれわれが必要としているものを得られるようにすることが必要である）。

11.1.2　小売業者

　小売業者は，従来の販促手法（看板や放送）に対する新たな解決策や選択肢としてデジタルサイネージを位置づけることが，ますます増えてきている。多くの事例で，小売業者が広告代理店をリードして，デジタルサイネージ業界の一つの分野の形成に向けて動き出すか，少なくとも，その研究をしている。

大手で評判の高い広告会社，Digitas の前社長兼 CEO であるデヴィッド・ケニー氏は，現在「デジタル広告戦略」と呼ばれる部門を率いている。ケニー氏が自ら設定したゴールは，次のような「グローバルデジタルアドネットワーク」を作ることである。これは「オフショアの労働力を使って数千のバージョンの広告を制作し，さらに，消費者に関するデータとコンピュータアルゴリズムを用いて，コンピュータ・携帯電話・テレビのスイッチを入れた人のそれぞれに対して，ネットワークがいつ，どの広告メッセージを提示するかを決定するデジタルアドネットワーク」である。

　さらに，過去においては，大手製造メーカーは異なるデモグラフィック特性に対応して6種類ほどの広告を制作していたかもしれないが，現在ではその数が数千種類に達している。デジタルサイネージの第一人者であるビル・ゲルバ氏は，2007年後半の彼のブログでこう言っている。「将来的には，1つのメッセージや商品に対する広告の数はさらに増えるかもしれない。究極の形は，視聴者の習慣，購買履歴のような情報を収集したデータベースに基づいて，それぞれの視聴者に応じて，その場でカスタマイズされた広告が組み立てられることだ」。このような視聴者ごとのカスタマイズやプロファイリングは，Google がここ数年言っていることであり，最近では Pick-n-Click, SpotRunnder, Visible World といった会社が研究している。

　将来的に興味深く刺激的という意味でさらに魅力的なのは，おそらくユーザー生成コンテンツ（user-generated content; UGC）というアイデアである。プロがお金をもらって制作する代わりに，UGC は通常，頻繁に買物をする人や，特定の製品・サービスのユーザーから生み出される。最近では，アップルコンピュータが，ランダムに選ばれた顧客の一人が作った作品を新デバイスの広告に採用し，その広告は数千万人の潜在的な購買者に対して数千回も繰り返し全国放送された。同じように，熱心なユーザーによるクリエイティブの開発は，すぐにデジタルサイネージにも普及しはじめるだろうし，驚異的な結果を生むはずである（デジタルサイネージシステムを，商用の企業・団体向け YouTube に置き換えるのとは違う）。

　同時に，重要な POP は小売店舗の中（またはその近隣）で，多くの人が購買を決定すると信じられている場所に配置されている（したがって，そこでメ

ジャーなデジタルサイネージの開発や設置が行われるであろう)。新しくできるスーパーマーケット，衣料品店，モールのデジタルサイネージは，「改造」（後から取り付けられたように見えるやり方）ではなくなるだろう。最先端のショッピング施設は，最初からリテールの技術とデジタルサイネージの知識を持った建築家や建築請負業者によってデザインされ，そのデザインに沿ってさまざまなサイズ，さまざまな場所，さまざまな形状，例えば，フラットな，小さな，大きな，丸い，天吊りの，床面の，壁面のデジタルディスプレイを設置するようになるだろう。

11.1.3 教育機関

　誇張ではなく，各種団体（特に教育機関）でのデジタルサイネージ利用は，小売業界での広告利用に匹敵するほどの普及が確実視されている。よくできたデジタルサイネージは的確に情報メッセージを伝えることができ，これは明らかに多くの教育現場で重要だからである。

　具体的には，例えば大学キャンパスの入口に適切で魅力的な掲示板を設置し，イベント情報，コミュニティメンバーの業績，施設案内などのコンテンツ，趣味が良くて極めて役に立つ情報を提供するのはどうだろう。駐車場では，教育機関の訪問客が目的地に近づくに従ってより詳細になる情報を，デジタルサイネージで提供することも考えられる。

　ある専門家は，次のような将来像を示唆している。キャンパスを訪れる人は，大学内のある場所にある，あるオフィスの場所を見つけるために，ブラウザで検索を行い，大学のウェブサイトに接続する。ウェブサイトを訪問した人の情報は，大学側のコンピュータシステムに自動登録される。訪問者がキャンパスに到着すると，RFID 情報が大学のコンピュータシステムに自動的に提供され，サイネージに「ようこそジョーンズさん。左手のタフトホール駐車場 C に進んでください」と表示される。ジョーンズさんが駐車場 C に到着し，デジタルサイネージの横を歩いて行くと，彼の財布に入っている RFID タグのチップがデジタルサイネージのアンテナと通信し，彼が必要としている情報（行こうとしている場所や見ようとしているもの）が自動的に伝送される。

　さらに，キャンパス，カフェテリア，ラウンジ，応接室，ゲーム場など，コ

ミュニティの人々が集まるあらゆるタイプの場所で，デジタルサイネージは教育機関もしくは個人のメッセージを配信するようになるだろう（図 11.1 を参照）。基本的なコンテンツとしては，CM（例えば，スポーツイベントのチケットや，ローカルコミュニティ向けの商品），町やコミュニティのローカルなイベント，卒業生やその他の学生の成果報告，有名人の講演のウェブ中継，今後予定されている学生，学科，保護者イベントに関する告知などがある。授業のスケジュール変更，天候による延期，イベント中止のお知らせにも使うことができるし，緊急情報やセキュリティ関連のメッセージを発信するのにも理想的である。さらに，見逃せない事実として，キャンパスのデジタルサイネージのディスプレイは，電源をオフにしたり音声を切ったりするのが難しい位置に設置されることが多い。モール内と同じように，インタラクティビティを持ったキオスク端末をキャンパス内に設置するのが効果的だろう。

教室でも，デジタルサイネージは大きな存在感を示すかもしれない。NECの白書 "Benefits of Dynamic Signage in Higher Education"（高等教育におけるダイナミックサイネージの利点）の中で，ラッセル・ヤング氏は，大型ディスプレイは標準的な教育メディア（ホワイトボードやプロジェクタなど）に取って代わるだろうと述べている。ヤング氏によれば，「インタラクティブタッチ

図 11.1　オクラホマ大学のノーマンキャンパスにある，プリンスビジネスカレッジの応接室のデジタルサイネージディスプレイ。大学では将来的に，巨大なフットボールスタジアムに設置されているようなデジタルサイネージを，より多くのロケーションに展開しようとしている。
［Jimmy Schaeffler, © 2007］

オーバーレイは，ボタンをタッチするだけでコンテンツや研究内容を保存できるので，動くホワイトボードとして，教授の補助になる。加えて，オーバーヘッドディスプレイには，従来のプロジェクタに比べてより多くの利用法がある。ディスプレイは講師側のノートPC，キャンパスケーブルネットワーク，また，他のマルチメディア入力と直接接続することができる」。学生の学習体験の高度化に関して具体的に言えば，学生はデジタルサイネージとそれに連動するマルチメディアラーニングツールを使って，作品を制作したり，共同作業したり，他の学生と情報を共有したりすることができる。

11.1.4　その他のロケーション

屋外または大きな室内競技場のような環境では，ディスプレイ解像度の向上が課題である。数十万から数百万人を比較的短い期間収容するような場所や，多くの人が目にする場所にある大型ディスプレイは特にそうである。例えば，三菱電機は2007年後半に2,700万ピクセル以上の解像度を持つ単一ディスプレイのデジタルサイネージを設置する計画があることを発表した。デジタルサイネージのこのような成長の反面，アリゾナ州フェニックスなどいくつかの街では，天文学者の研究に光が悪影響を与えるという「光汚染」を，市民団体が問題にしていると聞く。デジタルサイネージが産業として成長し，さらに繁栄すれば，そういった人々などの反論と折り合いをつけていく必要があり，デジタルサイネージの用途や運用時間を制限するような妥協がおそらく必要になるだろう。

そのほかにも，いくつかのタイプのデジタルサイネージディスプレイが，市場に導入されたり話題になったりしている。例えば，ドイツを拠点とするLitefestは，図1.12（p.23）に示したような，キオスクに似た直径70～90センチの自立式の円形ディスプレイをお披露目した。これらは，商業施設や空港といった，特に視認性が重要で，スペースが貴重な場所に設置されるだろう。

デジタルサイネージの特に興味深くて素晴らしい演出として，普通のTシャツの前面と背面にデジタルサイネージの画面を取り付けた例がある。シャツに取り付けられた小型電池と，画面に映すコンテンツを蓄積し再生する小型デバイスによって作動する。イベントや特定の会社への応用では理想的である。図11.2 a, bに示すように，数ある最新のデジタルサイネージの中で，Tシャツ

装着型のサイネージは人目を引くため，大切な視聴者に重要なメッセージを届けることができる。

（数十階以上の）大型高層ビルの壁面すべてをデジタルサイネージにするというアイデアもある。すべての窓がパーツとなって全体のスクリーンが構成される。ニューヨーク，シカゴ，東京といった街は，このようなマスイメージ型のデジタルサイネージにとって理想的な候補地と言えるだろう。これと同じ方法で，超高層ビル自体がデジタルサイネージの一つの新しい形になるかもしれない。

図 11.2　Tシャツの前面と背面でメッセージを伝えることができるデジタルサイネージ［Brand Marketers, ⓒ 2008］

11.1 デジタルサイネージのインパクト 249

　空港では，全世界の異なる場所からやってきた乗降客に向けて，長い壁面ディスプレイにメッセージを表示する。チャイナ航空で香港から米国に到着した乗客は，クイーンズにあるニューヨーク JFK 空港の税関や入国審査に向かって進むと，シームレスな広告を目にすることになる。入国手続きについて知らせるだけでなく，ニューヨーク市内への交通サービスの案内や観光情報（例えば，チャイナタウンの情報や，毎年 9 月に行われるサン・ジェナーロ祭の情報）が表示される。

　第 9 章で述べたように，鉄道や地下鉄の駅を含む交通の拠点は，新たなデジタルサイネージの成長領域に入りつつある。例えば，上海の地下鉄に取り付けられているデジタルサイネージでは，ある女性が大都市で男性に出会い，スターバックスコーヒーを飲みながら恋に落ちるといった，メロドラマ風のコンテンツを流している。注意しなくてはいけないのは，これらの場所では環境を厳密に制御できないし，広告に関する伝統や態度に関して異なる歴史的な基盤を持っていることから，今後，世界の国々で現れるデジタルサイネージは，メディアとしての成長を推し進め，これまでに類を見ない，非常にクリエイティブで新しい使い方（より制約が大きい北米では実現しないような使い方）を提案していくべきだということである。

　最も興味深いのは，将来に向けて準備している都市計画のプランナー，建築業者，建築士の考え方である。第 3 章に述べたように，2008 年，NFL スーパーボウル会場に隣接するモールの建築業者は，静的なサイネージ（つまり従来の看板）を使って，点在するデジタル時計を作るという素晴らしい仕事をした。他の巨大イベント，特に展示会やスポーツ，エンターテインメントのイベントの未来のプランナーも，デジタルサイネージがその計画の中で重要な地位を占めると見なすだろう。理想的な例として，2010 年にインドのデリーで行われるイギリス連邦スポーツ大会がある[4]。映画業界とのアライアンスによって，軽食エリア，待ち合わせエリア，洗面所，階段，講堂のドア付近でデジタルサイネージが提供される。コンテンツは，毎日変わる第三者による広告，映画情報，エンターテインメントやイベントニュースである。

---

[4] 訳注：大会期間中，デリーの主要な商業エリアに広告目的で設置されたデジタルサイネージで，ゲームのライブ中継が行われた。

11.1.5　特定分野での将来的応用

　デジタルサイネージの部品を，別のデバイスに組み込んで一体化する取り組みが業界全体で行われている。これは明らかに，将来に向けたデジタルサイネージの一つの方向性である。オペレーションソフトウェア，テクノロジー（例えば DVR のようなハードディスクを含む），サーバといった，デジタルサイネージの現場で必要な部品が一つにまとまって届き，箱から出したらすぐに使え，即座にオンサイトでセットアップできるようになるだろう。第 9 章でより具体的に述べたように，南アフリカの Mediatile の「箱に入ったデジタルサイネージ」製品ラインのようなイノベーションは，将来のデジタルサイネージに刺激を与えるだろう。

　設置や運用の負荷を軽減する別の方向性として，無線または衛星経由で適切にコンテンツを配信する機能がある。これは，特にデジタルサイネージアプリケーションを毎日使わなくてはならない人にとって重要である。一方，視聴者やエンドユーザーの側では，デジタルサイネージ一体型のデバイスと，PDA や携帯電話のようなモバイルデバイスが，無線で通信を行うこともできるだろう。一体化イノベーションのように，アクセスを簡単にしたり，技術的な障壁を取り払ったりすることができれば，ビジネスに携わる人だけでなく，コアとなる視聴者にとって大きなメリットがある。

　キオスク端末は，独自の特別なインタラクティブ性を提供するだろう。デジタルサイネージのテクノロジーと特徴を組み合わせたものであり，一部ではハイブリッド型デジタルサイネージとして知られている。コンテンツを再生しているところを人が通過したり，ディスプレイにタッチしたりすると，即座にインタラクティブモードに遷移する。環境条件（例えば，天候や，昼間か夜間かといった条件）をトリガーとして，キオスク端末に決まった反応をさせることができる。買物客は，インタラクティブな分岐型のコンテンツをたどることで，商品に対するレコメンド，品質評価，価格，在庫の有無といった情報を取得することもできる。より高度なサーバであれば，表示したコンテンツの関連情報を提示するだけでなく，消費者の識別データ，消費者の習慣，興味，好きなもの，嫌いなものといった情報を蓄積できる。このような情報を蓄積すると，ある意味必然的な一手を打つ，すなわち，消費者のプロファイルに適した

商品やサービスをレコメンドすることができる．多くのユーザーにとってのゴールは，他のデジタルサイネージ機器と同じく，マーケティングのスコープを店の外にうまく広げ，対話する買物客の心，魂，家庭の中までうまく広げることである．

キオスクもそうであるが，ガソリンスタンドのように，クレジットカードにアクセスするハードウェアも将来の有望な応用先である．顧客が自分のクレジットカードをガソリンスタンドのリーダーに読ませ，個人番号を入力すると，個人が識別される．その時点から，ガソリンスタンドの前にいるその人だけに向けた，特定の独自コンテンツが配信できるのである．情報としては，株価情報，興味のある特定のスポーツの映像，地方・地域，または国際的な特定スポットのニュースなどが考えられる．ガソリンスタンドのオーナーにとってさらに良いことに，以前の商品，サービス，広告に対する嗜好を理解したうえで，コンピュータによりその日の興味を推測し，その結果に基づいて広告を表示することができるだろう．

将来に予測される電子ペーパーの応用として，多数の本をデジタル化して保存した電子ペーパーの書籍がある（複数の書籍が保存できるが，一度に表示できるのはその中の一冊の数ページである）．電子雑誌も同じように可能である．電子ポスターや，それに似た店や店舗の広告は，すでにデモンストレーションされている．

視聴者の関心・利用・購買などのパターンが計測できるようになると，デジタルサイネージに飛躍的な変化が起きるだろう．将来的に計測方法は技術的に高度化されるとしても，多くの場合，基本的な調査手法（すなわちアンケートに答えてもらい集計する方法）に頼ることになると思われる．

RFID

RFIDについて語るとき，典型的には2つのイメージが浮かぶ．1つは，映画マイノリティレポートのイメージであり，サービスや商品に興味を持ってもらうことを主な目的として，潜在顧客を特定・追跡するものである．もう1つは，RFIDに対して適切に反応して，RFIDに含まれる情報を転送するイメージである．両方のイメージは，デジタルサイネージに有益に反応する例と捉えることができるし，そうであるべきである．

プライバシーと著作権侵害に対する懸念は，デジタルサイネージ業界のRFID陣営を悩ませつづけている．組織や個人が不当にRFIDのデータやリソースを利用することで，消費者の弱みにつけこむという否定的な例がある場合は，特にそうである．技術的・経済的な障害も懸念される（例えば，パッシブタグ，およびバッテリーを備えた高価なアクティブタグの費用を抑える必要がある）．つまるところ，消費者がサービスを自発的に選択してくれるか，個々の個人的な消費者データの利用を厳格に制御できるかに，RFIDの成否はかかってこよう．

まさに消費者に優しいRFID応用の好例として，食品雑貨店のシナリオがある．消費者がキオスクの前にあるバーベキューソースの瓶を手に取る．すると，サーバがバーベキューに必要な材料で，手に取ったソースに合うものを探し，同じ店にある材料に買物客を誘導する．もう1つ例を挙げるなら，商品にRFIDタグをつけておき，商品の用法や価格の情報を読み上げることで，目の不自由な人は，視覚の代わりに聴覚でラベルのデータを理解することができるようになる．

インタラクティブ

広告主にとっては，デバイス間のインタラクティブ機能は，潜在購入者の目の前にメッセージを届けるだけでなく，彼らが大切にしているPDAや携帯電話にメッセージを送り込む機会が，1日に何十回も生まれることを意味する．

ビデオゲームはデジタルサイネージの一形態と考えることができるし，多くの人がそう言っている．今後はもっとそうなるだろうし，メディアとしてより柔軟に変化するかもしれない．

多くの消費者にとって特に魅力的なのは，インタラクティブな未来のデジタルサイネージであろう．最も良い活用法の一つが「より詳細な情報の入手」である．例えば，街角のデジタルサイネージの横を消費者が足早に歩いていて，詳しい情報が欲しいけれどその瞬間は時間がないときに，携帯デバイスのインタラクティブダウンロード機能を立ち上げると，情報がデバイスに送信されて，あとで取り出せるように蓄積される．携帯電話で電子透かし技術を利用できるようになると，逆に，インターネットのウェブサイトをアクティベートし，クーポンや別のお買い得情報へのリンクを取得することもできる．

11.1.6　ビジネス予測

　第 1 章と第 3 章で述べたように，デジタルサイネージ業界とそのプレーヤーの将来的なポテンシャルを測るもう 1 つの指標は，関連する数値である。ここ 5〜10 年のうちに数千億ドル規模の成長が見込まれている。同程度の期間で，あるいはもっと早く，デジタルサイネージの面数は数百から数千万に跳ね上がる見込みである。おそらく最も重要な数値である，デジタルサイネージのコンテンツを見てポジティブな影響を受け意思決定をした人の数は，その頃も依然，把握が難しいデータであろう。しかし，少しずつ標準的な指標となりつつあり，将来のビジネスモデル，またその結果としてビジネス予測に大きくインパクトを与えるだろう。「業界標準」というコンセプトが魅力的に見えるもう 1 つの分野である。

　図 11.3 は，2007〜2010 年における，伝統的な看板に対するデジタルサイネージの相対的な成長率を予測したものである。保守的な予測であるが，4 年間の成長曲線は，2007 年の 4% から 2010 年には 7 倍の 28% に伸びることを示している。

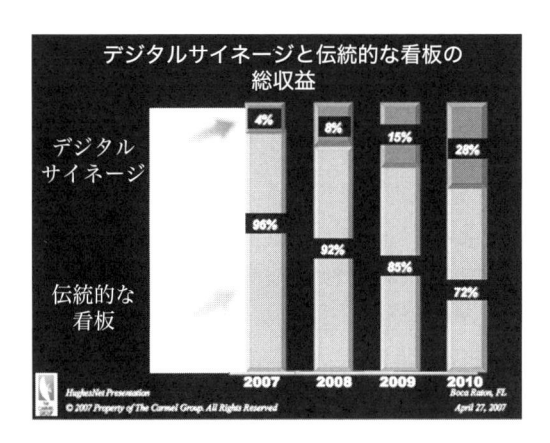

図 11.3　業界専門家の予測によれば，デジタルサイネージの収益が増加する一方で，伝統的な看板の収益は減少する。[The Carmel Group, ⓒ 2008]

11.1.7　投資回収のモデルとケーススタディ

　テクノロジーを微調整することで，大量生産により機器のコストは一般に低くでき，同時にビジネスモデルが完成し，リスクが減り全体の収益が改善することが多い。デジタルサイネージの分野でも同じことが期待できる。

　同時に，今後，新しいデジタルサイネージが設置されると，もっと違った詳細なビジネスモデルが生まれてくるだろう。すると，より多くの人が，少なくともデジタルサイネージを検討することになるだろう。また，現在のビジネス環境ではうまくいかなくても，数か月，数年後に戻ってきて再度トライする人も現れるだろう。

　一例として，前述したが，特に既存のローカルビデオ制作の能力を持つ定期購読型の映像配信事業者にとっては，デジタルサイネージのコンテンツ制作（加えて，第7章で議論した，すぐに転用可能な運用業務）に移行することは，十分に検討する価値があるだろう。

11.1.8　ネットワークインテグレーション

　潜在的な顧客がある環境に入ってきたら，空間の所有者または管理者は，顧客の体験に良くも悪くも影響を与えるチャンスを得る。より多くの機関，特にお金を持っている大きな機関が，デジタルサイネージネットワークのポテンシャルを理解するようになると，デジタルサイネージの利用が拡大し，その結果として，世の中にある良質な優れたコンテンツが実際により良くなっていくだろう。これは，核となる顧客体験が改善されることを意味する。

11.1.9　キーとなる成長因子

　将来的にキーとなる成長因子は，当然のことながら，ポジティブな影響とネガティブな影響の両方に現れる。ネガティブな影響は，本書で繰り返し述べたように，主に世の中の変化に関係している。若い消費者は見たいコンテンツだけを選択できるテクノロジーを与えられて育っているため，価値のない退屈なコンテンツは（特にマス向け広告の形では）口に詰め込まれても飲み込まないようになっている。彼らは一方で，関連性と質が高く，役立つコンテンツであ

れば，デジタルサイネージのコンテンツに限らず，どこにいようが，より頻繁で簡便なアクセスを求める。

　メディアの視点からは，広告主や小売業者は衛星ラジオ，（TiVo のような）DVR，オンライン広告のブロック機能によって，古い広告の価値や配信先は徐々に失われつつあることを認識することが大切である。この傾向は，メディアのインタラクティブ性に慣れ親しんだ――さらに，マーケティングのメッセージを消してしまうことに慣れた――若年層が中高年になるに従って加速するだろう。

　エンドユーザーにとって関連性が高く，わくわくするようなデジタルサイネージが出現すれば，この変化に対処できる。したがって，多くの消費者にリーチすることが可能な唯一の場所（またはメディア）である売場を除いて，そう遠くない未来に，マス向け広告で飾り付けられた伝統的な一方向の電子メディア（例えばマルチチャンネルや放送型のテレビやラジオ）の重要性は減少するだろう。このことは，放送局や多チャンネル事業者がこのような新しい場所に進出する，のるかそるかの機会が与えられていることを示唆している。特に，ローカルに制作設備を持ち，ケーブルや通信でビデオを提供している事業者にとっては，デジタルサイネージは真実味のある将来のビジネスモデルを示唆している。加えて，わずかに関連するレベルであるが，無線接続されたデジタルフォトフレームのような（家庭のコンピュータまたは別のコンピュータから無線で中継された画像を表示する）デバイスを介して，多くのデジタルサイネージの新規参入者や既存プレーヤーが，ゆっくりと家庭内のデジタルサイネージの環境に入っていくチャンスもあるかもしれない。

　小売店舗が徐々に自分自身をメディアであると認識していくのに伴って，デジタルサイネージネットワークと店舗内メディア（例えば，サイネージ，床面ステッカー，POP，商品パッケージ，サンプリング，イベントなど）は，マーケティングコミュニティにおける価値が増大するだろう。そうなれば，店舗内サイネージネットワークが，小売業者および製造業者の通常のメディアプランニングプロセスに組み込まれることになるだろう。

　イギリスのスチュアート・チェンバース氏によれば，「伝統的で，多くの場合，過剰に保守的な慣性力を押し返す必要がある。デジタルサイネージは非常

に柔軟性が高いこと，企業にとって高収入を得られる可能性があること，テクノロジーなどのコストは下がりつづけるであろうことを実感する必要がある。デジタルサイネージ？ それは，コンテンツとデータの創意工夫に富んだ使い方である」。

デジタルサイネージの戦いで傷を負ったが成功を収めた経験豊富な人物である，Baby-TV のゲイビン・アンダーソン氏は，次のように述べている。「デジタルサイネージは複製画のようなものである。一度公開したら，同じコンテンツをよりおもしろく，手頃な価格で繰り返し使うことができる」。アンダーソン氏は，ある人のコンテンツが人々の携帯電話にプッシュ配信されることを特別な進化と見ている。彼は次のように述べている。「… 彼らはあなたに会うことを楽しみにしている。動画や画像を喜んで見てくれる場所を見つけることができれば，パブリックな場所であなたが語ろうとしているストーリーを受け入れてくれる。どこに行っても画面はある。彼らを見つけ，彼らが望んでいるストーリーを適切なフォーマットにパッケージして提供しよう」。

カナダのグレーム・スパイサー氏は次のようにまとめる。「大切なのは適切なコンテンツを適切な場所で適切な人に提供することである。これがデジタルサイネージのメディアとしての本当の未来だ」。

さあ，サングラスでも買いに出かけようか？

付録

用語集

　ここでは，デジタルサイネージを理解するうえで必要な用語を説明する（特に重要でないものや，本書で取り上げていないものもある[1]）。巨大なTV業界や通信業界の用語と重なっているものが多いことは注目に値する。これは，デジタルサイネージがこれらの業界の一部になってきている，あるいは今後も融合が期待されることを示している。

Audience（視聴者）
広告マーケティングの用語であり，デジタルサイネージに表示される広告およびコンテンツを見る可能性がある人と定義される。

Audited Proof of Display（監査済み放映証明書）
独立した客観性のある第三者によって，デジタルサイネージのディスプレイに実際に何が表示されたかを証明すること。再生ログ（playlog）の精度を高め，表示したことを証明するレポートを示す役割を果たす。このサービスは，サーバや再生装置によってコンテンツが再生されたかを示すだけでなく，広告主が実際に対価を支払っている対象，例えば画面上に表示されたことに焦点を当てる。監査済み表示証明は報告の精度を高めるのに役立つ。なぜなら，サーバのような再生装置はコンテンツ配信ログを報告するが，個別の表示デバイスの電源がオフになっていたり故障したりしていて，重要なコンテンツが実際には表示されない可能性があるからである。

---

[1] 訳注：原著に含まれている用語のうち，日本で一般的でないものは割愛した。

Bandwidth（帯域幅）
通信チャンネルで一定時間に転送できる情報の量。データ通信に用いる電波の周波数の上限と下限の幅のことで，帯域の幅が大きければ，転送できる情報の量が大きくなる。

Business Model（ビジネスモデル）
デジタルサイネージネットワークに関して，「ビジネスモデル」という用語は，ネットワークを運営する機関の収益が費用に見合う，理想的には上回るような仕組みを表す（第8章を参照）。

Content（コンテンツ）
映像クリップや静止画像，アニメーション，音声，テキストといったメディアであり，デジタルサイネージデバイスに表示されるもの。

Contrast Ratio（コントラスト比）
ディスプレイが表現できる，最も明るい色と最も暗い色（白と黒）の明度の差。「高いコントラスト比」は表示デバイスの望ましい特性であるが，ディスプレイのマーケット担当者がレポートしているコントラスト比は，最適な条件下（すなわち完全な暗室）で測られたものではない。理想的な条件で使われる場合の実際のコントラスト比は，環境光の影響により大きく減少する。

CPM（Cost per Thousand）
Mは1,000を表すローマ数字であり，CPMは広告において標準的な費用単位の単位を表し，マスメディア広告の放映料を比較するために用いられる[2]。CPMは広告の値づけに用いられ，視聴者の質や放映機会の希少性に伴ってCPMは高まる。

Dedicated Server（専用サーバ）
管理ホスティングサービス，専用ホスティングサービスとも呼ばれ，他の組織や個人と共用しないで，専用のサーバをインターネット経由で間貸しする方法。専用サーバは，PCの能力では対応できない，大規模で複雑なデジタルサ

---

[2] 訳注：例えば，1,000人，1,000世帯，1,000回分の露出に対する広告の費用単位を表す。

イネージネットワークに対してコンテンツ配信制御を行うために必要である。

Demand（需要）
ある製品やサービスが市場から求められている総量。より具体的には，ある製品やサービスに対する消費者の要望とも定義される。

DLP（Digital Light Processing）
Texas Instrumentsのラリー・ホーンベック博士によって開発された技術であり，プロジェクタやビデオプロジェクタに利用されている。DLPプロジェクタは，デジタルマイクロミラーデバイス（digital micro-mirror device; DMD）と呼ばれる（半導体チップ上に配置された）マイクロミラーを用いて表示画像を生成している。マイクロミラーのそれぞれ1つが複数個の（投影画像上の）画素を表現しており，マイクロミラーの数によって投影画像の解像度が決まる。DLP技術を使ったプロジェクタ装置で最も一般的なものは，1つまたは3つのDMDチップを使ったプロジェクタである。両者は同じコンセプトに基づいているが，色の表示方法が異なる。

Digital Paper（デジタルペーパー）
Interactive Paperともいう。手書き文書をデジタル化するためのドットパターンが印刷された紙で，デジタルペンとセットで用いられる。紙面のドットパターンを読み取ることで，デジタルペンの筆跡が座標列として格納され，コンピュータにアップロードされてデジタル文書が生成される。電子ペーパー（electronic paper）とは異なることに注意。

Digital Signage（デジタルサイネージ）
集中的または遠隔から制御され，配信先が指定可能なネットワーク化されたディスプレイ（一般的にはフラットなデジタルディスプレイ）のこと。ソフトウェアおよびハードウェアのリソースを駆使することで，エンターテインメント，インフォメーション，広告といったコンテンツが視聴者にターゲット配信される。デジタルサイネージは，ほかにも次のようにも呼ばれる：ダイナミックデジタルサイネージ（dynamic digital signage），デジタル屋外メディアネットワーク（digital out-of-home media network），エレクトロニックサイネージ

(electronic signage），デジタルメディアネットワーク（digital media network），デジタル広告ネットワーク（digital advertising network），ナローキャスティングネットワーク（narrowcasting network），店内テレビネットワーク（in-store TV network）。第 1 章に，「デジタルサイネージ」の婉曲表現のより長大なリストがある[3]。

Digital Video Compression（デジタル映像圧縮）
デジタル映像ファイルを，蓄積容量や転送データ量を減らすために圧縮符号化すること。人の視覚特性上，冗長な部分または知覚できない部分（例えば，色の微妙な変化，静止領域など）を無視することで，画像またはコンテンツの品質を損なわないでデータ量を削減する処理。圧縮率を高めるということは，削減するデータ量を増やすことを意味する。

Display Device（表示デバイス）
フラットスクリーン LED，液晶（LCD），プラズマなど，視聴者に向けてコンテンツを表示するデバイス。デジタルサイネージネットワークにおける配信システムの一つのコンポーネントである。

Display Resolution（表示解像度）
デジタルテレビまたはコンピュータディスプレイ上に表示可能な縦横の画素数。デジタルディスプレイの解像度は購入時の重要な検討項目であり，表示デバイスの使用場所や用途を考慮する必要がある。

DSL（Digital Subscriber Line）
メタルケーブル加入者線のインフラを用いてデジタルデータ通信を行う技術。DSL によって，家庭やオフィスへのデータ伝送速度が，アナログ回線に比べて飛躍的に向上する。

---

[3] 訳注：デジタルサイネージコンソーシアム（http://www.digital-signage.jp/）では，デジタルサイネージを「屋外・店頭・公共空間・交通機関など，あらゆる場所で，ネットワークに接続したディスプレイなどの電子的な表示機器を使って情報を発信するシステム」と定義している。

DVB-IP（Digital Video Broadcast-Internet Protocol）
デジタルテレビの国際標準。DVB-IP は北米デジタルテレビ標準 ATSC, 日本の ISDB-T に相当する。DVB は，MPEG-2 ビデオ圧縮形式や Dolby または MPEG オーディオ圧縮形式を採用し，衛星，ケーブル，地上波の放送に用いられる。

DVR（Digital Video Recorder）
内蔵ハードディスクまたは蓄積媒体にデジタル形式で映像データを蓄積する録画デバイス。"DVR" という用語は，DVR 機能を実現するソフトウェアを搭載したユニットを指す場合と，DVR 技術を組み込んだテレビを指す場合がある。DVR 技術の最大の利点は，従来のビデオレコーダなどに対して飛躍的に長時間の録画が可能になること，ユーザーが番組コンテンツに対する高度な制御が可能になることである。

Dwell Time（滞留時間）
視聴者が普段，ディスプレイの前に滞留する時間。特定の視聴者に対して必要なコンテンツの構成要素を見極めるための検討項目の一つである。

E-Paper（Electronic Paper）
電子ペーパー。通常の紙面にインクで印刷したように見せるデジタル表示技術。伝統的な表示デバイスとは異なり，電子ペーパーにはバックライトが不要で，普通の紙のように照明光を反射する。電気がなくても永久に画像を表示できる能力を持っている。普通の紙のように軟らかく，曲げたり，ねじったりすることができる。将来は，電子書籍・雑誌，ポスター，衣服，バッグなどに応用が期待される（電子ペーパーはデジタルペーパーとは異なることに注意）。

Encryption（暗号化）
第三者に通信内容を知られないように，情報またはデータを変換するプロセス。暗号化はセキュアなデータ通信を行ううえで最も一般的，有効な方法である。

FTP（File Transfer Protocol）
サーバとクライアントコンピュータの間でネットワーク（例えば，インターネット，イントラネット）を介してファイル交換を行う一般的なプロトコル。

クライアントコンピュータからサーバに対して，ファイルのアップロード，ファイルのダウンロード，名前の変更・削除が可能．

HD（High Definition）
TV，DVD，ビデオ，カメラやビデオカメラといった録画機器において表示解像度が向上すること．

HDTV（High Definition Television）
ハイビジョンテレビ．従来の標準テレビ（SDTV）よりも高い解像度を実現するデジタルテレビ放送システム．米国では，1990年代にテレビ製造メーカーによって導入された．ビデオ圧縮を用いることで帯域幅を削減できることから，HDTV はデジタル放送を採用している．HDTV と SDTV とでは，垂直方向の走査線の数，走査方式，秒当たりのフレーム数が異なる．

Interactive TV（インタラクティブ TV）
ITV あるいは iTV と略す．TV 視聴者が視聴中に TV コンテンツとインタラクションを行うこと．レベルはさまざまであり，音量，チャンネル，カメラの制御を行う「低レベルのインタラクティビティ」，VOD のような「中間レベルのインタラクティビティ」，視聴中のコンテンツに影響を与えることできる「高レベルのインタラクティビティ」がある．

IP Encapsulator（IP カプセル化）
コンピュータネットワークの分野で，上位層のプロトコル，例えば UDP（user diagram protocol）や TCP（transmission control protocol）のデータを，制御情報を付加して下位層のプロトコル（例えば IP）に渡す処理のこと．インターネットは IP に基づいているが，アプリケーションでは上位層のプロトコルを使用している．アプリケーションソフトウェアが生成したデータを，ネットワークで配信できるように（デジタルサイネージの場合は表示デバイスへ配信できるように），IP フォーマットに変換する処理を実行するハードウェアデバイスもある．

IPG（Interactive Program Guide）
電子番組表（electronic program guide; EPG），電子サービスガイド（electronic

service guide）とも呼ばれる，IPG は TV 画面上で番組表を表示する。リモコン，キーボードなどのデバイスを使って，視聴者はチャンネル，タイトル，時刻，ジャンルなどでコンテンツを探せる。さらに，タイトルや番組レビューを見て番組を検索したり，ペアレンタルコントロール機能を利用したりすることもできる。

IPTV（Internet Protocol Television）
ケーブルや衛星といった従来の放送メディアの代わりに，インターネットを介してエンドユーザーに伝送されるテレビコンテンツ。IPTV は，インターネットアクセス，インターネット電話（voice over Internet protocol; VoIP）とまとめて，「トリプルプレイ」と呼ばれる形態で提供されることも多い。

Kbps（Kilobits per Second）
キロビット（1,000 ビット）は記録媒体やアドレス空間のサイズを表す標準単位であり，Kbps はデジタルデータ伝送の速度を表現するために用いられる。

LAN / WAN（Local Area Network / Wide Area Network）
LAN は，企業のオフィスやオフィス群のような比較的狭いエリアで用いられるコンピュータネットワークであり，WAN は地理的に離れたエリアを通常の電話回線や無線を介して LAN を接続したネットワークの形態である。LAN は多くの場合，データ転送レートが高く，専用線に依存しない。

LCD（Liquid Crystal Display）
液晶ディスプレイ。カラーまたはモノクロの画素を格子状に配列し，その背面に光源または反射板を配置した薄型，平面上の表示装置。液状で（電圧をかけることによって）向きを変えることができる液晶分子の性質を利用している。

LED / OLED（Light Emitting Diode / Organic Light Emitting Diode）
LED は，発光ダイオードとも呼ばれ，電圧を加えると発光する半導体ダイオードのこと。アルミニウム，ゲルマニウム，シリコンなどの無機半導体材料が通常は用いられる。OLED（有機 LED[4]）は，有機化合物を利用した発光ダイ

---

[4] 訳注：OLED は，有機発光ダイオード，有機 EL などとも呼ばれる。

オードであり，曲げやすいという特長がある。

Lumination Time（発光時間）
デジタルディスプレイがスクリーン上に画像表示できる時間。採用する技術によって幅があるが，デジタルサイネージの表示デバイスまたはネットワークの寿命を測るための重要な指標と考えられる。

Mbps（Megabits per Second）
データ転送レートの指標であり，100万bpsと等価。

Media Player（メディアプレーヤー）
デジタルサイネージシステムを構成するハードウェアデバイスで，コンテンツを蓄積しディスプレイに「プッシュ」するために用いられる。性能・機能はさまざまであり，単機能なMPEGプレーヤーから，さまざまなフォーマットで符号化されたコンテンツファイルを大量に配信しながら，高い信頼性でセキュアに映像再生する業務用コンピュータで構成される高機能なプレーヤーまである。

Middleware（ミドルウェア）
ネットワークを介して複数のプロセスが連携してサービスを提供できるように，ソフトウェア部品やアプリケーションをつなぐソフトウェア。ミドルウェアは文字どおりアプリケーションの中間（ミドル）に入って，異なるOS上で実行されるアプリケーションをつないで相互互換性を確保する役割を担う。ミドルウェアの分類として，コンテンツ管理システム，ウェブサーバ，アプリケーションサーバ，アプリケーション開発や配信をサポートするものなどがある。

Mounting Mechanism（取り付け機構）
壁，スタンド，天井などの物理的な場所に表示デバイスを取り付ける手段や方法。

MPEG（Motion Picture Experts Group）
ISO（International Standards Organization）とIEC（the International Elec-

trotechnical Commission）の合同ワーキンググループ。ビデオとオーディオの符号化の国際標準化を担っている。

MPEG-2
放送品質のビデオコンテンツや番組のビデオ符号化標準。DVD，デジタルテレビなどに利用されている。

MPEG-4
MPEG 標準を拡張し，3D コンテンツ，ビデオ・オーディオの「オブジェクト」などのマルチメディア表現や配信に対応したもの。MPEG-4 はアップルの QuickTime ファイル形式に基づき，複数の圧縮オプションに対応する。

Multicasting（マルチキャスト）
デジタルサイネージの分野では，特にネットワーク化されたデジタルサイネージのデバイスまたはデバイスグループに，最も効率的な手段で（例えば地理的に広がった多数のディスプレイに対して衛星通信で）情報やデータを同時転送すること。

Multi-channel Player（マルチチャンネルプレーヤー）
複数のデジタル表示デバイスに 1 つのコンテンツを複数ストリームで（通常は同時に）出力できるサーバ。サイトサーバ，店内サーバとも呼ばれる。

NIC（Network Interface Card）
ネットワークインターフェースカード。コンピュータに挿入されるハードウェア部品であり，コンピュータを接続した小規模な LAN，または IP などのプロトコルで接続される大規模なネットワークに接続し，通信するもの。

NOC（Network Operation Center）
ネットワークオペレーションセンター。熟練したスタッフが高度なシステムを用いて大規模で複雑な通信ネットワークを管理するための拠点施設。

PAL（Phase Altering Line）
テレビ放送における欧州標準の色の符号化方式。北米や日本の NTSC に相当する。PAL は NTSC より解像度が高いと一般的に受け取られていて，テレビ

も視聴可能な多くのコンピュータ用ディスプレイでは，PAL と NTSC の両方式を利用可能である。PAL と PAL デコード装置を使うことで NTSC 形式にデコード可能である。

Plasma（プラズマ）
薄型パネルディスプレイの一つであり，表面に電極を形成したガラス板の間にネオンとクセノンの混合ガスを封入したセル状の構造を持つ。ガスが入ったセルに電圧をかけることで，イオン化したプラズマにし，紫外線を発生させる。紫外線が蛍光体を励起し，可視光を発光させることで表示を行う。

Playlist（プレイリスト）
デジタルサイネージに表示されるコンテンツの放映スケジュールを表すリスト。コンテンツの放映順だけでなく，放映時間も定義する。

Playlog（再生ログ）
デジタルサイネージネットワークの実績をモニターし，記録する手段。どのコンテンツがどの表示デバイスで再生されたか，期間，頻度，日時を記録する。ネットワークの実績情報を記録することもできる。

POP（Point of Purchase）/ POS（Point of Sale）
POP または POS は組織によって定義が異なる。一般的には，POP / POS は商取引が行われる場所を指す。より広いエリア（例えば小売店舗）と定義されることもあれば，より狭いエリア（例えば小売店舗の中のレジ）と定義されることもある。

Proof of Play（再生証跡）
デジタルサイネージネットワークにおける，要約した放映報告と未加工の放映ログ。放映証跡は，デジタルサイネージネットワークの有効性を測定する指標である。しかし，再生装置（例えばサーバ）で再生されたコンテンツを報告するのみであり，実際にどの広告が表示されたかは把握できない可能性がある。

Protocol（プロトコル）
コンピュータデバイス間でデータの転送，通信，接続を可能にするための規

約。ソフトウェア・ハードウェアに実装されたり，ソフトウェアとハードウェアの組み合わせで実装されたりする場合がある。プロトコルはコンピュータデバイスの間で通信を行うためのルールの集合。IP（Internet protocol）は，コンピュータを特定し通信可能にするためのグローバルアドレスを取り決めている。

ROI（Return on Investment）

投資収益率。投資に対する財務分析のための主要な金銭的指標である。ROIは，しばしば利益率（rate of return），または単に利益（return）とも呼ばれ，投資金額に対する損益の割合を表す。

ROO（Return on Objectives）

目的対効果。金銭的な利益以外のデジタルサイネージネットワークの効果について説明するために，デジタルサイネージ業界で生み出された用語である。金銭以外の効果が必要になる理由は，金銭的な見返りを意図していないプロジェクトが多く，非営利目的のプロジェクトでは財務的な用語を使ってその効果を評価することが難しいからである。

RF（Radio Frequency）

無線周波数。

RFID（Radio Frequency Identification）

RFIDタグと呼ばれる無線中継器を介してデータを記録または読み出しすることで，人，製品，動物などを自動的に個体識別する方法。デジタルサイネージにおけるRFIDの応用としては，人やクレジットカードにRFIDタグをつけておき，最近の購買行動データをデジタルサイネージのデバイスに転送するといったことも考えられる。

Satellite（衛星）

情報通信の文脈では，通信目的で宇宙空間に打ち上げられた伝送装置のこと。地上送信局から信号を受信し，地上のアンテナで受信できるように同じ信号を送り返す。人工衛星からの信号を受信する特定の受信機は，信号を再構成でき，一般的にセキュアまたはセキュアでない用途の両方に対応する。

SD（Standard Digital）
SDTVとも呼ばれる。SDは米国デジタルテレビ標準形式であり，1998年に作成され，走査線が525本の形式と625本の形式がある。

Side Server / Edge Server（エッジサーバ）
デジタルサイネージネットワークのような，ウェブベースシステムの性能向上のために用いられるハードウェア装置のこと。デジタルサイネージネットワークでは，一般的にエッジサーバは広告などのファイルを蓄積し，ネットワークで接続されたデバイスに再配布するために用いられる。

Streaming Video（ストリーミングビデオ）
インターネットやイントラネットのような通信ネットワークを介して，ユーザーがダウンロードすることなく，ビデオを連続的に配信すること。PCのようなエンドユーザーのデバイスで，表示前の数秒分のビデオデータをバッファしておくことで，ストリームが終わるまで再生が追いつかれないようにする。「ストリーム」は配信方法を指す言葉で，表示デバイスや伝送装置を指すものではない。ストリーミングビデオはデジタルサイネージでより一般的に使われるようになるだろう。

TCP / IP（Transmission Control Protocol / Internet Protocol）
米国国防省に所属していたビントン・サーフとボブ・カーンによって発明され，通信の世界で世界標準となった，インターネットのプロトコル。TCPは，送り出したデータがユーザーに正しく届いていることを保証するトランスポート機能を提供する。

TFT-LCD（Thin Film Transistor Liquid Crystal Display）
TFT液晶ディスプレイ。表示画像の品質を向上させるためにTFT技術を用いた液晶ディスプレイ。TFT技術は液晶ディスプレイのガラスパネルにトランジスタを埋め込むことで，画像の安定性を向上させる。TFT技術は，マンモグラフィのようなX線撮像装置で一般的に利用され，一部を除きほとんどの液晶ディスプレイで一般的に利用されている。TFT液晶ディスプレイはインタラクティブなタッチパネルに広く応用されている。

Triggered Contents（割り込みコンテンツ）
事前に設定された条件が満たされたときに，スケジュールに割り込んで表示するようにプログラムされたコンテンツ。条件としては，緊急時や，棚から商品を選んで手に取ったとき，買物客が近づいたとき，注目している視聴者がいないときなどが考えられる。RFID タグ，生体認証，バーコード，IC カードなどもトリガーとなりうる。

VAR（Value-Added Reseller）
独立したアプリケーションをパッケージ化したり，既存のアプリケーションに独自のアプリケーション，サービスを統合したりすることで製品に付加価値を与え，パッケージ化や統合化をした製品を消費者や再販業者に再販する企業。

VPN（Virtual Private Network）
インターネットなどのネットワーク上に，仮想的なトンネルを作ることにより，仮想的にプライベートネットワークを構築する技術。セキュリティを高めるなどの要求条件を満たすために用いられる。デジタルサイネージネットワークにおいては，専用線が持つセキュリティや信頼性の高いコネクティビティを，より低いコストで実現できる。VPN を使うことで，インターネットでコンテンツを配信するより，安全性と信頼性の高いコンテンツ配信が可能になる。

VOD（Video on Demand）
ユーザーがオンデマンドでビデオコンテンツを選択して，即座に見ることができるシステム。選択されたビデオは，ネットワークを介して遠隔からテレビやウェブブラウザに送られる。インタラクティブ TV の一機能。

VoIP（Voice over Internet Protocol）
インターネットや IP ベースのネットワークを介して音声会話を送受するハードウェアやソフトウェアのカテゴリ。

Wi-Fi（Wireless Fidelity）
Wi-Fi アライアンスが所有する無線 LAN 技術のブランド。802.11 シリーズのネットワークまたは無線 LAN を総称して Wi-Fi という。インターネット，インターネット電話，ゲーム，家電（デジタルカメラ，DVD プレーヤー，テレビなど）のネット接続に一般的に用いられる。

謝辞

　上梓にあたり重要な3人を挙げる。最初の2人は期限どおりに本を完成させるために私とともに働いてくれた，Robb Hawkins と Chris Dempsey である。両人とも，このプロジェクトを完成させるために一生懸命働いてくれた。彼らは賞賛に値する。同様に，初期の助言者である HughesNet の Jeff Bixler にはたいへんお世話になった。彼なしでは出版に値する品質にはならなかっただろう。

　さらに，各章において，非常に重要なケーススタディを提供してくれたすべての人々にお世話になった。

　そして，最後に，研究と分析にあたり，惜しみなく時間を使い，じっと耐えつづけてくれた何人かの人々，Lyle Bunn, Laura Davis-Taylor, Bill Gerba, Fabian Keller, Lars-Ingemar Lundstorm, Xavier Orriols, Graeme Spicer, Lionel Tepper, Adrian Weidmann を賞賛したい。

　すべての人にもう一度感謝したい。

索引

■ 数字
360°サラウンドビデオ　242

■ A
AccuWeather　39
Arbitron　37

■ C
Clear Channel Outdoor　236
CPM　10, 258

■ D
DLP　22, 259
DSL　260
DVB-IP　261
DVR　152, 261

■ E
E-Paper　261

■ F
FTP　42, 261

■ G
Gas Station TV　174
GPS　147

■ H
HD　262
HDTV　262

■ I
IPG　262
IPTV　80, 263
IPカプセル化　262
ISP　30

■ J
JC Decaux　38
JCPenney　155

■ K
Kbps　263

■ L
LAN　263
LCD　263
LED　13, 263
　　――ディスプレイ　21

■ M
Mayo Clinic　4
Mbps　264
MPEG　264
MPEG-2　81, 265
MPEG-4　81, 265

■ N
NIC　265
NOC　265
NTTコミュニケーションズ　205

■ O
OLED　263
OVAB　179

■ P
PAL　265
POP　139, 266
POPAI　48, 137, 201
POS　266

■ R
RF　267

索引　273

RFID　29, 38, 146, 235, 245, 251, 267
ROI　58, 72, 77, 183, 222, 267
ROO　72, 185, 222, 267

■ S
SCALA　128
SD　268

■ T
TCP/IP　268
TescoTV　38
TFT　21
TFT-LCD　268

■ U
UGC　244

■ V
VAR　269
VOD　269
VoIP　269
VPN　269

■ W
WAN　263
Wi-Fi　204, 269

■ あ
アウトサイドコントロール　120
アフリカ　215
暗号化　261

■ い
イギリス　209
イベント　93
医療機関　157
インタラクティブ　29, 252
　　　──TV　262
　　　──なビデオオンデマンド　156
インテグレーター　33
インド　202
インハウスコントロール　120

■ う
ウィンドウサイネージ　23
運用　72, 120

■ え
映画館　94
衛星　27, 30, 232, 267
液晶　13, 21
　　　──ディスプレイ　5
エッジサーバ　268
円形ディスプレイ　247
エンターテインメント　33

■ お
屋外広告　3
屋外サイネージ　83
音　144
オランダ　211
音声　113

■ か
回線　26
開発計画　223
外部運用　120
カジノ　47, 91
画像認識技術　146
ガソリンスタンド　174
監査済み放映証明書　257

■ き
キオスク　31
教育　93
　　　──機関　163, 245
許容度　35
銀行　34
金融機関　34

■ く
空港　166, 193
クリエイティブ　25
クロアチア　212

■ け
ケーブル　30

■ こ
効果測定　193, 229
公共系ユーザー　163
広告　77, 109
　　　──スキップ　152
　　　──代理店　152, 241

――主　28, 152
　　――リースモデル　191
拘束　151, 169
交通機関　34
交通業界　166
行動支援　19
小売業者　33, 158, 243
コスト　34
コマーシャル　17
コンテンツ　25, 63, 123, 226, 258
　　――管理　107
コントラスト比　258
コンビニエンスストア　91

■ さ

サービス業　164
再生証跡　266
再生ログ　266
サウジアラビア　215
サロンチャンネルネットワーク　113

■ し

事業性　72
自己発光型デジタルペーパー　24
システム受託業者　31
視聴者　66, 227, 257
実証プログラム　228
社員教育　155
社内運用　120
従業員　227
　　――の教育　134
　　――のトレーニング　154
集中管理方式　120
需要　259
受容性　36, 81
ショッピングモール　91, 159
シンガポール　207

■ す

スイス　211
スーパーマーケット　196
スクロール式メッセージボード　20
スケジューリング　100, 133, 238
スタジアム　87
ステークホルダー　28
ストリーミングビデオ　268

■ せ

生体認証技術　147
接客業　33
全米屋外広告協会　14
専用サーバ　258

■ そ

騒音　107
測定　121, 131
ソフトウェア　63
　　――制御システム　26, 64
　　――提供業者　32

■ た

ターゲティング　58, 238
ターンキー　173
帯域幅　258
滞留時間　117, 145, 261
台湾　207
タクシー　92, 166
多チャンネル放送　161
タッチパネル　29

■ ち

地上無線配信方式　27
中国　204
著作権侵害　252
チラ見メディア　139

■ つ

通信　30
　　――事業者　68

■ て

ディスプレイ　20, 112
ティッカー　143
デジタル映像圧縮　260
デジタルサイネージ　2, 44, 259
　　――フォーラム　77
デジタルフォトフレーム　60
デジタルペーパー　259
テストケース　197
天気　41
電子ビルボード　22
電子ペーパー　23, 251
店舗什器　32

■ と

ドイツ　210
投資家　69
投資収益率　58, 72, 77, 183, 222, 267
投射型スクリーン　22
導入　65
　　──・保守事業者　69
取り付け機構　264
トレードショー　94

■ な

ナローキャスティング　123

■ に

日本　205
ニュージーランド　208

■ ね

ネットワークオペレーター　29

■ は

配信　26
　　──事業者　68
ハイブリッドモデル　195
バス　166
発光時間　264
バリューチェーン　186

■ ひ

ビジネスモデル　72, 183, 186, 258
ビジョンステートメント　220
費用　82
病院　157
表示解像度　260
表示デバイス　260
標準化　102, 108, 240

■ ふ

フィリピン　207
プライバシー　107, 252
ブラジル　215
プラズマ　5, 13, 266
　　──ディスプレイ　21
フラットパネルディスプレイ　31
ブランド　104
プレイリスト　266

プロトコル　266
分散運用方式　120

■ へ

ヘルスケアサービス業界　168

■ ほ

放映証明書　121
法人ユーザー　162
放送局　161
保守　66

■ ま

マイノリティレポート　146, 251
待合室　91
マルチキャスト　265
マルチチャンネルプレーヤー　265
マレーシア　208

■ み

三菱電機　207
ミドルウェア　264

■ め

メキシコ　214
メタデータ　133
メッセージ　150
メディアプレーヤー　264

■ も

モール　196
目的対効果　72, 185, 222, 267
目標に対する利益率　185
モバイル　29

■ ゆ

有機EL　5
ユーザー生成コンテンツ　244

■ り

リテール銀行　189, 231
流通　90
旅行　92

■ れ

礼拝所　169
レストラン　33, 91

■ろ

ロケーション　227, 242
　　——オーナー　33, 68
ロシア　213

■わ

割り込みコンテンツ　269
湾曲ディスプレイ　23

著者について

ジミー・シェフラーは，The Carmel Group（www.carmelgroup.com）のチェアマン兼 CSO である。この会社で，彼は，電気通信，コンピュータ，およびメディア産業のコンサルティングを行うとともに，会議の仕切り役や出版も手がける。1995 年以来，同グループは，個人，自治体，政府，NPO などの広範囲な顧客に，これらのサービスを提供している。

衛星放送，ケーブルテレビ，無線通信，電話に関する専門的技術が求められるなか，シェフラーは，ケーブル，通信，DBS，ブロードバンド，ビデオオンデマンドなどの放送サービス，デジタルビデオレコーダー，VOD，HDTV，衛星ラジオ，デジタルサイネージなど，新しい高度な多くの分野の第一人者としてのポジションを占めている。

今日，世界の何十もの巨大通信事業者，コンピュータ，メディア会社が，研究と会議などの場でシェフラーの洞察を求めており，彼の視点は『ウォールストリートジャーナル』『インベスターズビジネスデイリー』『ビジネスウィーク』『タイム』で定期的に報告されている。また，シェフラーには多数の電気通信関連の著作もあり，1990 年代半ばには国際会議や産業活動にグローバルな活動をしていた。彼の名前を Google で検索すると，何千もの検索結果が出てくる。

シェフラーはカリフォルニア大学バークレー校において優秀な成績で学士号を，カリフォルニア州サクラメントにあるマックジョージ法律学校・太平洋大学において法学博士を取得した。彼は法律学校の『パシフィック・ロウ・ジャーナル』の編集者として職を得ていた。彼はカリフォルニア，ミネソタ，コロラド，ワシントン DC ならびに最高裁判所での弁護士資格を持っている。

【訳者紹介】

NTT デジタルサイネージビジネス研究会

□ 岸上順一（きしがみ・じゅんいち）〈はじめに，1 章を担当〉
　NTT サイバーソリューション研究所所長・理事，東大特任教授。
　北海道大学物理学出身。薄膜ヘッドのデザインから磁気ディスクの設計，VOD の開発などを行い，1994 年から 5 年間，NTT アメリカ VP として IP 事業に取り組む。総務省，経産省のコンテンツ流通，著作権，制度などの各種委員会にかかわる。主な著書：『シリコンバレーモデル』（NTT 出版），『デジタル ID 革命』（日本経済出版社），『コンテンツ流通教科書』（アスキー出版），『RFID 教科書』（アスキー出版）など。

□ 川添雄彦（かわぞえ・かつひこ）〈2 章を担当〉
　日本電信電話株式会社研究企画部門・理事・コンテンツ流通チーフプロデューサー。1961 年東京生まれ。京都大学情報工学（博士）。1987 年 NTT 通信網第二研究所に入社以来，衛星通信システム，パーソナル通信システム，無線回線制御技術，誤り訂正技術の研究開発に携わる。2003 年，サイバーソリューション研究所において，放送と連携したブロードバンドサービスの研究開発プロジェクトを推進。2008 年 7 月，研究企画部門コンテンツ流通チーフプロデューサーに就任。ARIB サーバ型放送作業班副主任として ARIB-B38 の策定にも従事。主な著書：『デジタル・コンテンツ流通教科書』（インプレス社）。2007 年度高柳記念奨励賞受賞。

□ 武川恵美（たけかわ・えみ）〈3 章を担当〉
　日本電信電話株式会社研究企画部門プロデュース担当・担当部長。
　1991 年東京大学経済学部卒業，同年 NTT 入社。NTT 西日本の全社戦略，e コマースのマーケティング，サービス開発に携わった後，2007 年 7 月より現職。2000 年早稲田大学大学院社会科学研究科修士過程修了。共著（訳書）に『ブロードバンドの発展と政策――高速インターネット・アクセスに規制は必要か』（NTT 出版）がある。

□ 伊能美和子（いよく・みわこ）〈4 章，5 章を担当〉
　日本電信電話株式会社研究企画部門プロデュース担当・担当部長。
　国際基督教大学卒業後，NTT 入社。広告，イベント，広報誌の編集などを手がけ，1994 年，編著書『手にとるようにマルチメディアがわかる本』（かんき出版）がベ

ストセラーに。2004年よりNTT研究所の技術を活用し，放送番組利用楽曲の著作権処理ワークフローを変革。2006年よりNTTグループ内でのデジタルサイネージの事業化を推進し，「ひかりサイネージ」(http://www.hikarisignage.net/)をプロデュースするかたわら，業界団体「デジタルサイネージコンソーシアム」(http://www.digital-signage.jp/)を2007年自ら設立。現在同団体の専務理事も兼務。

- 前橋佳林（まえばし・かりん）〈6章，7章を担当〉
日本電信電話株式会社，NTTサイバーソリューション研究所。
2008年東京大学学際情報学府修了，同年日本電信電話株式会社に入社。以来，コンテンツ流通技術の研究開発に従事。

- 村本健一（むらもと・けんいち）〈8章，9章を担当〉
日本電信電話株式会社研究企画部門プロデュース担当・担当課長。
1972年大分県生まれ。1997年東京理科大学院基礎工学研究科修士課程修了。電気通信事業会社を経て，2001年NTTコミュニケーションズ株式会社入社。主にブロードバンドを活用したデジタルコンテンツ流通関連システムやネットワークなどに関する法人ユーザーへのコンサルティング業務を担当。2009年4月より現職。NTTグループのデジタルサイネージ事業に関するプロデュース活動に従事。

- 谷口行信（たにぐち・ゆきのぶ）〈10章，11章，用語集を担当〉
日本電信電話株式会社，サイバーソリューション研究所主幹研究員。博士（工学）。
1992年東京大学大学院工学系研究科修士課程修了，同年日本電信電話株式会社入社。以来，映像処理，メディア流通技術の研究開発に従事。2000年電子情報通信学会論文賞受賞。

デジタルサイネージ入門　世界の先進事例に学ぶビジネス成功の条件		

2011年 6月10日　第1版1刷発行　　　ISBN 978-4-501-32840-5 C3055

著　者　ジミー・シェフラー
訳　者　NTTデジタルサイネージビジネス研究会
　　　　　© NTT Digital Signage Business Study Group　2011

発行所　学校法人 東京電機大学　〒101-8457　東京都千代田区神田錦町2-2
　　　　東京電機大学出版局　　Tel. 03-5280-3433（営業）03-5280-3422（編集）
　　　　　　　　　　　　　　　Fax. 03-5280-3563　振替口座 00160-5-71715
　　　　　　　　　　　　　　　http://www.tdupress.jp/

JCOPY　＜(社)出版者著作権管理機構 委託出版物＞
本書の全部または一部を無断で複写複製（コピーおよび電子化を含む）することは，著作権法上での例外を除いて禁じられています。本書からの複写を希望される場合は，そのつど事前に，(社)出版者著作権管理機構の許諾を得てください。
また，本書を代行業者等の第三者に依頼してスキャンやデジタル化をすることはたとえ個人や家庭内での利用であっても，いっさい認められておりません。
［連絡先］Tel. 03-3513-6969，Fax. 03-3513-6979，E-mail: info@jcopy.or.jp

制作:(株)グラベルロード　印刷:新灯印刷(株)　製本:渡辺製本(株)　装丁:鎌田正志
落丁・乱丁本はお取り替えいたします。　　　　　　　　　　　Printed in Japan